西方传统 经典与解释
Classici et commentarii
HERMES

HERMES

在古希腊神话中,赫耳墨斯是宙斯和迈亚的儿子,奥林波斯神们的信使,道路与边界之神,睡眠与梦想之神,死者的向导,演说者、商人、小偷、旅者和牧人的保护神……

西方传统 经典与解释
Classici et Commentarii　HERMES
柏拉图注疏集

刘小枫 甘阳●主编

方圆说
——论柏拉图《蒂迈欧》中的开端
Chorology, on the Beginning in Plato`s *Timaeus*

［美］萨利斯（John Sallis）｜著
孔许友｜译
戴晓光｜校

华东师范大学出版社

华东师范大学出版社六点分社　策划

"柏拉图注疏集"出版说明

"柏拉图九卷集"是有记载的柏拉图全集最早的编辑体例之一,相传由亚历山大时期的语文学家、数学家、星相家、皇帝的政治顾问忒拉绪洛斯($\Theta\rho\acute{\alpha}\sigma\upsilon\lambda\lambda o\varsigma$)编订,按古希腊悲剧的演出结构方式将柏拉图所有作品编成九卷,每卷四部(对话作品三十五种,书简集一种,共三十六种)。1513年,意大利出版家 Aldus 出版柏拉图全集,被看作印制柏拉图全集的开端,遵循的仍是忒拉绪洛斯的体例。

可是,到了18世纪,欧洲学界兴起疑古风,这个体例中的好些作品被判为伪作。随后,现代的所谓"全集"编本迭出,有31篇本或28篇本,甚至24篇本,作品前后顺序编排也见仁见智。

俱往矣!古典学界约在大半个世纪前已开始认识到,怀疑古人得不偿失,不如依从古人受益良多。回到古传的柏拉图"全集"体例在古典学界几乎已成共识(Les Belles Lettres 自上世纪20年代陆续出版的希法对照带注释的 *Platon Œuvres complètes* 以及 Erich Loewenthal 在上世纪40年代编成的德译柏拉图全集均为36种+托名作品7种),当今权威的《柏拉图全集》英译本(John M. Cooper 主编, *Plato, Complete Works*, Hackett Publishing Company 1984, 不断重印)即完全依照"九卷集"体例(附托名作品)。

"盛世必修典"——或者说,太平盛世得乘机抓紧时日修典。对于推进当今中国学术来说,修典的历史使命当不仅是续修中国古代典籍,同时得编修古代西方典籍。古典文明研究工作坊拟定计划,推动修译西方古代经典这一学术大业。我们主张,修译西典当秉承我国清代学人编修古代经典的精神和方法——精神即:敬重古代经典,并不以为今人对世事人生的见识比古人高明;方法即:翻译时从名家注疏入手掌握文本,考究版本,广采前人注疏成果。

"柏拉图注疏集"将提供足本汉译柏拉图全集(36种＋托名作品7种),篇序从忒拉绪洛斯的"九卷集"。尽管参与翻译的译者都修习过古希腊文,我们主张,翻译柏拉图作品等古典要籍,当采注经式译法(即凭靠西方古典学者的笺注和义疏本迻译),而非所谓"直接译自古希腊语原文"(如此注疏体柏拉图全集在欧美学界亦未见全功,德国古典语文学界于1994年开始着手"柏拉图全集:译本和注疏",体例从忒拉绪洛斯,到2004年为止,仅出版不到8种;Brisson主持的法译注疏体全集,90年代初开工,迄今未完成一半)。

柏拉图作品的义疏汗牛充栋,而且往往篇幅颇大。这个注疏体汉译柏拉图全集以带注疏的柏拉图作品译本为主体,亦收义疏性质的专著或文集。编译者当紧密关注并积极吸取西方学界的相关成果,不急欲求成,务求踏实稳靠,裨益于端正教育风气,重新认识西学传统,促进我国文教事业的新生。

古典文明研究工作坊
西方典籍编译部甲组
2005年元月

柏拉图注疏九卷集篇目

卷一
1 游叙弗伦（顾丽玲译）
2 苏格拉底的申辩（吴飞译）
3 克力同（罗晓颖译）
4 斐多（刘小枫译）

卷二
1 克拉底鲁（刘振译）
2 泰阿泰德（贾冬阳译）
3 智术师（观溟译）
4 治邦者（张爽译）

卷三
1 帕默尼德（曹聪译）
2 斐勒布（李致远译）
3 会饮（刘小枫译）
4 斐德若（刘小枫译）

卷四
1 阿尔喀比亚德前篇（梁中和译）
2 阿尔喀比亚德后篇（梁中和译）
3 希普帕库斯（胡镓译）
4 情敌（吴明波译）

卷五
1 忒阿格斯（刘振译）
2 卡尔米德（彭磊译）
3 拉克斯（黄旭东译）
4 吕西斯（黄群译）

卷六
1 欧蒂德谟（万昊译）
2 普罗塔戈拉（刘小枫译）
3 高尔吉亚（李致远译）
4 美诺（郭振华译）

卷七
1 希琵阿斯前篇（王江涛译）
2 希琵阿斯后篇（王江涛译）
3 伊翁（王双洪译）
4 默涅克塞诺斯（魏朝勇译）

卷八
1 克利托普丰（张缨译）
2 王制（张文涛译）
3 蒂迈欧（叶然译）
4 克里提阿（叶然译）

卷九
1 米诺斯（林志猛译）
2 法义（林志猛译）
3 厄庇诺米斯（程志敏译）
4 书简（彭磊译）

杂篇（刘锋译）

（篇名译法以出版时为准）

… εἰ μέλλομεν ἄρξεσθαι κατὰ τρόπον.

《蒂迈欧》54a

目　录

中译本前言 / *1*

致　谢 / *1*
序　言 / *3*

第一章　城邦的记忆 / *11*
　　一、接待 / *11*
　　二、理念的城邦 / *19*
　　三、古老的城邦 / *52*

第二章　乾坤的生产 / *67*
　　一、引子 / *67*
　　二、为乾坤身体注入灵魂 / *81*
　　三、星空 / *108*
　　四、诸神与凡人 / *120*

第三章 方圆 / 127

　　一、另一个开端 / 127

　　二、方圆的影像 / 137

　　三、方圆说 / 158

第四章 方圆的痕迹 / 174

　　一、从痕迹到本原物体 / 174

　　二、外方圆说 / 181

　　三、政治结构 / 192

第五章 重写本 / 202

　　一、伪作 / 202

　　二、约简 / 209

　　三、调适 / 214

中译本前言

叶 然

在柏拉图对话中,《蒂迈欧》拥有最长的注疏史,也是最让人费解的几篇对话之一。我们不知道《蒂迈欧》到底表达了什么,意图又是什么。美国学者萨利斯的《方圆说:论柏拉图〈蒂迈欧〉中的开端》①一书立足于语文学和注疏史,对《蒂迈欧》进行了简洁而完整的疏解,可谓发人深省。虽然该书存在各种各样的问题,但任何一个解读者都不敢说自己的《蒂迈欧》解读没有问题。翻译该书,实有助于我们初学者发现并进入本篇的一部分问题域。

该书序言重提柏拉图对话的文学性,认为对话中每个人物都不是柏拉图的代言人,实际上每一部对话都是一个多重声音——乃至《蒂迈欧》中的多重沉默——相互呼应的织体。这种织体的言辞形式很不完备,作者似乎暗示,这言辞形式的背后就是创物

---

① Sallis, J., *Chorology: On Beginning in Plato's* Timaeus, Bloomington and Indianapolis: Indiana University Press, 1999. 书名 chorology 是 $\chi\omega\varrho\alpha$[地方、乡土](即《蒂迈欧》52a 所谓"空间")和 $\lambda\acute{o}\gamma o\varsigma$[言辞、理性]的英语化结合,类似于 topology[拓扑学]。狭义的 chorology 指蒂迈欧关于 $\chi\omega\varrho\alpha$ 的讲辞(47e—69a)。作者在页 115 指出 $\chi\omega\varrho\alpha$ 的含义已发生断裂,本质上不可译。

者(δημιουγός)降临之前混沌的大全。因而我们需要不断地发掘对话中的呼应之处,不断地折回开端,才能理解一篇对话。

在笔者看来,作者不经意之间把蒂迈欧式乾坤论(cosmology)立场当作了理解柏拉图言辞的不二法门。所谓蒂迈欧式乾坤论立场有两个要点:一,把创世问题(或开端问题)本身视为无需质疑的前设,二,把蒂迈欧第二篇讲辞开头(47e—50d)所谓三类存在者的区分作为开端问题的基始。① 关于后一点,事实上作者认为,第三类存在者 χώρα[空间]是一切的本原,第一类存在者理智或可理知的存在者只是起制约作用的形式或工具(尽管拥有理想或梦想的地位),第二类存在者生成者则是不值一提的衍生物。既然 χώρα 是最根本的开端,是现实和言辞中的混沌状态的最终原因,那么本书以 χώρα 为题就可理解了。

从这种解读方式来看,哲人苏格拉底仅是对话织体中的一个普通声音,其作用仅限于"呼应"χώρα——哲人的处境尤其诗性处境(创世中的"创造"与"作诗"是同一个词 ποίησις)被忽略了。或许因为蒂迈欧才是"达到了全部哲学的巅峰"的哲人,这可是苏格拉底亲口说的(20a)。

第一章"城邦的记忆"解读苏格拉底的讲辞(17a—20c)和克里蒂亚的讲辞(20c—27b)。作者认为,本篇头三个语词(一、二、三),尤其"三",对于整个对话织体的设置极为重要。比如全篇由三个发言者的讲辞构成,第三个发言者的讲辞又分为三篇(分割点在 47e 和 69a)。苏格拉底的讲辞与蒂迈欧第一篇讲辞有特定关联,克里蒂亚的讲辞与蒂迈欧第二篇讲辞也有特定关联。

---

① 作者在序言和第五章反对以此为开端来重写《蒂迈欧》,但那只是因为言辞本身的种种限制使重写不可能。在作者心中,蒂迈欧的第二个开端当然具有真正的开端地位。

作者指出苏格拉底的讲辞关乎头，而头是理智的寓所。①这无异于排斥身体，也就是说，这里隐含了制作（ποίησις）与爱欲（ἔρως）之间的对立。在作者那里，理智（νοῦς）、技艺（τέχνη）、言辞（λόγος）、制作是一回事，而必然（ἀνάγκη）、自然（φύσις）、生殖（γένεσις）、爱欲也是一回事。②作者甚至把《王制》（Πολιτεία）开头克法洛斯对身体欲望的抵制与本篇苏格拉底的理智性讲辞相比。这真令人惊异！作者对苏格拉底式灵魂几乎是盲目的。

苏格拉底的讲辞是对"昨天"讲辞的回忆，通常认为，这个回忆对应《王制》卷二至卷五的内容。于是，作者复述了这几卷中三种城邦的创造过程。第一种是完全技艺化的简单城邦，第二种是纵欲的城邦，纵欲必然（ἐξ ἀνάγκης）导致χώρα［国土］不足，这就需要从邻邦抢得χώρα，于是战争和护卫者就出现了，第三种城邦由此产生。回忆止步于第三种城邦，未触及哲人王的城邦，这在作者看来就是既模仿天上的城邦形相，又从形相后退。他说，正是这种后退造就了一出喜剧，因为必然或爱欲对理智的反抗在这喜剧中暴露出来。在笔者看来，作者不得不面对如下质疑：第三种城邦和哲人王的城邦到底哪一个更具喜剧性？真正的哲学喜剧真是爱欲对理智的反抗？这听起来不是有点儿像"本能造反逻各斯"吗？作者似乎把《王制》也蒂迈欧化了。

克里蒂亚的讲辞接着第三种城邦讲，就必然转向必然，也就是转向χώρα。③ 所以作者说，克里蒂亚的古雅典作为一种开端，既

---

① 因为17c苏格拉底所说的τὸ κεφάλαιον［首要部分］源于ἡ κεφαλή［头］，蒂迈欧对苏格拉底的回答πᾶσιν κατὰ νοῦν［合我们所有人的心意］中的νοῦν即理智，而且蒂迈欧第三篇讲辞明确说头是理智性灵魂的所在。
② 作者认为19a出现的χώρα展现了技艺的限度。
③ 作者说26b克里蒂亚在夜里回想就像是在梦中回想一般，而χώρα在52b被比作梦。

区别于形相,又区别于形相的影像,而是第三类开端。直到这时,多少有点飘忽不定的(πλανωμένη)第三种城邦才变成了拥有实实在在的χώρα的城邦。这样的雅典似乎才被作者视为地上城邦的典范。吊诡的是,χώρα的"本质"就是飘忽不定。

第二章"乾坤的生产"解读蒂迈欧第一篇讲辞(27b—47e)。与描述苏格拉底的讲辞时一样,作者仍着眼于诸多言辞痕迹(ἴχνη),这些痕迹体现出制作和生殖的对立以及必然对理智的反抗。第三章"Χώρα"解读蒂迈欧第二篇讲辞的开头(47e—50d)。作者对χώρα展开了广泛讨论,不仅引述权威研究者的争论,而且发掘柏拉图其他对话尤其《王制》和《法义》(Νόμοι)中χώρα的用法。第四章"Χώρα的痕迹"解读蒂迈欧第二篇讲辞余下的部分(50d—69a)以及第三篇讲辞(69a—92c),并总结本篇的政治背景。在解读蒂迈欧第三篇讲辞时,作者驳斥了一个古老的批评:第三篇讲辞中似乎并未运用第二篇讲辞提出的χώρα。在总结本篇的政治背景时,作者牢牢抓住χώρα与土地、乡土、国土、地球之间的关联,旁及《克里蒂亚》,对《蒂迈欧》开场解读重新作出了梳理。第五章"重写本"述评了从亚里士多德到谢林的调适(appropriation)史上与χώρα相关的问题。

作为初学者,我们无需一头扎入本书关于χώρα的纯哲学讨论。作者对政治性背景和乾坤论进行一以贯之的讨论,例如并不把17a—27b看作所谓开场戏,而是看作两篇与蒂迈欧讲辞同等重要的讲辞,显得独具慧眼,倒值得我们好好反思,哪怕不赞成他的观点。毕竟,作如此讨论的著作在当今相当少。

至于该书的内在缺陷,依笔者陋见,就是遗忘了血气(θυμός)所处的χώρα[地方],这导致对灵魂中其他两个要素——理智和爱欲——的界定极为含混。蒂迈欧的名字明显与τιμή[荣誉]相关,对荣誉的带有必然性的爱欲就是血气。然而,蒂迈欧不认识自己,这必然影响到该书从蒂迈欧解读《蒂迈欧》。

萨利斯(John Sallis)是宾夕法尼亚州立大学哲学教授,著述甚丰:《现象学与回归开端》(*Phenomenology and the Return to Beginnings*)、《存在与逻各斯:柏拉图对话解读》(*Being and Rogos: Reading the Platonic Dialogues*)、《聚集理性》(*The Gathering of Reason*)、《界限:现象学与形而上学之终结》(*Delimitation: Phenomenology and the End of Metaphysics*)、《划出空间:理性与想象力》(*Spacings: Of Reason and Imagination*)、《回声:在海德格尔之后》(*Echoes: After Heidegger*)、《交叉点:尼采与悲剧的空间》(*Crossings: Nietzsche and the Space of Tragedy*)、《双重真理》(*Double Truth*)、《石头》(*Stone*)、《边界描绘的阴影》(*Shades — Of Painting at the Limit*),仅看书名就颇有后现代哲人品质。他还有编著多种,比如晚近的《重返柏拉图文本与叩问传统:解释学与哲学史》(*Retracing the Platonic Text and Interrogating the Tradition: Hermeneutic and the History of Philosophy*),并任《现象学研究》(*Research in Phenomenology*)主编。

致　谢

我在这项课题上的成果实际可以久远地追溯到 1989 年应布罗根(Walter Brogan)邀请在宾西法尼亚州维拉诺瓦大学(Villanova University)所作的系列演讲。后来,我有机会又作了一系列演讲,探讨了由柏拉图《蒂迈欧》引发的各种问题:1994 年在美国圣约翰学院(安纳玻利斯)(St. John's College [Annapolis]),1995 年在芬兰赫尔辛基大学(University of Helsinki),1997 年在英国华威大学(Warwick University)以及 1999 年在美国德保尔大学(DePaul University)。我的一些研究结论也曾于 1994 年在波士顿(Boston University)所作的一次演讲中提出过,那次演讲是由波士顿地区古代哲学学会(The Boston Area Colloquium in Ancient Philosophy)赞助的,随后发表在学会学报上(1995);在德国海德堡大学(Heidelberg University)由赖泽(James Risser)和施米特(Lawrence Schmidt)组织的几次解释学年会上,我也曾提出过一些相关见解。

我特别要感谢三位以不同方式对我的《蒂迈欧》研究成果有决定性影响的朋友，他们是：给予我鼓励并与我自由对话的伽达默尔(Hans-Georg Gadamer)；与我就 $\chi\acute{\omega}\varrho\alpha$ 问题进行了激烈讨论的德里达(Jacques Derrida)，这个问题我们已经追寻了十多年；最初邀请我并一直鼓励我，同时与我对话的布罗根。

同时也感谢埃利斯(John Ellis)，梅特卡夫(Robert Metcalf)和费德罗(Nancy Fedrow)。

Boalsburg
1999 年 5 月

序　言

　　方圆说(Chorology)①——人们先是在一篇署名柏拉图的单篇文本中发现它,尽管它(在这篇文本中)只是从属于柏拉图以蒂迈欧的撰名所发表的一段广泛的叙述。

　　因此,这段方圆说——也许并无其他方圆说——有两个署名。在这篇文本、乃至所有(冒简化的危险)被称为柏拉图对话的文本中,任何其他论说(discourse)都是如此。因为双重署名不可简化:这些文本中所说的——由柏拉图所转述的——内容,总是被署以柏拉图之外的签名,被说成是由他们所说。因此,这双重署名表明了作者的克制和一种形象的口技(ventrilogy)实践。

　　在双重意义上,柏拉图的署名与其他人署名的多重性密切相关。这种多重性也不可简化,首先(但并非仅仅)因为双重署名本

---

① 　[译按]本书中的"方圆说"指《蒂迈欧》52a—b 对 $\chi\acute{\omega}\varrho\alpha$ 的直接描述,见本书第三章第三节。Chorology 一词是作者 $\chi\acute{\omega}\varrho\alpha$ + logos 复合而成的构造。希腊文 $\chi\acute{\omega}\varrho\alpha$ [地方、空间]的原义在本书中被解构,无法翻译,为行文方便,姑且译作"方圆",具体含义则需要看作者的具体论说。

　　书中的《蒂迈欧》引文中译以本书给出的英译为准,参考戴子钦译本和谢文郁译本。第五章第三节中谢林著作的引文中译参考了邓安庆中译本《对人类自由的本质及其相关对象的哲学研究》(北京:商务印书馆,2008)。

身不可简化：因为任何对话中都没有一种声音可以被确定为是柏拉图自己的，没有一种声音可以被当作绝对权威，以至于在本质上可从其他声音中分离出来并等同于柏拉图自己的声音。不仅没有什么被说成是由柏拉图自己所说，而且也没有什么被说成由某个他的对话代言人以他的名义所说。声音保持着多重性，尽可能互相呼应，从而形成一种充满呼应的戏剧。通过呼应，对话最终显明某种东西，而不会造成简单的单声道(univocity)。这多重复合的声音具有互动性，特别具有述行性(performative)，它们使谈话(speeches)产生，这样构造出的谈话也是那些（据说的）言说者的行为。这就是我们必须一直注意对话的戏剧特征的最直接原因。对话在其多声道(polyphony)中展开论说、故事和行动(λόγοι, μῦθοι, ἔργα)，这三者在其多重复合中显露出一种镜鉴—戏剧(mirror-play)，而这种镜鉴-戏剧揭示了对话作为一个整体所可显现的东西。人们必须一直以这样的方式阅读对话以发掘出对话的独特显现，必须一直倾听对话的多重声音之回响，必须一直徘徊在其回声的空间之内，尽管对话会转向独白——例如在《蒂迈欧》中；尽管——例如在《蒂迈欧》之中——某一论说所要表达的东西却从论说之中退避出来，它的退避是出于这种论说的独特本性(its very nature)，就像自然的独特本性一样(the very nature of nature)；尽管如《蒂迈欧》那样，一种多重的沉默占了上风——首先是苏格拉底自己的沉默，他在对话开始不久就陷入沉默，从那时起安静地听着蒂迈欧关于乾坤的长篇独白。

无论如何，人们只能以某种谨慎(reticence)的方式接近《蒂迈欧》。在所有对话中，它是最具有持续、直接影响力的一篇。从早期柏拉图学园开始，它就是疏解和争辩的主题。亚里士多德对《蒂迈欧》的大量讨论和批评是众所周知的，此后，在普鲁塔克的记载中，若干提示表明，在早期学园时代，在色诺克拉底(Xenocrates)与他的学生克兰特(Crantor)之间仍然有关于《蒂迈欧》的辩论。的确,直到公元五世纪,都存在着一个疏解《蒂迈欧》的持续传统,这个传统除了普鲁塔克,还包括普罗提诺、普罗克洛(Proclus)、卡尔基迪乌斯(Chalcidius)。经由卡尔基迪乌斯的拉丁文翻译,这篇对话传到了中世纪,并实实在在成为中世纪柏拉图主义的主要来源之一,而且事实上成为柏拉图哲学首要的第一手资料。其影响并未随文艺复兴(斐奇诺[Ficino]写过关于它的疏解)和现代性(开普勒曾盛赞其研究自然的数学方法)的出现而有多少减弱。这篇对话在整个德国唯心主义时代有巨大意义,尤其是对谢林。最近发现,谢林写过关于《蒂迈欧》的疏解。从这篇写于谢林事业起步时的疏解来看,甚至在他关于人类自由之本质的重要著作中,《蒂迈欧》也保持着决定性的影响。如果说在德国唯心主义时代之后,《蒂迈欧》的影响有所衰退,关注的焦点转为更明确的本体论和辩证性的对话,那么令这篇对话区别于其他对话的奇异性(strangeness),近来似乎引起了人们对它的重新探究。

然而,若想接近《蒂迈欧》,就必须心怀谨慎——这不仅是因为上述的历史,也不仅是因为古今学者对它的疏解具有相当的广度和深度。更重要的原因是,这篇对话本身就要求谨慎——只要人们留心其诸论说的织体(texture),例如注意其中一篇论说的引言的独特属性,这引言的标志是反复出现 $\chi\alpha\lambda\epsilon\pi\acute{o}\upsilon$ 一词,该词表示严峻、困难、麻烦,甚至危险。更不用说这篇对话所采取的方式,即既依赖又脱离自身论说;也更不用说该论说所说内容的全然奇异性,也就是使论说内容甚至疏离于论说本身的那种难以捉摸性(elusiveness)。

因而,这是一篇奇异的论说;即使说它完全独特也意犹未尽,或者说,没有传达出此对话奇特行文的含义——对话的行文决不是单纯的向前推进。就其指向和织体而言,这篇对话有着故事的形式。然而,几乎不论就什么标准来看,它似乎都是一个讲得很差劲的故事:因为故事中有中断、后退、不连贯以及唐突的新起点。所谓的不联贯之处就在于,蒂迈欧中断了他对神制作乾坤的解释,重新开始,发表了另一篇全新的论说,而新的论说与打断之前的论说并不连贯。而正是这第二篇论说是所有论说中最离奇的:因为它引入的东西,即蒂迈欧最终命名为 $\chi\omega\varrho\alpha$ 的东西,不仅与直到那个节点为止一直统摄论说的基本架构(我们可以称之为基础性的架构)不相融合,而且论说本身也确实难以理解,如蒂迈欧后来所言,"极其难以把握"(51a—b)。①

这篇对话的独特织体,其不连贯、重复和不确定性,在该对话无出其右的广阔且复杂的阐释史和被调适的历史中并非没有被察觉。② 然而,情况往往是,那些由阐释以及哲学调适所制造出来的重写本倾向于抹消或至少弥补该对话的明显有缺陷的织体。正是方圆说本身受到了一致的抹消和弥补。的确,抹消和弥补使

---

① 本书涉及的柏拉图文本由我本人译出,但也参考了 F. M. Cornford 的《蒂迈欧》译文(见《柏拉图的宇宙论》(*Plato's Cosmology*), New York, 1957)和 R. G.. Bury 的《蒂迈欧》译文(Loeb 版),偶尔也参考了 Thomas Taylor 的译文(见《〈蒂迈欧〉与〈克里蒂亚〉(或〈大西岛〉)》(*The Timaeus and the Critias or Atlanticus*), 1810; 1944 年重印, New York)。《王制》(*Republic*)引文的翻译,我参考了 Allan Bloom 的译文(见《柏拉图的〈王制〉》(*The Republic of Plato*), New York, 1968)。对修昔底德的引用改自 Crawley 的译文(见《伯罗奔半岛战争史》(*The Peloponnesian War*, New York, 1982)。

② 伽达默尔的说法很敏锐。他形容《蒂迈欧》是"这样一种故事:具有神话传说的风格,结构特别松散,缺乏条理,而且具有影射性"。他解释说:"这种不连贯尤其明显地体现在:通常叙述的自然顺序被回退、修正、重复以及突然出现的新开端所干扰。"伽达默尔特别注意到,蒂迈欧在中断自己的话并发起另一个开端之后所做的论说,"无法直接且不唐突地插入正在讲述的故事……(但)使得故事有了一个全新的面貌"(Hans-Georg Gadamer,《柏拉图〈蒂迈欧〉中的理念与现实》[Idea and Reality in Plato's *Timaeus*], 见 *Dialogue and Dialectic: Eight Hermeneutical Studies on Plato*, P. Christopher Smith 译, New York, 1980, 页 160、170)。

其在某个限定的经营(economy)内可读易懂。我称之为一种意义经营，一种理念的经营。预先以这一经营为导向，实际上就强制要求阅读中显示出来的所有东西都得置于该经营之内，为其所专属。通过坚持对方圆说的某种阅读，χώρα 的含意可以在其中得到确定，由此产生的种种阐释，造成了 χώρα 的一种简化，将它置于一种意义范围之内（否则，它总是既限制又逃避此范围）；结果，在这样表达阐释时，即在要求方圆说制造意义(make sense)，同时拒绝从方圆说中读出既对于制造、也对于意义的(both of making and of sense)某种限制时，χώρα 的独特性被抹消了。

打破这种意义经营的导向就意味着将此论说置于无法言喻的不确定之中。这同时也是冒险在阐释该对话之时，用另一种根本不见得更可靠的论说来复制其论说。

不可靠的因素甚至在一开始，在开始阅读和阐释该对话时就不可避免了。该从哪儿开始呢？假定就从开端开始——假如我们遵循《蒂迈欧》本身指令的话；不过该指令并不在开端，甚至不在蒂迈欧提出该指令的那个特定论说的开端："对于每一事物，最重要的是要从自然的开端开始。"(29b)① 与这一指令相应的是，我们将无法完全避免它所引发的一系列问题。自然的开端是什么呢？如果有的话，在何处？在哪一种"何处"？在何时？为了能够将它追忆回来，来作为开端，必须向前回溯多长的时间间隔？这个开端是处在时间之中，还是时间本身的开端？抑或，它甚至是一个先于时间开端的开端，在某种另外的无法言说的秩序中？这

---

① μέγιστον δὴ παντὸς ἄρξασθαι κατὰ φύσιν ἀρχήν，这句话有两种可能的解释，即看 μέγιστον δὴ 与 παντὸς 相接还是与 ἄρξασθαι 相接。这两种解释自古就有。与文中所用不同的读法是"所有事物中最重要的就是从自然的开端开始"。见 A. E. Taylor,《柏拉图〈蒂迈欧〉注》(A Commentary on Plato's Timaeus, Oxford 1928), 页 73—74。

个我们以之开始的开端,这个起源(ἀρχή),是否能够充分地显明:在这个开端,我们可以毫无疑虑地开始?或者,情况是否可能是:在开端中所显明的恰恰不是自然的开端,这样一来,要是不从自然的开端开始,那我们只有通过一篇能够将它带入光亮的论说来抵达这个开端?

如果自然的开端确实是 χώρα,那么此类问题就尤其相关。《蒂迈欧》中有许多证据支持将它当作自然的开端(the natural beginning),至少在如下意义上如此,即它是自然本身的开端或者说起源(the beginning, the origin, of nature),甚至是自然之前的一种自然——用蒂迈欧的话说就是自然万物之母。于是,具有决定性意义的是,如果确实可以说 χώρα 在《蒂迈欧》中得以显明,那么事实上,其显明并不是在对话的开端,而是在对话的接近中间的地方。既然如此,就证明《蒂迈欧》不是从自然的开端开始的;这样,它看起来就是个讲得差劲的故事,这个故事违背了它发出的关于如何开端的指令。

人们可以设想从自然的开端重写该对话,在一种解释性重写本的意义上重写该对话。可以设想正好在恰当的节点打断该对话,使最初的切入点恰好在那个被证明(而且必须已经被证明)是开端的地方。可以设想从这个开端重述整个对话,从方圆说出发,或者至少从导引出方圆说的蒂迈欧第二篇论说的起始部分出发,然后从这个开端重排所有内容,绕回并重置蒂迈欧的第一篇论说——它总是超于自身之前——没有按序提出的内容。人们长久以来对这样一种重写本梦寐以求。尽管人们最终会发现将这样一个开端放在开端的结果将是肢解该对话,使其陷入全无条理的境地,但这梦中的某种执着无论如何不是徒劳。如果我们在《蒂迈欧》出现在梦中时根本无法开始对其进行重述,那我们可以——如这里大胆提出的重写本那样——将重写向方圆说引导,从那个庶出的(bastardly)中心安排论说。这样它将总是要么超于自身之前,因其紧趋方圆说;要么滞于自身之后,因其即使在演进的过程中仍继续在那儿徘徊。

但是,在这个梦的符咒之外(就算仍与之相伴),我们将有必要考虑,如果遵循它所发出的关于开端的指令来大胆阐释该对话,或者说开始阐释该对话,会产生怎样一个不可避免的结果。正是遵循这个指令会使我们违背这个指令;因为这样一来我们就不再会从开端开始,而是从这个指令开始——但是,这个指令既没有出现在对话的开端,甚至也没有说清我们被告知应以之为开端的那个开端。这种纠缠,这种不可能性是一个标志,表明此开端问题是多么复杂,表明它随时能把我们引入歧途或者带我们进入最最盘根错节的境地。我们能够在没有恰当开端的情况下有把握地言说一件事(即使只是在预期之中),这就已经违背了那个指令。在《蒂迈欧》中,没有比开端问题遭到更有力质问的了。

在对有关苏格拉底前一天的论说作了广泛介绍之后,在苏格拉底和另两人即将完全归于沉默——这沉默将一直持续到最后——的节点,蒂迈欧开始了长篇论说(或者毋宁说是一系列论说),该论说占了《蒂迈欧》的大部分篇幅,其中包括方圆说。差不多就在论说开始之处,或者说是在即将开始,当他向诸神祈求的时候,正好在提出哲学本身以之为开端的区分之前,他插入了一个目标声明:"我们现在打算制作一篇有关大全的论说……(*ἡμᾶς δὲ τοὺς περὶ τοῦ παντὸς λόγους ποιεῖσθαί πῃ μέλλοντας* ...)" (27c)。① 这里的用词与恰好插在方圆说之后的条件从句一样:"……如果我们打算合适地开始(*εἰ μέλλομεν ἄρξεσθαι κατὰ τρόπον*)"

---

① [中译编者按] 按希腊文直译应为"一些有关大全的论说"。

(54a)。① μέλλω[打算]一词的两面性打开了时间间隔:打算开始,即将开始,同时也是拖延,延迟我们即将设定的那个开端。这也是在界限处徘徊,假定不是简单地将界限(πέρας)理解为某些事的结尾,而是理解为某些事的开端。

但是,另一方面,假如我们正好在读此对话,我们有必要延迟么?我们有必要延迟开端,同时打开一个反思开端的间隔么?因为,当我们阅读该对话时,我们会说这当然只是一个文本的开端问题:我们应该从文本的开端处,从它的自然开端,开始阅读。但是,我们总是能够确定一个文本从哪里开始么?当我们把自然(nature)概念引入到论说问题上,引入到通常与之相对立的东西上时,如希腊人将φύσις[自然]与λόγος[论说、逻各斯]相对立,我们总是有足够把握确立它的自然开端么?关于论说、关于一个文本,是否有某种自然的东西?它的线性结构就是允许我们设置其自然开端的东西么?我们能够确定文本的开端不需要通过在文本线性次序中较迟出现的内容来达到一种回溯式的激活(a retrospective activation)么?是否不存在这样的文本,它只有在已经开始之后,才会开始——因此,这样的文本,就总是需要进行双重的阅读?或许,《蒂迈欧》就是这样的文本?或许,是否只有通过双重(地阅读),从而返回(in doubling back to)开端,我们在阅读时才可以理解苏格拉底的开场词——这些话至少从普罗克洛起就几乎不断地惹恼柏拉图的阐释者们?

---

① [中译编者按]"合适地"按希腊文直译应为"依据规矩"或"依据惯例"。

第一章 城邦的记忆

一、接　　待

一、二、三——

人们将"一、二、三"这三个语词当作开端。在题词之始、行文之初,人们就读到了它们,于是人们把它们视为开端,将它们设定为开端,并以(希腊语意义上)假定的方式把它们看作是被设定成为开端,还发誓要牢记,在所有的后文中都有必要绕回到它们。

普罗克洛指出了它们的恰当性,他使用的一个语词可以看成是远远地指明了该对话所议论之问题的真正核心:

> 因而,对话合适地($εἰκότως$)从数开始,并且将数用作被计数之事物。①

---

① Proclus,《柏拉图〈蒂迈欧〉义疏》(*In Platonis Timaeum Commentaria*),E. Diehl 编,Amsterdam,1965,1:16。

这种合适、相配,是因为映像(εἰκών)①合适且相配地映象了其本原、范型(paradigm)。

《蒂迈欧》中的这前三个语词预示了作为一个整体的对话。一、二、三这三个词展示了一个操作,此操作将在对话之中及对话本身的若干决定性接合点和若干基本关节点上反复出现。因为,苏格拉底是用这些词计数;他数着——当他数的时候——正邀请他作客的人。因此,这些开场词并非仅仅表示前三个正整数,而且展示了一次计数。的确,正如克莱因(Jacob Klein)所说,②古希腊人对数的理解在语言上,同时也在本质上,就与计数相关。这种关联由语言关系引起。动词ἀριϑμέω主要表示对一些事物的计算、计数。在计数一些事物时最后说出的词就是这些事物的数量(数目:ἀριϑμός)。因而,数指示着一定事物的一定数量。因此,这个意向性(intentionality)就完全不同于将数与事物对立起来,再用这种独立的数去进行完全脱离事物、与事物无关的操作的那种意向性。因为,对希腊人而言,他们的意向性更确切地说是,当事物以某个数呈现出来时,这个数以之意指这些事物。亚里士多德的一句话说得很明白:

> 一个数,无论是什么数,总是某种东西的数目,例如火的一些部分的,或土的一些部分的,或一些单位的。(《形而上学》,卷十四,1092b19—21)③

这样一来,"一"就不被当作一个数:只有能够被计数的,即众

---

① [中译编者按]εἰκών与上述εἰκότως的词源均为εἴκω[看上去像]。
② Jacob Klein,《希腊数学思想与代数起源》(*Greek Mathematical Thought and the Origin of Algebra*), Eva Brann 译,Cambridge,1968,页 40—60。
③ [中译编者按]参考了苗力田译文。

第一章 城邦的记忆

多事物的数量,才是数,所以最小的数就是"二"。另一方面,这一基本的意向性并不排除这样一种转换,使被计数的可以不再是可感知的事物,也即转换到理论计算的层面上,数于是变成了由纯粹单位(许多个一)构成的数。不过,它仍然是某事物的数。柏拉图对话就大胆使用了这一特定转换。①

这样,苏格拉底通过数一、二、三标示了开端,从严格意义上说,他不是提出三个数,而只有一个,即数目"三"。正是这个数以及通过它所做的计数将在《蒂迈欧》全篇明确地反复出现。

接待苏格拉底的是三个人:蒂迈欧、克里蒂亚和赫墨克拉底。既然赫墨克拉底没有发言,他只有一段吩咐克里蒂亚开讲的话,那么,该对话事实上只有三个说话人。按照发言顺序来报数的话就是苏格拉底、克里蒂亚、蒂迈欧。我们发现第三个才是主要的发言人,这么说至少是因为如下前提,即实际进行的发言超过了对前一次发言的简短回顾,也超过了对所承诺的下一次发言的单纯期待。蒂迈欧的发言比其他发言长出数倍,它本身可以分为三段不同的发言,论说中的两次明显中断标记了其间的转换(在47e和69a)。

这种一、二、三的计数在《蒂迈欧》中将反复出现多次,而且,每一次出现都必定用来准确地限定被计数的东西。从某种意义上说,一切都将取决于第三:举例来说,在蒂迈欧三篇论说②的第

---

① 将数与事物关联起来的的基本意向性以及对这一意向性的修正在《王制》第七卷的一段话中有细致描述。苏格拉底谈到了,出于使灵魂本身转向真理与存在的目的,引入对算术的学习。当格劳孔问到这项学习的用途,并问到这种学习如何能实现这一目标时,苏格拉底回答说:

它有力地将灵魂向上提升,迫使灵魂讨论数本身。它决不允许任何人在讨论数的时候给它附加上可见的、可触摸的物体(《王制》,525d)。

② [中译编者按]第一篇是27b—47e,讲述依据理性创造宇宙;第二篇是47e—69a,讲述引入必然性;第三篇是69a—92c,讲述完成宇宙创造。

一篇中,他在讲述放入宇宙灵魂中的成分时,就数到(1)存在,(2)被生成者,(3)由前两种混合而成的存在,它先在两者中间产生混合,随着进一步混合,就与前两者完全混在一起。当蒂迈欧开始引入他随着论说的进展最终会称之为 χώρα 的东西时,这种对类型的计数在他的第二篇论说中变得越来越重要,也越来越疑难(aporetic)。在这次计数中,"三"再次成为计数的数目,χώρα 正好作为第三种类型(τρίτον γένος)被引入。这里计数的显然是类型,而不是他面前的人或事物,不能通过恰当的数数动作来报数。然而,使问题棘手的不单是我们现在要计数不可感知的事物;更确切地说,问题复杂,因为要计数的是类型,χαλεπόν[困难的、危险的]一词表明了这种复杂性。在我们计数事物时候有一个特别要求,一个计数的前提条件,即被计数的事物必须要么是同一类型的,要么至少是可以被当作同一类型的。我们不可能把苹果和桔子放一起数,除非在它们都是水果的意义上,也即,在计数之前就先把它们归入了同一类型。可是,如果要计数的恰恰是类型本身呢?那不是必须有一个包含范围更广的类型,使被计数的类型都可以被视为属于同一类型,即都是同一类型的类型么?可是,对诸如蒂迈欧所数的三个类型那样的某些类型来说,如果事实证明并不存在那个融通的类型,将会如何?如果它们无论在哪方面都不能算作同一类型,又将如何?那么,这计数不也就是困难、麻烦、甚至还可能是危险的么?——总之,χαλεπόν?

这一类困难会被证明萦绕于蒂迈欧在第二篇论说中大胆作出的大多数关键计数之上。的确,正如我应该说明的,这些困难将会变得非同寻常地麻烦,以致会威胁到将在其中详细谈论计数的那篇论说。因此,毫不奇怪,这一计数本身会成为复数形式,会以不同的变换形式反复出现多次。

然而,在开头,苏格拉底通过计数三个接待他的人标示了

第一章 城邦的记忆

开端:

> 一、二、三——亲爱的蒂迈欧,我们这第四位昨天的客人、今天的主人上哪去了?(17a)

苏格拉底在计数在场之人时只数到"三"。在三个词之后,即数字"三"之后,他突然中断计数,目的是询问第四个不在场之人的情况。通过使用了序数(τέταρτος)以示区别,他询问缺席的那个人,那第四个人在哪里。因此,《蒂迈欧》的开场问题就是一个"在哪儿"(ποῦ)的问题,一个地点问题。它是一个关于某人之所在的问题,此人在对话现场缺席,在对话发生的地方缺席,这个对话发生的地方是对话的论说发出的地方,同时也是对话行为展现的地方。开场的这几个语词本身就展现了一个行为,从对话的题词(inscription)开始就使对话朝向了方圆说(chorology)。因为,χώρα至少与地方(place)有非常密切的关联,以至于可以被译为(或被误译为)locus[地点、场所](见卡尔基迪乌斯译文)①和place[地方](见 Thomas Taylor 译文)。② 该词与地方有如此关联,以至于在一种梦的恍惚中,它甚至可能呈现为一种地方(place)。无论如何,《蒂迈欧》的开场问题从一开始就把《蒂迈欧》导向了χώρα的问题,导向了方圆说(chorology)。

这被计数的第四个人——或者毋宁说,不是真正被计数,而是在中断计数时所数到的第四个人——不仅本人缺席,他的名字

---

① 《蒂迈欧:卡尔基迪乌斯译注与导言》(*Timaeus: A Calcidio Translatus Commentarioque Instructus*),London,1962,页 50。一般认为该译本可追溯至公元五世纪早期。

② Plato,《〈蒂迈欧〉与〈克里蒂亚〉》(*The Timaeus and The Critias*),页 171(引用页码按照重印版)。

也缺席了:他的名字不论是在开篇的交流中,还是在对话的其他地方都没被提起过。因此,这缺席的第四人的缺席是个双重缺席。这位本人和名字都缺席的人是怎样的呢? 在询问他,询问这缺席的第四个人是谁的时候,人们就开始重新思考这位缺席——而且据说是缺席——之人的身份。从古代疏解者起,人们就不断试图搞清这一点。到普罗克洛那会儿,关于这个问题的论争就已经是个老话题了。普罗克洛回顾了(在他之前的)若干不同观点。其中一个观点认为缺席的第四个人是泰阿泰德(Theaetetus),亚里士多德就持此观点,理由是与这个无名的第四者一样,泰阿泰德据说(尽管是在别的地方所说)也生病了。普罗克洛还提到柏拉图派的托勒密(The Platonic Ptolemy),他认为缺席者是克莱托丰(Cleitophon),因为在以克莱托丰命名的对话中,据说克莱托丰不值得苏格拉底来回应。也许不可避免的是,这个缺席者还被认为是柏拉图本人。普罗克洛提到,德尔基里达斯(Dercylidas)就持这种见解,他的理由是:在苏格拉底去世的那个场景中,柏拉图就因生病不在场。普罗克洛在细述了这些观点的不确定性后宣布,它们没有一个靠得住。他还提到扬布里柯(Iamblicus)的看法(普罗克洛对此未作出明确批评),即缺席的第四个人与《蒂迈欧》中可感、自然之宇宙(cosmos)的取向有关:第四个人应该适合讨论可认知的事物,因此,他在蒂迈欧关于自然($\varphi\acute{\nu}\sigma\iota\varsigma$)的讨论中缺席了,他的缺席标志着从可认知的事物向可感的事物的转换。① 虽然现代大多数阐释者比前面那些被普罗克洛点名提到并批评过的人更加小心谨慎,但他们还是在古人基础上增加了其他一些意见。例如,泰勒(A. E. Taylor)虽然告诫说:"思考这个无名者的身份问题并不是十分有益",但他仍"确信此人在作者意图中是西西

---

① Proclus,《柏拉图〈蒂迈欧〉义疏》,前揭,1:19—20。

里和意大利某种流行学说的一个代表,因为蒂迈欧同意代替他的位置"。泰勒冒险支持伯内特(Burnet)的独特观点,即认为第四个人是菲洛劳斯(Philolaus),理由是菲洛劳斯和蒂迈欧一样将毕达哥拉斯学说和以恩培多克勒学说为基础的医学理论结合在一起。泰勒甚至说恩培多克勒本人会是一个不错的人选,若不是他去世的时间早于该对话设定的戏剧发生时间的话。① 另一方面,康福德(Cornford)则不做这种冒险,他宁可宣称:"任何关于这个缺席的第四个人身份的推测都没有根据。"②当然,只要我们读了开场的段落(仅仅这一段)——苏格拉底在这段中数了三个人,并询问第四人在哪里——那么,这就是一个问题。重提这次计数能否为回到"缺席的第四者"的问题提供一个理由,这仍然有待考察;当这次计数可以被不太确切地称为对存在的计数的时候,就尤其如此。这与在方圆说中的情况差不多。

时间和病恙都在第四个人的缺席中有所透露。苏格拉底称他是"我们昨天的客人和今天的主人中的第四个"(17a)。我们因而知道这位现在(νῦν)缺席的第四个人昨天(χθές)在场,且作为苏格拉底的客人之一与另外三人在一起,我们也知道,四个人本打算在今天作为主人共同招待苏格拉底,而且正如蒂迈欧所解释的,如果不是因为第四个人生了病,就会真地这么做。他的缺席是出于某种强制,即出于必然:因为蒂迈欧向苏格拉底保证说这第四个人"并不愿意离开"(17a)。这样,第四个人的缺席就以一种行动预示了蒂迈欧本人被迫进行的朝向必然(ἀνάγκη)的转向,他的三篇论说中的第二篇就是从这种转向开始的,更不用说在第三篇论说中向大病小疾(illness and disease)的转向了。这第四个

---

① A. E. Taylor,《〈蒂迈欧〉注》,前揭,页25。
② Cornford,《柏拉图的宇宙论》,前揭,页3。

人由于生病而造成的缺席中断了对话的连续性,否则昨天和今天的对话就能接续起来,就能如约定的那样,正像昨天苏格拉底款待四个人,今天这四个人反过来款待他。

他们确实打算款待他,至少这三个没生病的人是这么打算的。他将成为他们邀请的客人(δαιτυμών)。他们将是他的接待主人(ἑστιατώρ),将盛情地招待他,就像我们在家中盛情招待(ἑστιάω)客人一样,欢迎客人们到我们的住宅中来(hearth, ἑστία),或许还会设宴。古希腊人用同一个词称呼住宅和家庭(hearth and home)的守护神:Ἑστία。① 将要表明的是,苏格拉底即将回顾的论说,即昨天他宴请四位客人时所发表的,是一篇对住宅和家庭都有威胁的论说。于是,将有必要请求该女神的保护。既然Ἑστία总是人们在节日里首先祈求的神祇,并且既然表明对话当天是一个节日,那么我们完全可以设想,作为住宅和家庭的守护者的Ἑστία一开始就在这儿被悄悄祈求过了。

在场的这三个人将作为主人热情地招待(ἑστιάω)苏格拉底。还有一个词表明这是一次盛情的接待,这个词在蒂迈欧第二篇论说中将有无与伦比的份量:ὑποδοχή[接待、款待、承纳物]。就其作为容器的基本含义来说,它也是那个也将被称为χώρα之物的名称之一。这里的关联被描述得再明显不过了:在接待场景的设置中,《蒂迈欧》恰好戏剧性地展现了在对话核心部分将成为论说焦点的东西——我们可以称之为:对存在的特定接纳,或者简单地说,就是容器,或χώρα。

苏格拉底提出,要由在场的那几个人来填补缺席者的空缺角色。蒂迈欧说他们会尽力而为(κατὰ δύναμιν)。没有迹象显示缺

---

① [中译编者按] 即Ἑστία即指住宅和家庭,又指住宅和家庭的守护神。该词与上述ἑστιατώρ和ἑστιάω同源。另外,hearth and home 作为习语指家庭。

席的第四个人本来会承担什么角色。但无论他的角色是什么,苏格拉底和蒂迈欧从这里开始已经同意,蒂迈欧和其他人的所言所行将——至少在意愿上——有助于弥补这一部分,即弥补第四个人的缺席造成的缺憾。

蒂迈欧通过再次追溯昨天和今天之间的连续性(即两次接待的连续性)结束了开场的交谈。昨天,被苏格拉底接待的那些人今天将接待苏格拉底,至少四人中剩下的那三个要这么做。但这一次,当蒂迈欧重新确认仅仅被缺席的第四个人打乱的这一连续性时,他使用了适合用在异乡人(ξενίοις)身上的盛情的措词;其效果是把关注点从接待客人的住宅、家庭转向了可能作为异乡人(stranger)、甚至外国人(foreigner)的客人。① 另外也该注意蒂迈欧是怎么表述昨天的接待与今天的接待之间的关联的:如果他们现在没能盛情接待苏格拉底,那将是不公正(οὐδὲδίκαιον)的。此后将表明,苏格拉底昨天接待他的四位客人时所发表的论说,正是有关正义的。

二、理念的城邦

苏格拉底问起了昨天的论说。这是一个需要回忆的问题:蒂迈欧是否记得那次论说的论题和范围? 蒂迈欧的回应是提出让苏格拉底从头(ἐξ ἀρχῆς)扼要回顾一遍,以填补他们对于前一天苏格拉底所说内容的不完整记忆。或者更准确地说,蒂迈欧请求苏格拉底回顾一遍,"如果对你来说,不嫌麻烦的话"(17b)。他的请求第一次用到一个词,这个词在后面的对话中将作为一个必不可

---

① [中译编者按] 这里是指蒂迈欧在 17b1 以下所说的"昨天你[苏格拉底]用那些适于待客的东西招待我们",所谓"客"即此处的ξενίοις。

少的标志,它确实能够表示《蒂迈欧》的整体特征,这个词就是 χαλεπόν:艰巨、困难、麻烦,甚至危险。苏格拉底没有对这个条件句作出直接回应。对于蒂迈欧的提议,他的回答只是"会的"(17c)。他既没说,如果从头开始扼要回顾,对于他是否困难,也没有说,如果非得这么做不可,他是否觉得麻烦。但是,当他回顾昨天的论说时,他将提到,该论说中的某些要点容易记住,并因而凸显这些要点。

因此,这篇对话的第一次冒险将是一次记忆操练。在《蒂迈欧》的文脉进程中有多次各种类型的不同回忆,而且事实上将整部对话当作一个回忆的复合体也并非完全不可能。但是,什么是回忆呢?要回忆的是什么呢?回忆意味着把某事物带回意识,把遥远的、过去的、不在当下、不在场的事物带回到我们内在的视野跟前。回忆就是将某事物带回到一个特定的呈现,否则这个事物就会作为已经消逝的东西而缺席,并会一直缺席下去。

在苏格拉底将要进行的记忆操练中,他通过扼要地回顾或重复来向其他几人提示昨天所论说的内容。这样,回忆就不仅是回想到一篇论说,而且也联系到重述和再回顾,也即在论说中进行重述。在这一次回忆中,回忆与重复的关联是多方面的。回忆使散漫的(discursive)重复成为可能:只有进行回忆时,苏格拉底才能复述昨天的论说。但是,散漫的复述在行动上也是一种回忆活动:苏格拉底说话时,他在行动上正在回想着。而反过来说,散漫的复述也使回忆成为可能:苏格拉底通过做复述,来帮助其他几人进行回忆,使他们能够记起在昨天的论说中可能已经忘掉的什么内容。

在对话的这一次冒险中,有个特别之处,即对开端的某种回退。苏格拉底没有简单地开始,而是追溯到一篇早先的论说,从而把《蒂迈欧》的开端回退到已经先于它的另一个开端。苏格拉底没有简单地开始,他把昨天的论说作为今天论说的开端。这种做法在《蒂迈欧》中频繁且决定性地重复出现,即通过回溯,把一个开端拉回到一个更早的开端。这一回溯的做法将决定一种回归诸开端的运动,借助于此,《蒂迈欧》将实现它对诸开端的警觉地审视。

苏格拉底发言了。他开始了在《蒂迈欧》中的唯一一次发言。这是构成该对话主体部分的一系列言论中的第一个。纵观他的言论,与其他人不同的是,其中有断断续续的应答。每次应答都简要地表明,苏格拉底的论说引导蒂迈欧所进行的回忆,与苏格拉底在当前论说中所说的内容相一致。

从一开始,苏格拉底就复述了他昨天的发言:

> 我昨天发表的论说的主要部分($τὸ\ κεφάλαιον$)关乎政制($πολιτεία$),即关注在我看来,何种政制最好,以及这种政制从何种人中产生。(17c)

$τὸ\ κεφάλαιον$一词当然可以表示主要部分、主体部分以及人们在总结中提供的基本要点。但这种含义需要以在另一含义基础上的转喻(metonymical operation)为先决条件:$κεφάλαιον$源于$ἡ\ κφαλή$,即"头",因此,它首先表示属于"头"的东西。这样看来,苏格拉底说的是论说的开头,即他昨天的论说的开头。① 那篇论

---

① 将头不仅仅用来代替主要部分而是代替一篇论说的主要部分,这种更加特殊的转喻的根据已在《斐德若》中的一段话中提出了。在这段话中,苏格拉底将论说的各部分与身体的各部分相关联:

那么,我想有一点你至少要承认,就是任何论说($λόγος$)都应该被构造得像一个生命体,有其特有的身体,不应该缺少头($μήτε\ ἀκέφαλον$)或脚,而且应该拥有彼此相应并与整体相应的中部和诸终端(264c)。

说的开头有关πολιτεία,即有关城邦的政制,①关于城邦怎样构成才是最好的,以及何种类型的人才能构成最好的城邦。可疑之处必定马上出现:苏格拉底昨天的论说要么从属于他所论说的《王制》,要么至少与之类似。我们回顾一下《王制》,苏格拉底下到比雷埃夫斯(Piraeus),并在珀勒马科斯(Polemarchus)家中参加了一次长时间会谈。他遇到的第一个对话者名叫克法洛斯(Κέφαλος)。如果我们回想,被如此命名的这个角色,一个失去了所有身体欲望的老人,表现为只是个开头(all head,双关,亦指完全偏向头脑——译者),那么,我们别无选择,只能猜测:苏格拉底即将提供的这种论说仅仅是个开头(is merely head)。难道没有理由怀疑这种概括吗?我们没有理由怀疑它可能忽略了某些与身体其他部分相关的东西么?

蒂迈欧回答:苏格拉底,你所说的很"合我们的心意(κατὰ νοῦν)"。这个短语当然是简单地表示赞同苏格拉底昨天所说的内容。② 这些内容,或者其开头部分,正是他现在要复述的。于是,蒂迈欧就直率地宣称:苏格拉底,你所说的与我们对城邦政制的想法一致。然而,在一段几乎一心导向νοῦς③的对话中,该词第一次出现时,我们很难听不到它与即将来临之物的某种共鸣;我们也不会轻易忽视,νοῦς此次出现的方式直接呼应着对头部

---

① 将πόλις译为"城邦(city)"时,我们必须知道在任何情况下希腊的πόλις都不对应现代政治生活中的任何实体,无论是民族国家(nation-state)还是我们称为城市的城市化(urbane)单位,不过πόλις具有所有西方政治思想都与之有关键性关联的基本原则。海德格尔尤其坚持πόλις与所有现代政治形式的区别(《巴门尼德》[*Parmenides*],见 *Gesamtausgabe*[Frankfurt a. M., 1982],卷 54,页 132 以下)。
② 此含义指某事(即某人说的某事或某种预期的结果)与另外的人所设想、认为或预期的事情相一致。此含义也出现在《游叙弗伦》开端附近的一个段落中(3e),也是用κατὰ νοῦν表示。
③ [中译编者按] 即上述"合我们的心意(κατὰ νοῦν)"中的"心意",一般译作理智,又音译为努斯。

(the head)的谈论,而某些生命体的 νοῦς 最终将被证明是居住于头部之中。普罗克洛别无疑问,只是怀疑,这种与 νοῦς 的相合是否既指在宇宙制作中 νοῦς 将被取法的角色,也与眼前的讨论中的理智(noetic)①层次相关。② 无论如何,并非完全不可能认为,这个短语指出了苏格拉底的论说与蒂迈欧第一篇论说之间的特定关联。蒂迈欧的第一篇论说,照其本身的说法,与 νοῦς 的作品有关。

通过重复和回顾昨天论说的开头,苏格拉底谈到了城邦的政制。构造得最好的城邦,即为了变得最好而被构建的城邦,被他描绘为一个依照 τέχνη [技艺]来安排的城邦。城邦被分为各种类型(γένη),这些类型由不同 τέχνη 之间的区别决定。这样,城邦分为如下一些人,或者说一些类型的生产者:一类生产者照料或培育自然产生之物,让它们自己生长,而另一类生产者通过建造(fabricating, ποιεῖν)来制作(making)某些事物。在提出农民与工匠这一差异时(虽然并未加以发挥),苏格拉底也暗示了不同 τέχναι ③ 的进一步区分。虽然众多 τέχναι 各自不同,但每个公民严格地只被分配一种 τέχνη,这二者之间有着严格的区别。每个公民都实践适合他的那种 τέχνη,从事适合其本性(κατὰ φύσιν)的 τέχνη,并将其作为其唯一职业。于是,从实践各种 τέχναι 的不同类型之人中,苏格拉底明确地辨识出那些以保卫城邦为职业的人,即保卫者或战士。就他们的情形而言,首要的是命令必须保持有效:他们必须从事这唯一一种适合他们本性的工作。他们必须"只是城邦的保卫者"(17d)。

苏格拉底对这些区分的清晰表述有助于为 τέχνη 一词的范围提供初步的界定。那些耕种土地的农民将被归到实践"其他

---

① [中译编者按]该英文词即源于 νοῦς。
② Proclus,《柏拉图〈蒂迈欧〉义疏》,前揭,1:32。
③ [中译编者按] τέχνη 的复数。

τέχνη"(17c)的人里面。同样重要的是,苏格拉底虽然把农民和工匠都归在τέχνη的名下,但他还是指出了其间的区别。因为,农民所照料和培育的,是自然发芽生长的东西,而工匠制作的东西却永远不能经由自然而形成。这两种τέχναι之间的区分预示了在《蒂迈欧》文本中将变得越来越重要也越来越多地被探讨的对立;就其最一般的形式而言,这是τέχνη与φύσις[自然]之间的对立,是制作(ποίησις)①的秩序与生育的秩序之间的对立。不过,在当前的阐述中,农民和工匠都被置于τέχνη一边,都与城邦保卫者相区别。

叙述的这一层面没有展开对τέχνη的内在限定,而在这个层面,我们甚至能够跨越各部对话不容违背的独一性的界限,大胆地建立一种关联。这里与《智术师》(Sophist)的关联尤其贴切。因为在这部对话的同类表述中,耕作和对生命体(也即有死的生命体)的照料,与那些装配或铸造各类工具的τέχναι被并列在一起,同时二者也因此相互区别。与这两种形式的τέχνη并列的第三种形式是模仿(μιμητική)。所有这些τέχναι的共同点是都导向生产(producing, ποιεῖν):②

> 当先前不存在的某事物随后被带入存在时,我们就说这带入者生产(ποιεῖν),而被带入者被生产。(《智术师》,219b)

所有这些τέχναι的目标都是把某物带入存在,无论它是一个生命体、一件工具或是一个仿制品。所有这些τέχναι的目标都是生产(ποίησις),都是制造某物,要么通过照料自然生成的东西,要么通

---

① [中译编者按]ποιεῖν的名词形式。
② [中译编者按]注意作者交替使用"制作(fabricating)"(或"制造[making]")和"生产(producing)"对译ποιεῖν(及其名词形式ποίησις)。

过组合或塑造取自自然的材料。的确，我们本可以简单地断言 τέχνη 就是 ποίησις，要是《智术师》中的这一段不曾这样继续发挥的话：所有以生产为导向的 τέχναι 都统称为 ποιητική，而这类生产性的 τέχνη 与包括学习、求知以及赚钱、打仗和狩猎在内的另一类 τέχνη 不同。这些另一类的 τέχνη 都不包含工匠的工作（δημιουϱγέω）；它们不是使事物产生，而是针对着已存在的东西，它们通过言语或行动对事物进行强制，或防止自己被他人所强制。通过认定一种对立于生产性 τέχνη 的获得性 τέχνη（κτητική），《智术师》就对 τέχνη 与 ποίησις 的同一性持保留态度。还不确定的问题可能是，是否只通过单单这一篇对话，就可以认定这种保留。无论如何，有充分的迹象显示这种同一性出现在其他对话中，其中最显著的是《会饮》。下面这句话又一次重述了 ποίησις 的含义：

> 因为，只要任何事物从非存在进到存在，整个过程就是 ποίησις。（《会饮》，205b—c）

于是，所有 τέχναι 都被说成以这种生产为导向的：

> 因此，所有 τέχναι 的作品都是产品（ποιήσεις），而其工匠（δημιουϱγοί）都是生产者（ποιηταί）。（《会饮》，205c）①

那么，保卫者是什么呢？假定全部 τέχνη 都是生产，既然他们看起来不是生产性的，那他们是否应被排除在 τέχνη 之外呢？或者他们属于另一种在《智术师》中用以区别于生产性类型的那种

---

① ποιητής 一词也指诗人。《会饮》接着马上提到许多有制造技艺的人并不被称为 ποιηταί，他们有别的称呼。只有那些所制造的作品与音乐格律相关的人才一般称作 ποιητής，所以 ποίησις 中的一部分拥有了全体的称呼（见《会饮》205c）。

τέχνη？能否说他们是在实践一种获得性τέχνη（与他人争斗、狩猎——或学习）？还是说，他们所从事的职业不同于τέχναι？在《蒂迈欧》中，苏格拉底把所有提及的（农民的、工匠的以及保卫者的）职业都总称为ἐπιτήδευμα，即职业、事务、工作。但是，在与《蒂迈欧》有特殊关联的《王制》中，苏格拉底把在战争中为了取胜而进行的战斗称为一种τέχνη，而且用了一个明显说明打仗是一种τέχνη的词来指称打仗：πολεμική[战争的技艺]（见《王制》，374b）。的确，很可以怀疑的是，是否只有以打破τέχνη和ποίησις间的同一性为代价，我们才可以将保卫者视为从事一种τέχνη。因为，在《王制》中，苏格拉底指出保卫者的工作并非完全没有生产某种东西：至少，他们是"城邦自由的工匠（δημιουργοί）"（《王制》，395b—c）。

在各种把τέχνη和ποίησις同一起来的不同安排中，(在某种程度上，会基于不同对话的独特性而有变化)，有两种在阅读《蒂迈欧》时特别需要关注。根据其中一种安排，τέχνη和ποίησις就二者的实质同一性而言，表示具有工匠特点的工作，这些工匠通过塑造和装配自然材料来制造物品；从事一种τέχνη就是制作物品，而ποίησις就是制作。根据另一种安排，τέχνη的范围被扩大到包括保卫者在内（或许还有其他），这要么分裂τέχνη与ποίησις（预设一种非生产性τέχνη），要么扩大ποίησις的含义，使之包括城邦自由的生产等等。在《蒂迈欧》中，这两种结构将会交替出现，有时候会发生游移（slippage），不过当对话进行到追问τέχνη和ποίησις之间的对立时，范围较窄的含义将占优势。

具有强制性的是每个人只从事合乎其本性的职业。这样，那些被分派到各个职业岗位上的人必须具备适合该职业的自然能力，而这种能力能够通过适当的培养和训练得以领会和提高。于是，他们只从事他们的这一种职业，甚至一点也不会分心于其他任何职业。苏格拉底强调这种强制性对于那些守卫城邦的人即保卫者(φύλακες)的意义。① 为了在本性上适合当保卫者,他们应该在本性上具备一定的灵魂品质,这些灵魂品质由若干要求决定,即要求他们对敌人无情,而对朋友温和。为了满足前一个要求,他们必须展现出突出的意气(spirit, θύμος),必须有血气(spirited);但是,为了不把严酷无情用在他们的朋友身上,为了温和地对待那些被认为是朋友的人,他们的灵魂又必须能够令一种特定的认知力来控制意气的狂肆,也就是说他们必须不仅具有血气,而且具有哲学性。那些适合当保卫者之人的灵魂必须既具有血气又具有哲学性,两者兼得(ἅμα)。因此,他们将受到教养、培育和训练(τροφή),其教导方式旨在培养其灵魂的品性,使他们在本性上适合担任保卫者。他们的训练形式包括体操和音乐。

保卫者只能从事他们的唯一职业。的确,他们工作起来时,应当始终专注于这一本职,而不能见异思迁,偏离正业。因此,他们所生活于其中的共同体形式,应当促使他们不间断地专注于本职,也应促使他们以美德(ἀρετή)来恪尽职守。这种形式将会使共同体变得极端化:保卫者——或者更准确地说是辅助者,苏格拉底在此处把φύλακες换成ἐπίκουροι[辅助者]②——不能有私人财产,不能把任何东西当作"他们自己的财产"(18b)。他们只从其被保护者那里领取适当的报偿,分享报酬,过集体生活。

苏格拉底还回顾了有关女人的论述:她们本性的形成也大致和男人一样。必须强制女人和男人一样从事适合他或她本性的

---

① 苏格拉底在《王制》(374d—e)中第一次介绍保卫者时所用的词也是φύλακες。《蒂迈欧》中对保卫者的天性要求以及他们的训练的简要描述与《王制》(374d—376e)中的更广泛讨论相对应。
② 在《王制》中出现了统治城邦的人与保卫邦或为城邦作战的人之间的区分。因此,在保卫者(φύλακες)中,苏格拉底最后又区分了统治者(ἄρχοντες)和辅助者(ἐπίκουροι)(《王制》414b)。我们可以认为《蒂迈欧》中从ἄρχοντες到ἐπίκουροι的转换暗示了此对话中苏格拉底的叙述没有出现《王制》中间几卷关于哲人的论说的

工作,无论这工作是否与战争或与别的事情有关。

　　苏格拉底接着发问的时候有一个轻微的语调变化:至于生育问题呢? 或者就字面上看,是关于生产小孩(παιδοποιία)的问题。παιδοποιία本身暗示了一种奇特的混合——《蒂迈欧》将对此作更多讨论——暗示将生育当作一种生产、制作的行为,甚或如同实践一种τέχνη。在此处,苏格拉底短暂地中断了回忆,以便指出这里的提议是创新的,与习俗相反(ἀήθεια),同时指出,正是由于这个缘故,这些提议容易被记起。接着,他回顾起如下提议:在关于婚姻和小孩的事情上,应该一切公有,谁也无法认出他或她的真正后代。这样,人们应彼此认作亲属,如同归属于同一个家庭(ὁμογενής),同一个家族(γένος)。于是,根据各自的年龄,一个人应该把所有其他人或者称为兄弟、姐妹,或者称为父母、祖父母,或儿女、孙儿女。蒂迈欧肯定地说,如苏格拉底所言,这点容易回想起来。

　　这样,保卫者或者说辅助者就组成一个单一的家庭;每个人都是类似的,如一切公有,不论是财产,还是配偶、小孩,一切都不再私有。他们所组成的这种共同体,其决定性特点在于它缺乏、或者不考虑任何差别。这个共同体不考虑财产所有制的差别、家庭归属的差别,也不考虑所属性别的差别。在这个共同体里面,只会有代际之间的宽泛差别。然而,即使是这样的宽泛差别,也表明性别差异总在交配和生育中起作用。但在其必定发生作用的地方,它应受到统治者的控制。于是,在没有提请注意的情况下,苏格拉底在这里区分了实施统治的保卫者与单纯为保卫城邦而战斗的人即辅助者(ἄρχοντες / ἐπίκουροι,见《王制》,414b)。

　　苏格拉底继续说,统治者要控制孩子的生产,所采取的方式将旨在生育出最好的后代。为此,他们将设法控制交配,同时对辅助者本人隐瞒这种控制,这样,辅助者们将把结果完全归于运气。统治者尤其要设法保证好男人与好女人相配,坏男人与坏女人相配。好男人与好女人的后代将得到适当的养育,而坏男人与坏女人的后代将被遣送到城邦的其他地方,可以说是流放到保卫者的大本营(citadel)之外。不过,从苏格拉底接下来的话来看,他承认,即使是这些手段也不足以充分保证对生产公民、尤其是生产保卫者的充分调控。因为,苏格拉底坚持说,统治者必须对孩子的成长进行观察;如果发现坏父母生的孩子值得教育,那就必须把这些有价值的孩子带回保卫者的大本营,而与之相反,那些好父母生的孩子如果确实不配继续受教育,就必须将其换到乡下或偏远地方。

就在苏格拉底说到这个大本营之外的乡下(不配继续受教育的孩子应被送去的那个地方)时,χώρα一词在《蒂迈欧》中首次出现。① 我们可以说:从一开始,χώρα一词所表示的东西就在可(人为)制造(fabricated)之物的边缘被提出,这给受控制的生产标示了限度。

苏格拉底在结束论说时问蒂迈欧,他们现在是否已经把昨天的谈话回顾了一整遍,至少回顾了主要论点,即与头有关的方面

---

① 无论是 locality[地方]还是 country[乡下]都是对χώρα的适当翻译。这里的原因在下文中会有详细阐释。不过,这两个词都表达了χώρα的前哲学含义中的重要关联,这种含义在《蒂迈欧》中将被采用并发生改变。《王制》中有一个对应的描述,虽然这一描述没有提到χώρα,但涉及与χώρα相对照的"看护者(τροφός)":
  所以,我想,他们会把优秀者的后代送到喂养室(σηκός),交给住在城邦特定地区的特定看护者。而那些低劣者的后代或其他天生有缺陷的孩子,看来就被藏在无人过问且无人见过的地方(《王制》460c)。
Bloom 提请我们注意σηκός一词,该词表示住所,四周有篱笆或围栏,是"饲养小绵羊、小山羊和小牛崽"的地方。Bloom 断言:
  这整段话都在拿人的交配和生殖与动物相对照。显然,这些神圣庄严的婚配所采用的标准不是来自诸神,而是来自牲畜。(Allan Bloom,《柏拉图的〈王制〉》,前揭,页 459)

(ἐν κεφαλαίοις)。蒂迈欧表示了同意。下面这一点至少也不难同意：苏格拉底所做的论说恰恰关乎一种城邦,这种城邦是由κεφάλαιον[头部的、首要的]这个词所宣示的。根据他刚才的描述,整个城邦都是根据τέχνη来安排的。这首先意味着城邦的各部分取决于τέχνη的各个分支,也意味着,城邦采取的共同体形式,是为了达到在实践τέχνη时对卓越性的要求。但这也同时意味着,城邦服从于一种τέχνη,意味着城邦是个有待制作的城邦。它不仅是从事τέχνη的场所,而且本身就是由一种制作活动完成的,这种制作至少与从事τέχναι类似。它是一个技术的(technical)城邦,要通过并根据特定的实际知识(know-how)来制造；它是一个头脑性的城邦,好像身体和灵魂的其他部分对于生产、战斗以及生育都不是必要的。它是首脑性的(capital)城邦,在这城邦中,ἔρως[爱欲]、生育、性别差异以及其他许多事情都服从于一种技术秩序。

尤其对保卫者来说,需要制造一个一切公有的共同体,在这个共同体中,生活的所有方面,那些我们自然而然地隐藏在私人生活(最突出的是家庭生活)中的方面,现在都变成公开和公有的了。这个制造出的共同体是为了弥补自然家庭共同体的不足,尤其避免由于其隐私作用而困扰后者的弊病。因此,这个制造出的共同体将倾向于转移并取代(displace and replace)自然共同体。事实上,这种转移和取代如此彻底,以至于它将会很容易地、毫不费劲地被看成自然共同体。

然而,虽然受到τέχνη的双重限定,但是,城邦仍有一个基本方面是依据自然来制作的：不同τέχναι之间的区分与自然需要相关,而且为男人(和女人)分配不同的τέχναι也是根据他们各自的自然本性。因此,尤其值得注意的是,此城邦结果是极其不自然的,这不仅因为它的制作需要控制被视为人类本性中十分自然的绝大部分事情,更有甚者,恰恰在"根据自然来制作"这一提议中,还要

第一章 城邦的记忆

建议可以通过一组对立来发挥作用——也即 ποίησις 与 φύσις 之间的对立，至少在城邦政制即 πολιτεία 的层面上。

这个与自然更加极端对立的方面没有被提及。但如果像苏格拉底说的，人人都互相认作亲属的话，其危害是难以预防的。因为根据这个被制作出的亲属系统，人们别无办法，只能与亲属交配，这在所有情况中都免不了。因此所有的交配都沾染了乱伦：男人别无办法，只能与女儿、姐妹或母亲交配。进一步说，既然这制作出的亲属系统要抹去自然的亲属关系（苏格拉底说人们绝不会认出自己的亲后代），那么人们就可能碰巧与真正的亲属交配。① 在不知情的情况下，这种事情发生了。若是人们在浑然

---

① 乱伦的问题以及避免乱伦的可能性的问题在《王制》中有明确论述。与《蒂迈欧》一样，在《王制》中这种制作出的亲属系统规定所有人都彼此认作同族亲属。因此，在《王制》第五卷中，格劳孔说了下面的话（这些话得到了苏格拉底的赞同）：

　　无论他碰见谁，他都会觉得遇上了兄弟、姐妹、父亲、母亲、儿子、女儿，或把对方当作这些人的后代或前辈。（《王制》463c）

有一段话对乱伦问题做了最深入的探讨，在那段话中苏格拉底宣称，过了生育年龄的男女可以自由地与任何他们所喜欢的人交配，不过男人不能与他的女儿或母亲以及直系亲属中的女性交配，对女人也相应如此。格劳孔问，这些人要如何辨识出被禁止与之交配的亲属。苏格拉底的回答是：

　　确实无法辨识……不过一个男人做了新郎之后，就把所有在他结婚以后第十个月或第七个月里出生的所有男孩都叫做他的儿子，把在那以后出生的所有女孩都叫做女儿，而这些男孩和女孩都叫他父亲。同样的道理，这个男人还会把这些子女生育的子女叫做孙子和孙女。而这些孙子和孙女都会叫他和他的同辈为祖父或祖母。在同一个生育期间出生的所有孩子相互之间都作为兄弟姐妹。这样，按我们刚才说的，他们彼此就不会发生性关系了。但若通过抽签决定，而且皮提亚（Pythia，[译按]即德尔斐神庙女祭司）的神谕也表示批准的话，那么法律允许这样的兄弟姐妹同居。（461d—e）

这一体系可以减少乱伦的可能性，并通过规范世系从而可以防止世系之间的乱伦。但是乱伦关系在特定条件下仍然被允许在同代人之间发生，因为按照制作出的或者也许是自然的亲属系统，他们是兄妹或姐弟。

A. E. Taylor 提出了一个假说，即统治者发明的办法严格控制了具有血缘关系的兄妹或姐弟之间的乱伦："当局对'婚姻'和生育做了登记。因此，他们确切地知道谁是我们所说的每个孩子的'父母'。'兄妹姐弟'婚所要求的条件，（转下页）

不觉中与自己的至亲结婚，那么这舞台就将总是预备好的——在这舞台上将上演悲剧。

人们几乎总是假定苏格拉底在《蒂迈欧》中的论说与在《王制》中的论说有确定关联。的确，长久以来的传统认为，《王制》就是苏格拉底在《蒂迈欧》中叙述的昨天的论说。例如，普罗克洛注意到，《王制》中的事件发生在本狄斯节（the Bendideia）。的确，这在《王制》中很清楚，从苏格拉底在《王制》中说的第一句话差不多就可以看出来：

> 昨天，我跟阿里斯通（Ariston）的儿子格劳孔（Glaucon）一块到比雷埃夫斯港（Piraeus），参加向女神的献祭，同时观看他们如何搞节庆活动，因为这在他们那还是头一次。（《王制》，327a）

这天正是刚从色雷斯引进的节日，该节日女神后来被确认为是本狄斯（Bendis）(354c)。另一方面，普罗克洛注意到《蒂迈欧》据说是发生在雅典娜的节日(26e)。普罗克洛认为这个节日是小泛雅典娜节（the lesser Panathenaea），因为他知道大泛雅典娜节（the greater Panathenaea）在赫卡托姆拜昂月（Hecatombaeon）的28号（这一天被认为是雅典娜的生日），与本狄斯节隔得很远（本狄斯

（接上页注①）即'皮提亚的同意'，其实就是为了防止有真正血缘关系的兄妹姐弟的'乱伦'（皮提亚不批准的情况是受到了当局的秘密指令）"（见氏著，《柏拉图〈蒂迈欧〉注》，前揭，页47）。就算我们不考虑在《蒂迈欧》中这些约束是否能被理解为可以完全避免乱伦（例如，解释为包含了Taylor的假说所设置的所有条件）——尽管所有问题都必须阐释（例如，为什么是第十个月和第七个月？）——仍然毫无疑问的是，城邦受到乱伦阴影的困扰。另一方面，在《蒂迈欧》中，苏格拉底没有提供任何线索以表明这些约束可以减少或防止乱伦的发生。

节是在萨吉里安月［*Thargelion*］19号）。①

这样，据普罗克洛的看法，有一个连续的三天，这三天由《王制》和《蒂迈欧》开首处分别出现的昨天（χθές）一词所标明。《王制》中发生的事件是在第一天。这天正是本狄斯节。那天，苏格拉底和格劳孔一起到比雷埃夫斯港，然后在珀勒马科斯家中参加谈话，一直谈到晚上。第二天，苏格拉底回到雅典，向蒂迈欧、克里蒂亚、赫墨克拉底以及无名的第四个人讲述了发生在前一天的事件和论说，复述了发生在比雷埃夫斯港的全部讨论内容。于是，第三天，即泛雅典娜节那天，同时也是《蒂迈欧》中事件发生的那天，苏格拉底为蒂迈欧、克里蒂亚和赫墨克拉底重新扼要回顾了其中的主要观点。

托马斯·泰勒等人也提出过这样的三天序列。② 不过，更多的近世学者已经指出将这两篇对话设定在此种时间序列中存在的困难：小泛雅典娜节并非刚好在本狄斯节之后，而是在两个月以后，与大雅典娜节是同一天，只不过后者每四年才举行一次。③

---

① Proclus，《柏拉图〈蒂迈欧〉义疏》，前揭，1：26。亦见《牛津古典辞典》(*The Oxford Classical Dictionary*，第二版）的词条"本狄斯节"和"泛雅典娜节"。认为《蒂迈欧》的故事时间是在小雅典娜节的假设，亦见 Henri Martin 的《柏拉图〈蒂迈欧〉研究》(*Études sur le Timée de Platon*, Paris, 1981, 1: 248)。

② "苏格拉底进入比雷埃夫斯港是为了本狄斯节，该节是狄安娜（Diana）的神圣节日，它在泛雅典娜节之前举行，即在他格里翁月（Thargelion）或者说是六月的第二十天。此处的论说与一个智术师团体有关，包括珀勒马科斯（Polemarchus）、克法洛斯（Cephalus）、格劳孔（Glaucon）、阿得曼图（Adeimantus）和斯拉雪麦格（Thrasymachus）。但第二天，他在城中向蒂迈欧、克里蒂亚、赫墨克拉底以及第四个不知名的人重述了这一论说。第三天，他们结束了叙述；然后，在苏格拉底、克里蒂亚和赫墨克拉底之前，蒂迈欧开始了他关于宇宙的论说；同一个不知名的人在第二次讲述时在场，而在第三次讲述时不在场"（Thomas Taylor，"《蒂迈欧》引言" [Introduction to The Timaeus]，见《〈蒂迈欧〉与〈克里蒂亚〉》，前揭，页 42）。

③ Eva T. H. Brann，"《王制》的音乐"（The Music of the Republic），见 *St. John's Review*, 39 (1989—1990): 23；Cornford，《柏拉图的宇宙论》，前揭，页 5；《牛津古典辞典》词条"泛雅典娜节"。

于是，我们得在两种可能的结论中选择一种。一种可能是保留此三天序列，并假定《蒂迈欧》所指的雅典娜的节日不是泛雅典娜节（Panathenaea），而是其他的雅典娜节，如 Plynteria 节，这个节日只在本狄斯节数天之后。这种可能性是 A. E. 泰勒提出来的。① 康福德和布兰（Brann）则支持另一种可能性，②认为应该取消此三天序列的假定，并认为此雅典娜节不是大雅典娜节就是小雅典娜节。如果是这样，《王制》和《蒂迈欧》的戏剧时间就不存在关联。《蒂迈欧》中扼要重述的"昨天的论说"就不应该被视为等同于《王制》中所写的内容。

然而，无论两部对话的戏剧时间之间是否可以建立关联，唯一的问题只在于，只就内容来说，《蒂迈欧》中扼要重述的谈话与《王制》的内容有着相当程度的对应。或者更准确地说对应于《王制》中的一部分。因为，在重述中，《王制》的若干重要论说都完全被省略了。重述中没有与《王制》开首相对应的内容，其中，苏格拉底说他下（κατάβασις）到比雷埃夫斯－哈得斯（Piraeus-Hades），说他想要离开，还说在珀勒马科斯家中发现了一种微型城邦。重述中也没有任何对应于《王制》结尾的内容，苏格拉底在此处讲了俄尔（Er）下到阴间的故事。在这个故事中，苏格拉底恰是以神话的幌子讲他在开首所做的事。③ 在《蒂迈欧》的扼要重述中并没有

---

① A. E. Taylor,《柏拉图〈蒂迈欧〉注》，前揭，页 45。Plynteria 节是一种雅典娜节，在这一节日中，雅典娜的塑像被除去外衣和饰物，然后覆盖起来送到雅典古港帕勒隆（Phaleron）的海滨上。Plynteria 节在他格里翁月二十五号左右举行。见 Der Kleine Pauly 的《古典学词典》(Lexikon der Antike), 4: 958。
② Cornford,《柏拉图的宇宙论》，前揭，页 4—5；Eva T. H. Brann,"《王制》的音乐"，前揭，页 23。大概是参考了 A. E. Taylor 的意见，Cornford 指出，没有哪个雅典娜的节日紧接着本狄斯节，即使是 Plynteria 节也是五天后才举行。
③ 我在《存在与逻各斯：解读柏拉图对话》(Being and Logos: Reading the Platonic Dialogues,第三版,Bloomington,1996,页 313—320)中已经对《王制》首尾部分的这种解读做了详细阐释。

这种神话框架的迹象,而这一框架框住了《王制》的其余部分。

再者,重述中也不涉及《王制》第八至第九卷关于城邦衰落的论说,即关于一系列逐渐腐朽从而导向僭主统治的城邦的论说。在这方面,十分重要的一点是:我们应该注意到这一衰落的起始恰恰关联着生殖、生育的问题,即没能够("通过计算连同感觉"[《王制》,546b])恰当地选定正确的生育时间,结果,小孩就会出生得不合时节,那么,他们将来就会成为劣等的统治者。

苏格拉底在《蒂迈欧》中的扼要重述同时也略去了关于哲学家的论说。这部分论说构成了《王制》的中心,虽然它被反讽地当成一种插在建立 λόγος [论说] 中的城邦与对诸城邦衰落的描述之间的离题之言。苏格拉底在《蒂迈欧》中讲的城邦并非哲学家的城邦,而像是在关于哲学家的离题话出现之前构造出的城邦。该城邦是《王制》中一段延伸论说的结果;在这一论说中,它是所建的三种城邦中的第三个。① 第一种是工匠的简单城邦,在这种城邦中每个人都从事自己的 τέχνη,这样,所有人的需要都得到满足。第二种是奢侈的城邦,它的产生,是因为最初的简单城邦逐渐因不必要的欲望而膨胀,这时就要求享有各种精致和奢侈的东西。为了提供这些精致和奢侈之物,过去充足的土地现在显得不够用了。苏格拉底明确说到:"当然,土地(land, χώρα)……现在就会变得[太]小",所以我们必须"从我们的邻居那里抢一块土地(χώρα)来"(373d)。这是个 χώρα 的问题,关乎 χώρα 一词的前哲学含义所能说明的若干事情:它是一个土地问题,一个关于周边地带、关于伸展到城邦城区之外的乡村的问题。奢侈城邦的出现,

---

① Brann 写道:"《蒂迈欧》中,苏格拉底所扼要重述的城邦无论如何也不是《王制》中间几卷所讲的城邦。因为,虽然他的叙述据说是完整的(19a7),但遗漏了哲人王;因其全部臭名昭著的特征,我们毋宁说它是'第三种城邦'"("《王制》的音乐",前揭,页23)。

随之带来扩张χώρα的要求,也即城邦本身作为一个整体进行扩张,即通过扩张χώρα进行的城邦扩张。这种扩张要求战争。于是,为了战争,就要求有军队,有保卫者团体。当城邦加上了保卫者时,而且当城邦采取了以下安排,即净化过度欲求、缓和(尽管不是消除)战争需要时,三种城邦中的第三种就产生了。[1]

城邦依据τέχνη来统治,并使爱欲的必然需求服从于一种技术控制,这样,这个城邦就被置于悲剧的门槛前。若说它在某些方面也是根据自然建造的(即每个人都按照自然本性被分派适合的工作),这么说也只会指出一个技术生产和自然间的根本对立,从而增强了张力。然而,在柏拉图著作中,在《蒂迈欧》尤其在《王制》中,城邦与其说是一个悲剧场景,不如说是一个喜剧话题。[2] 城邦(这个头部的城邦,或者说仅仅作为头部的这个城邦)的喜剧以其最简炼的形式出现在远离《蒂迈欧》政治框架的文脉中,也即出现在蒂迈欧对人类身体制作的解释中。这喜剧是简短的:它描绘了人类的头在坑坑洼洼的地上打滚,又爬过各种高坡。这些事情难度太大,人类无法办到,十分困扰。于是,蒂迈欧说,身体和四肢便被附着于头部,作为头部移动的交通工具(《蒂迈欧》,44d—e)。

在《王制》中,这种喜剧因素激增,尤其在有关城邦的话题上,也就是第二至四卷建造城邦时所说的第三种城邦。我们甚至可以说,对几种城邦的建造在一种喜剧氛围中达到了高潮,这种气氛聚集在第五卷开头的讨论中,并随着该卷的行文引来了一出独

---

[1] 我在《存在与逻格斯:解读柏拉图对话》(前揭,页354—359)中已经讨论了这三个城邦的建构。
[2] Drew A. Hylanda 做了关于这些对话中喜剧的含义和角度的深刻哲学讨论,见他的《柏拉图对话中的限制和超越》(*Finitude and Transcendence in the Platonic Dialogues*, Albany, 1995),页128—137。

特的喜剧表演。

在显然已完成用λόγος构建拥有最好政制的城邦的任务之后，苏格拉底在第五卷开首开始讲述各种类型的坏政制以及由这些坏政制所产生的腐朽城邦。但是，珀勒马科斯打断了他的话，不让他接着说，除非他谈生育小孩的问题。珀勒马科斯坚持要听听，"在护卫者中，妇女和儿童公有"是怎么一回事，而生育和培养小孩又要怎么进行。珀勒马科斯强调了生育（begetting）问题的重要性：

> 我们觉得此事关系重大，可以说，对政制的对错有全盘的影响。（《王制》，449d）

然而苏格拉底拒绝了，他说如果被迫讲这个问题，那就会激起一场λόγος的纷争。他托称这种问题有太多疑点，而且承认他的担心：就这种话题，无论他说什么λόγος，听来都更像是空想。当他拒绝珀勒马科斯的要求时（这一要求又得到了阿得曼托斯［Adeimantas］、格劳孔［Glaucon］和色拉叙马霍斯［Thrasymachus］的声援），说了下面这句话："不是因为我怕遭到嘲笑……"（《王制》，451a）。这表明下面说的内容可能确实可笑，而苏格拉底不怕把这喜剧演出来。话音刚落，下文就说（也就是，叙述者苏格拉底叙述说）："格劳孔笑道……"

于是，苏格拉底和格劳孔真地开始表演这出喜剧。事实上，苏格拉底甚至几乎声称他们马上要开始一场戏剧演出："男子的戏演过之后"，现在正应该"完成女子的戏了"（《王制》，451c）。他从公的和母的卫犬讲起。此后，他开始讲到它们怎样被分以同样的任务、接受同样的训练，并开始不知不觉地在这段谈话中将话题从母犬转向女人，这时，苏格拉底突然打断了自己，他注意到：

"刚才说到的许多事情,倘若如实地付诸实践,就会显得滑稽(可笑,γελοῖα)"(《王制》,452a)。苏格拉底提出,女子在体育场里赤身裸体地和男子一起锻炼的场景,将是最可笑不过的。格劳孔回答说:"宙斯哦!……在目前情形下,看来是有些滑稽(γελοῖος)"(《王制》,452b)。苏格拉底提到,要是那些聪明人看到这些个场景,免不了要讲一大堆挖苦话(σκώμματα),他装出一副英雄主义的模样,宣称他们决不能害怕这些嘲笑。他接着认真(literally)地提到,甚至当男子们在健身房进行裸体操练时,也曾有些喜剧(comedies)专门取笑他们。接着,他又给喜剧编出来一套"规矩",并用有板有眼的腔调宣布了这些规矩——这腔调本身却也就变成了喜剧:

> 有人相信邪恶以外的任何事物都很滑稽,而且把愚笨和邪恶以外任何现象都嘲笑为滑稽之事,这种人是空虚的。(《王制》,452d)

序幕就此结束。接着,苏格拉底和格劳孔毫不隐晦地表演起来。他们装作与假想论敌对话,这样就产生了对话之内的对话。在此戏剧的进程中要求有"一个同乐共苦的共同体"(《王制》,462b)。因为这样的共同体能够团结城邦,不像私有制会破坏共同体。然而,这样的要求只有在不考虑身体以及发生在身体上之苦乐的完全独特性时才可能实现,这等于可笑地不考虑事实上不可能不考虑的事情。过了一会,苏格拉底说道:"除了身体之外没有什么私有的东西,其他一切都是公有的"(《王制》,464d),他如此说只是突出了该要求的喜剧性。性别差异也在苏格拉底和格劳孔表演的喜剧中起作用。起初,性别差异得到毫不迟疑的直率肯定。苏格拉底问:"女人在天性上是否与男人有别?"格劳孔回答:"女人当然不一样"(《王制》,453c)。苏格拉底指出,这个差别的隐含之义正是使他在这一话题上感到犹豫、难于开口的事情之一,也是他"害怕"的事情之一(《王制》,453d)。于是,当他继续强调男人和女人在本性上有何区别的问题时,就因此冒险在诸差别之间进行了区分。最终,他滑稽地将男女之别类比为秃头男人与长发男人的区别(《王制》,454c)。这很滑稽地表明,男女的差别只是个头部的问题!即使在"什么使人适合当保卫者"的问题上断言两性有同样的天性,这断言本身也给自己打了折扣。因此,苏格拉底宣称:

> 那么,男人和女人在保卫城邦方面有同样的天性,分别只在于女人弱些而男人强些罢了。(《王制》,456a)

似乎强些和弱些不是判断一个人是否适合为城邦战斗的决定性因素。

城邦喜剧所阐明的是:制作出来的首脑性的(capital)城邦无法容纳ἔρως[爱欲]和所有与爱欲有关的事情:生殖、交配、生育、性别差异、身体的独立存在。该喜剧对这种无能的揭示,恰恰是通过表现由于不顾及这种城邦所包含的爱欲而产生的搞笑情形。这种漠视使得对苦乐共同体的假定和对性别差异的漠视成为可能。该喜剧正是以将其揭示为可笑事情的方式来表现这种漠视。因此,该喜剧以及《蒂迈欧》中对该喜剧的扼要重述,正是在ἔρως的视野下,标明了τέχνη、ποίησις和政治构建的限度。①

另外还有一个地方需要强调,也是在《王制》第五卷的喜剧中。苏格拉底谈到男性保卫者和女性保卫者怎样结合。他说:

---

① Stanley Rosen 以类似线索分析了ἔρως进入论城邦的论说的独特方式。见他的《哲学与诗之争》(*The Quarrel between Philosophy and Poetry*, London, 1988),页102—118。

> 他们待在一起,共同参加体育锻炼和其他训练,内在的必然导致了他们相互结合。在你看来,我不是在说必然之事么?

格劳孔回答:

> 这不是几何上的必然,而是爱欲的必然……当劝说和吸引众人时,爱欲的必然较之其他必然更为强烈。(《王制》,458d)

"必然"一词的原文是 $ἀνάγκη$。它不是头脑的必然,而是爱欲的必然,它处于可计算、可控制和可制作的事物的限度之外。在《蒂迈欧》中,对话也将转向必然,这一转向正好发生在蒂迈欧中断自己的话并开始第二篇论说的地方。那里也有一个什么是以制作为限度的事物的问题,不过在那里谈论的是乾坤(cosmos),而不是城邦。

苏格拉底一结束对前一天谈话的复述,就提出现在他要听什么作为回报,既然他是客人,而其他人要招待他。当他提出建议时,他的用词变得具有强烈的爱欲。他不谈对城邦的想法,而是谈到他的感觉、感受和激情($πάϑος$)。他把他的激情比作是一个观看某种美丽生物($ζῷα\ καλά$)之人的激情,无论这美丽生物是在图画中,还是真实存在却一动不动。苏格拉底的激情就像是有人在看这些生物时激起的一种愿望($ἐπιϑυμία$):看着它们活动起来,充满活力地投入到似乎与它们的身体相配的斗争($ἀγωνία$:为胜利而战,如在竞赛、战争、体育训练中那样)之中。这就是他对城邦的感觉:他乐意听到别人谈论这个城邦怎样与其他城邦较量,怎样加入到与其他城邦的战争($πόλεμος$)中。

于是,苏格拉底提议来一篇使这城邦运动起来的论说。他在刚才复述的论说中已经设定了这城邦的政制。然而,问题在于:要使城邦运动起来,为什么就要让它参与战争?要观察它的运动,为什么就得在它与外邦交战时来关注?不进行战争,城邦就不能处于运动状态么?如果单纯靠妥善安排所有τέχναι,并确实在城邦中实践这些τέχναι,城邦就不能处于运动状态么?生产的车轮不足以发动它,并保持它的运动么?为什么一定要像苏格拉底强烈坚持的那样,让城邦参加战争?

这里有几个相关的考虑因素。非常明显,战争有其必要,是因为有一种职业,也即护卫者的职业,只有在战争中才真正能够实践。如果城邦不打仗,相比于护卫者真正的职业,无论怎样忙于准备和训练,他们都算是无所事事。至少就这一职业而言,城邦将处于停滞状态。①

但是,参加战争如何像苏格拉底所言具有如此重要的范型意义?观看城邦的运动,何以首先意味着关注其对立性争斗(polemical struggles)?苏格拉底的愿望为何只聚焦在战争中的城邦,不是实施军事行动,就是与其他城邦谈判?

我们需要更细致地思考苏格拉底这一提议的含义。实际上,他是在承认对话开头描绘的城邦要么是无生命的(即只是图画),要么没有展示出生命力(即处于静止状态)。这一点可通过《王制》得到证实:这种城邦不考虑许多有关生命的事情,它试图使所有特别与ἔρως相关的东西都服从于技术控制。使城邦运动起来意味着释放所有与生命有关的东西,这种释放要么是赋予图画中的形象以生命,要么激发静止之物的活力。这就是让所有属于生命

---

① Proclus 在这一关联中注意到,尽管战争并非城邦的τέλος[目的],但战争较之和平在更大程度上展现了德性(ἀρετή)的伟大,正如大浪狂风更能显示舵手的高超技艺(见 Proclus,《柏拉图〈蒂迈欧〉义疏》,前揭,1:56)。

的东西活动起来,尤其是释放所有属于ἔρως和欲望的东西。因此,当苏格拉底要求让城邦运动起来时,他的话变得具有爱欲和感情的色彩,变成有关欲望的论说,这恰恰反映了它的要求。然而,一旦城邦开始活跃,一旦那些在《王制》中所说的不必要的欲望释放出来,那就必须割据一块其他城邦的土地以便得到能满足这些欲望的物资。结果,这被赋予了生命的城邦就不得不进行战争。一旦该城邦具有了生命力,它就不再只是处于自我封闭秩序内的工匠的集合体,而是会与其他城邦发生战争关系,与另一个城邦或者说一个外邦交战。

在赋予生命的意义上使城邦运动起来,这唤起了激情和欲望,使城邦不可避免地置身于战争之中。几乎不必说,在《王制》中可以发现战争与运动之间更为内在的关联在发挥作用:战争是运动的最极端形式,此运动形式以这样的方式导向其破坏的极端:战争完成的那一刻,所有运动都复归、消退,只留下静卧沙场一动不动的僵硬尸体。① 俄尔在战争中被杀身死,到了第十天,这时已经腐烂的尸体都收殓了,人们发现他仍然保存完好,而且死而复活(ἀναβιόω),起来讲述他的故事(《王制》,614b)。

在战争的需要背后有一个决定性的物质依赖。因为每一项τέχνη都需要它本身并不生产的资源,甚至根本上有赖于完全处于生产(ποίησις)秩序之外的物质原料。一种τέχνη的物质原料要么取自更低级的τέχνη(如制鞋匠从制革匠那里得到皮革),要么最终取自自然(制革匠从猎人和设陷阱捕兽者那里得到兽皮,而猎人和设陷阱捕兽者又是从在自然中发现的野兽身上得到兽

---

① Claudia Baracchi 全面而深刻地探讨了《王制》中战争和运动形象的作用。见他的《论神话与生活:论柏拉图〈王制〉中的起源问题》(*Of Myth and Life: On the Question of Genesis in Plato's Republic*,哲学博士论文,Vanderbilt University, 1996)。

第一章　城邦的记忆

皮的)。

在这一关联中,我们应该注意这城邦喜剧如何在《王制》第七卷末尾简短地重现。格劳孔说苏格拉底像一个雕刻师那样塑造了一群完全美好的(πάγκαλος)统治者。苏格拉底补充说(这暗示关于性别无差异的讨论),女性统治者也是如此。接着,苏格拉底最终提出:建立新城邦要求将所有十岁以上的孩子都遣送到乡下(αγρός)去,这样就可以接管和培养这些孩子,免得他们从其父母那里接受性情影响(《王制》,540c—541a)。因此,为了使统治者——雕刻师能够按照论说中建构的范型来塑造城邦,首先有必要将其制造成为一个孩子的城邦。他们不仅在爱欲上不成熟,而且在所有其他方面也都如雕刻师的大理石一样完全未成形,这就为城邦创立者以及随后的统治者们实施政治ποίησις提供了必需的人类原材料。未来的城邦公民在最初只是原材料,举例来说,就像在统治者们即将讲的高贵谎言中那样,他们就如同地里刨出来的各种金属。

假定现在将苏格拉底的城邦论说(即他对前一天谈话的扼要复述)置于其原始文脉中,即对照《王制》第二至第五卷的相关部分以及苏格拉底随后的提议(即他在论说中就城邦的无生命性提出的简要说法),那么我们可以说,苏格拉底的论说有助于标示出特定的界限,它们影响到城邦的制作(ποίησις),限定了能够加诸城邦的技术秩序的程度。我们可以区分出三种界限。首先是ἔρως以及所有与ἔρως相关之事(即交配、生育、性别差异和身体本身的独立性)带来的界限。城邦喜剧上演的方式,目的在于揭示生命的这些方面和力量将如何摆脱技术的樊篱。事实上,在明确说出他希望看到被描述的东西时,苏格拉底承认他所概述的城邦是无生命的;从效果上,他承认生命的力量未被考虑。其次是与其他城邦、与外界的关系带来的界限。这一关系因生命力的释放以及不可避免随之而来的战争而成为必需之事。① 第三种界限源于对无法生产的物质资料的依赖。城邦中的每一种 τέχναι 都有这种对外在于自身生产范围的原材料的依赖。但同时更重要的是，政治的 ποίησις，即城邦的制作，要求获得它不能制造的这些原材料。这一点在《王制》第七卷末尾关于怎样以最快捷的方式建造 λόγος 中的城邦的讨论中尤其明显。制造这种城邦需要有被生出来的、而非被生产出来的活人。这三种同样的界限在后文中，即蒂迈欧的第一篇论说中将再次出现，其中，界限指的不是城邦的制作，而是转换到乾坤的制作。

在《蒂迈欧》中，苏格拉底关于城邦的全部论说都是一次回忆。而且这一回忆并不只是就回想前一天谈话的意义上来说的。回忆，就是把目前、并且一直以来都不在场的某件过去的事物，带回到我们的视界中来。更彻底地说，回忆是把这些事物带回并保持在我们的视界面前：这些事物的内容和事物本身都已经逝去了；它们总是一待呈现就已经过去；它们并非单纯地（singularly）消逝，确切地说，它们是被它们朝向消逝的转变（becoming-past）所决定的；它们甚至在开始朝着消逝进行转变之前，就已经先被打上了"必将消逝"（passingness）的烙印。在柏拉图文本中，这种记忆被认为是对 εἶδος 的洞察（vision），这 εἶδος 照亮并聚集起这些事物。此处，εἶδος 一词（源于 εἴδω，即看见）的含义是被看见的东西，或者是我们注视某事物时，事物呈现出来的某种外观；这种外观是同类事物所共同拥有的，因此这些事物看起来相似；即使在有此外观的事物已经逝去时，这种外观仍然可以被想象。当来来往往的事物的永久外观呈现在我们的视界面前时，我们以其完整的呈

---

① 看起来，战争是如此不可避免，以致可以说战争永远在城邦中存在，无论是否公开宣告。在《法义》中克利尼亚（Clinias）说："所有城邦之间都天然存在一场未经宣告的战争其他"《法义》，626a）。

现,带回了这些事物(bringing those things back in their full presence)。事实上,这种完整的呈现是被打上"必将消逝"烙印的事物自身无法实现的。通过想象事物的外观,我们从而以最根本的方式回忆这些事物。①

苏格拉底在《蒂迈欧》中的论说(即对另一次类似论说的扼要复述)具有一种向着εἶδος的回忆性转向(a remembrative turn to the εἶδος)的特征:在对城邦εἶδος的洞察中,苏格拉底的回忆将引向完满呈现,这一呈现照亮并聚集了所有过去的城邦。在苏格拉底论说中被回忆的城邦是"一个建在天上的范型","在地上找不到"(《王制》,592b)。然而,苏格拉底的回忆不只是关注对这一范型的洞察。他的回忆同时也要从这一范型回退,退到另一种城邦,这另一种城邦是作为此范型的影像而被建造的,能够建于地球上;这城邦暴露在如下力量之下:ἔρως和世系生育的力量,外在性和变化性的力量,物质性和匮乏性的力量。正是这种从εἶδος的后退运动产生了喜剧,作为范型的城邦的各种限制在这喜剧中暴露出来;实际上,我们可以说,这出喜剧就就是把这个后退表演出来。因此,在这出喜剧中,苏格拉底对城邦的回忆导致对这些界限的一种回忆。

苏格拉底已经提出,他想听听对处于生命运动中的城邦的描述,此后,他就转而问谁能够提供这种论说。谁能够描绘在与外邦的交战中获得了生机的城邦?谁能以恰当方式讲述与外邦处于交战关系中的城邦?这些外邦在边界之外,甚至隔着周边的乡村,完全远离了该城邦全部领土。苏格拉底马上排除了自己的资格,虽然完全没说为何自己不能提供这样的论说。他只是说他自

---

① Proclus有一段话系统地用"整全"(whole)代替εἶδος,他建立了同样的关联:"但是,在记忆中保存不在场的事物就是分别且稳定地观看诸整全(wholes)(见他的《柏拉图〈蒂迈欧〉义疏》,前揭,1:105)。

认为没有能力($δυνατός$)充分地赞美($ἱκανῶς\ ἐγκωμιάσαι$)公民和城邦;他还补充说他的这种无能没什么可奇怪的($οὐδὲν\ θαυμαστόν$)(19d)。①

在声明自己不能提供充分的颂词的那一刻,苏格拉底是在对克里蒂亚和赫墨克拉底说话,称呼他们的名字并对他们说出自己的声明。这另外的两个人即将加入讨论,他们在开头被计数过,现在又被称呼名字。不过,在这之前,苏格拉底排除了两种人的资格,不然的话这两种人可能会被认为有能力提供对有活力的城邦的颂词。其中一种人是模仿者一族($τὸ\ μιμητικὸν\ ἔθνος$),即诗人,苏格拉底指出模仿的限度,从而取消了诗人的资格:人们模仿得最好同时也最容易模仿的事物是在他们生长范围之内的事物,很难模仿那些在他们生活以外的事物,而且用$λόγος$模仿比用实际行动模仿更难。这里的意思是,诗人们在城邦中得到培养,在城邦中从事他们的职业,他们的眼光因而被限定在城邦范围之内,他们没有准备去生产处于战争中的城邦的模仿物,也就是说他们无法用言语描述城邦与外界或者说其他城邦的关系。按苏格拉底的解释,恰恰出于相反的理由,智术师也不适合为战争中的城邦做颂词。智术师们在城邦之间游走($πλανητόν$,如同漫游的行星,蒂迈欧将把这些行星设定在不同的轨道上),他们没有自己的固定居所。这是说,他们的行迹太外在于城邦,以致无法描绘战

---

① 关于这一段,Proclus 与其他古代阐释者的意见不同,那些阐释者认为苏格拉底的评价要么表明这种称赞形式有违苏格拉底的言论风格,要么表明苏格拉底对战争太没有经验,所以无法令人满意地讨论这个话题。对第一种假设,Proclus 以苏格拉底在《斐德若》中的赞词为相反的例证;至于第二种假设,Proclus 指出苏格拉底在提洛(Delos)和伯提迪亚(Potidaea)都战斗过。Proclus 也坚持认为苏格拉底并非在反讽地言说:

但苏格拉底使用反讽与智术师和青年人不同,他不会针对那些聪明且有知识的人(如《蒂迈欧》中的人)。(见他的《柏拉图〈蒂迈欧〉义疏》,前揭,1:62)

争中的城邦,即无法描绘内外部(或者说自身同一的城邦与其他城邦)的对立(polemical)关系。在述说智术师的这种无能时,苏格拉底不经意地提到真正需要描述的那种人,即身兼哲学家和政治家的人。随后,苏格拉底转向招待他的主人们,称他们在哲学和政治两方面都有良好素养,并依次简短地评价了三人中的每个人。苏格拉底承认前一天当他同意讲述城邦时心里已经有了底,他知道他们有卓越的能力接着提供有关战争中的城邦的论说。

苏格拉底说,蒂迈欧来自意大利的罗克里(Locri)。罗克里是希腊殖民地,建于公元前 700 年左右,拥有欧洲最古老的成文法典,以其优良治理而闻名。在战争方面也很成功,甚至建立了自己的殖民地。① 苏格拉底说蒂迈欧富有且出身高贵,不仅拥有在罗克里的高官尊位,而且在哲学上也造诣高深(20e)。除了这篇对话外,我们对蒂迈欧一无所知,甚至不知道历史上是否真有其人,②虽然他的名字也出现在另一文本中,下文我将对此加以考察。这另一文本十分明确地复述了《蒂迈欧》中蒂迈欧的长篇论说,以至于长期以来被人认为是原文,而柏拉图只是复述这一原文并换了一个序言,如普罗克洛就是这么认为。

苏格拉底对克里蒂亚的介绍更简短:这里所能知道的就是对于讨论中的各个题目克里蒂亚都绝非初学者(ἰδιώτης,指不知情者,相对于内行而言的外行;也指私人、个体)(20a)。克里蒂亚是雅典人,另两个主人据说也是和他一起暂住的(20c);他是最初的主人,他在他们三人一起反过来当主人招待苏格拉底之前已经招待了另两个人。他年纪很大。后来,在详述最初的雅典的故事即他十岁时听到的故事之后(21b),克里蒂亚对于一个人能够回忆

---

① 《牛津古典学辞典》,第二版,词条 Locri Epizephyrii。
② Cornford,《柏拉图的宇宙论》,前揭,页 2—3。

起童年旧事感到惊奇。他自信没有漏掉故事中的任何细节,但如他所说,他不知道能否记得昨天听到的东西(26b)。现在大多数疏解者都认为,这个克里蒂亚并非如普罗克洛和其他一些人所假定的那样①是柏拉图母亲的堂兄,即三十僭主中的首领之一克里蒂亚,而可能是那个克里蒂亚的祖父,即柏拉图的曾祖父。② 另一个克里蒂亚也将马上被提到:这个在对话中发言的克里蒂亚提到他的祖父克里蒂亚,从这位祖父克里蒂亚那里,年轻时的克里蒂亚听到雅典的开端的故事(20e—21b)。

至于赫墨克拉底,苏格拉底说得很少。他只是说许多证人都值得信任,他们都证实无论在天资上还是在修养上,赫墨克拉底都能够胜任下面的讨论(20a—b)。从普罗克洛开始,这篇对话中的赫墨克拉底一般都被认为是叙拉古人(Syracusan),他在公元前415—413年西西里抵抗雅典远征军时发挥了重要作用。③ 修昔底德(Thucydides)在讲述这场战争时经常提到他。他第一次出场是在雅典此次远征的十年之前;修昔底德描述道:赫墨克拉底已经警告西西里各城邦应该彼此和解以共同抵御雅典日益明显的入侵威胁。例如,在公元前424年,两个西西里城邦卡马丽纳(Camarina)和杰拉(Gela)签署和平协定,此事促成了西西里各城邦在杰拉的一次大聚会:"赫墨克拉底,赫蒙(Hemon)之子,叙拉古人,在他们之中最有影响力的人物,在此次聚会上发表了如下言论。"④按照修昔底德的描述,在其言论中,赫墨克拉底指出他的

---

① Proclus,《柏拉图〈蒂迈欧〉义疏》,前揭,1:70。
② Cornford,《柏拉图的宇宙论》,前揭,页1—2;A. E. Taylor,《柏拉图〈蒂迈欧〉注》,前揭,页23;见 John Burnet 的世系表,《希腊哲学:从泰勒斯到柏拉图》(*Greek Philosophy: Thales to Plato*, London, 1964),页286。
③ Proclus,《柏拉图〈蒂迈欧〉义疏》,前揭,1:71—72;Cornford,《柏拉图的宇宙论》,前揭,页2;A. E. Taylor,《柏拉图〈蒂迈欧〉注》,前揭,页14。
④ Thucydides,《伯罗奔半岛战争志》,前揭,4.58,以及该书其他相关的记述。

目的是:"公开提出在我看来对于一个作为整体的西西里而言最好的政策"(《伯罗奔半岛战争志》,4.61)。他警告西西里人:"我们是否还有时间挽救西西里还是个问题。在我看来,整个西西里都受到雅典野心的威胁"(《伯罗奔半岛战争志》,4.61)。他告诫西西里人不要再继续陷于内争而忽视了共同的敌人,应团结成"一个共同体,联手努力挽救整个西西里"(《伯罗奔半岛战争志》,4.61)。即使在此初期阶段,从修昔底德的叙述中,我们也可以看清一点,即赫墨克拉底不仅仅是一个试图说服各城邦组成共同体以抵御雅典的演说家,而且是一个深谋远虑的军事实干家。在修昔底德笔下,他这样说:"复仇未必能达到目的,因为错误已铸成;力量也未必可靠,恰因为它自信"(《伯罗奔半岛战争志》,4.62)。修昔底德断言:"赫墨克拉底就是如此说的。西西里人采纳了他的建议,彼此谅解,结束内战……和平实现了,之后雅典舰队驶离西西里。"(《伯罗奔半岛战争志》,4.65)

但这只是叙拉古事件的开端。十年后,雅典又向西西里派出一支强大的远征军。消息传到西西里,却遭到许多人的怀疑。修昔底德讲述了赫墨克拉底如何在集会上站出来警告他的叙拉古同胞雅典人就要来了,而且他们的目的就是要征服西西里。此外,他还提出如何准备应战的建议,即寻找同盟,放出假消息夸大自身实力,同时在雅典舰队到达叙拉古之前进行拦截(《伯罗奔半岛战争志》,6.32—35)。这一次,赫墨克拉底的建议没有得到采纳;很快,雅典人来了,并且在叙拉古的遭遇战中击溃叙拉古人,虽然还不是完全击垮。修昔底德讲述了这场战役之后的事情:

> 同时,叙拉古人焚烧了阵亡者,随后召开了一次会议,在会议中,赫墨克拉底,赫蒙之子,这位在才智上几乎无与伦比而且已经在战争中证明其军事才能和过人胆识的人物挺身

而出,鼓舞他们的斗志。(《伯罗奔半岛战争志》,6.72)

赫墨克拉底又一次提出具体的军事建议;这一次,叙拉古人听从了他并经过投票表决完全按照赫墨克拉底的建议行事。赫墨克拉底也与另外两个人一起被推举为将军。

作为将军的赫墨克拉底继续显示出他在军事谋略上的杰出才能。修昔底德讲了一件事,此事发生在叙拉古人刚刚取得一次海上的较大胜利时。由于在海上的失利,勇气受挫的雅典人决定从陆地上退兵。但是,赫墨克拉底怀疑他们的意图并预料他们可能会在西西里的另一个地方重新安营扎寨,并从那里卷土重来。他使当局相信他们和他们的同盟应该立即封锁各道路和关口。但叙拉古人正忙于庆祝胜利,想要说服他们拿起武器、再次出征,几无希望。修昔底德描述了赫墨克拉底在处理这一局面时表现出的足智多谋:

赫墨克拉底发现自己已无法进一步劝说他们,于是采取了自己的如下计划。他担心的是雅典人趁夜穿越最险要的地区,从而向他们悄悄发起进攻(get a head start);于是,一到黄昏,他就派自己的几个朋友带着一支骑兵队到雅典军扎营地附近,这些人骑马跑到声音所及的距离内,呼唤某些士兵的名字,假装是亲雅典者,叫他们转告尼基阿斯(Nicias)——确实有一些报信人向他通报城中情况——不要在夜里行军,因为叙拉古人已经把守着道路,所以应该从容作准备到白天再撤退。说了这些后,他们就走了;听到这些话的人便通知了雅典将军们。雅典将军们被这个消息说服,并不怀疑这消息的真实性,于是将那晚的行动推迟了。(《伯罗奔半岛战争志》,7.73—74)

此计为叙拉古人赢得了封锁道路和关口的时间。因而,没多久,雅典军队被击破,陷入绝境,以致尼基阿斯不得不投降。到公元前413年秋季,整个叙拉古英勇战事宣告结束。

因此,赫墨克拉底被提名为能够为战争中的城邦献上颂词的人毫不足怪,他被认为有能力论说与外邦发生战争的城邦也毫不足怪。因为,正如修昔底德所言,他确是有军事才干的人,是军事谋略家,善于预见敌人的意图,善于预见别人难以预见的危险,能够在危险降临之前化解危险,用聪明才智和各种必要的策略对付危机。他的能力不仅在于制定作战计划;当他在集会中发表言论,忠告他的同胞面对雅典威胁的现实时,他所表现出的不只是将领的气度,而且是一个演说家和政治家的风范。对于公元前四世纪中叶的雅典人来说,他首先会被公认为是一个在抵御雅典帝国主义扩张的最大一次努力上起到极大作用的人物之一。

苏格拉底一再说他的三个主人都非常有资格描绘战争中的城邦。他提醒道,他们已同意献给他一场 λόγοι 的盛宴,一场款待客人的盛宴(ξένια,该词也可以表示款待客人),以作为他昨天所发表言论的交换。他宣称:现在我已作好所有准备,或者更恰当地说是穿戴整齐——他颇有用心地用了与 κόσμος [乾坤]一词相关的 κεκοσμημένος [穿戴整齐]——来赴宴。我已穿戴整齐,抱着非常热切的心情前来领受(δέχεσθαι)这盛宴。

接着是赫墨克拉底发言。这是他在《蒂迈欧》中的唯一一次发言。从某种意义上说,这根本不是一篇言论,只是提及别人的话罢了:和蒂迈欧一样,他向苏格拉底保证,他们热切地想为苏格拉底献上允诺过的论说;接着,他回忆说,昨天当他们回到克里蒂亚府上的客厅,克里蒂亚给他们讲了一个古老的故事,他请克里蒂亚现在就把这故事告诉苏格拉底。因此我们可以说,在《蒂迈欧》中,赫墨克拉底其实并没有发表严格意义上的言论。在《克里蒂亚》中也大致如此：他只发过一次言，而且只是恳请克里蒂亚鼓起勇气先一步献上论说(《克里蒂亚》，108b—c)。是否有过一篇名为《赫墨克拉底》的对话仍是个有待讨论的问题，这一对话作为一个设想，在《蒂迈欧》中，克里蒂亚宣布发言即将开始时完全没有被提及，而仅仅是基于《克里蒂亚》(108a—b)的一句孤立且相当不明确的话。所以，即使在《赫墨克拉底》中，赫墨克拉底是否真的提出过一篇严格意义上的言论也是一个问题，或许他仍然大体上保持沉默。

无论如何，在《蒂迈欧》中，赫墨克拉底没有提供严格意义上的言论。除了这段连接其他论说的简短的解释性插话外，他一直是个沉默的听众。但这并不表示他只是一个单纯的舞台道具，并不表示他的在场没有意义。实际上，沉默的倾听，沉默的理解，将被证明属于《蒂迈欧》仍然要讲述的某些东西，并且也是这些东西所要求的。例如，这些东西还不是一些东西，而只是一些从 $\lambda\acute{o}\gamma o\varsigma$ 那儿逃离的痕迹(traces)——$\lambda\acute{o}\gamma o\varsigma$ 可以试着用火、气、水和土之类的词来捕捉(capture)它们。因而，沉默将被证明是《蒂迈欧》中的一个关键时刻。即使苏格拉底喜欢不断打断别人说话，喜欢追根究底盘问别人，并因而而声名不佳，他在《蒂迈欧》的大部分内容中也保持沉默。这沉默时刻体现在赫墨克拉底身上。因此，其名字的含义被颠倒了，尽管在某种意义上，他在《蒂迈欧》中所作的唯一一次准发言也反映了他名字的含义：按他所言，他只是一个在别人的论说之间斡旋的使者。

三、古老的城邦

盛宴即将开始。这是论说的盛宴，既是招待也是回忆。

克里蒂亚回忆另一个城邦，一个不同的城邦，即远古时代的雅典。或者更准确地说,他是在回忆——同时也复述——关于这一城邦的论说。它不是一篇只是出现在昨天或前天的论说,而是与它所讲述的远古城邦一样,属于遥远的过去。

克里蒂亚在引入这篇远古论说前先说了一些相关的话,他是从一篇有关该远古的论说开始的:

> 那么,苏格拉底,请听这篇虽然离奇却完全真实的论说(λόγος)——七贤中最智慧的梭伦曾这样宣称。(20d—e)

应该注意的是,克里蒂亚并没有说他要讲的是一个故事或神话(μῦθος),而说是一篇λόγος,一篇真实的λόγος。他还说这篇λόγος非常离奇,用了ἄτοπος一词,这个词的字面意思是:没有地方(without place)、在地方之外(out of place)。这是第一次出现与地方(place,τόπος相关的词,τόπος一词在克里蒂亚的讲述中将会出现。克里蒂亚诉诸梭伦,来作为这篇论说真实性的保证人。这位公元前六世纪早期的雅典政治家、首席执政官推行了促进经济发展的全面改革,创建了一套更人性化的法典,保证公民在政府中分享某些权力。一般认为,梭伦推行改革之后外出游历大约十年,沿途访问到埃及,但最后回来时,却发现雅典充满了争斗和阴谋。普罗克洛在评注《蒂迈欧》的这一段时提到了梭伦的政治活动,尤其是他的立法。普罗克洛接着讲了一个故事:

> 有个故事(ἱστορία)讲的是一个年轻人用网拖上来一个三脚祭坛……;人们就此事询问(阿波罗的)神谕,那个神回答说,这个三脚祭坛应该交给最智慧的人。于是,它首先被送给泰勒斯,但泰勒斯把它交给七贤中的另一个人,这个人又转送给另一个,最后传到梭伦那里,他们都服膺梭伦。然而,

梭伦把它送给那个神,他说那个神是诸存在中最智慧的。①

普罗克洛讲这个故事,意在解释为什么克里蒂亚说梭伦是七贤中最智慧的。不过,我们也可以将这个故事与苏格拉底在《苏格拉底的申辩》中所讲的他自己的故事——即他与有关谁最智慧的阿波罗神谕的故事——作个比较,尽管普罗克洛没有这么做。②

克里蒂亚接着讲述这篇古老论说之传承的来龙去脉。它源于梭伦本人,或者更确切地说,一开始,它只被追溯到梭伦,虽然,很快就提到是梭伦从埃及带回来的。到那时就要求从头(ἐξ ἀρχῆς)叙述这篇论说(21d),从头讲述此远古论说的传承过程,从头解释对此开端的解释如何流传下来。

不过,克里蒂亚暂时把梭伦当作这篇论说的出处。按他说,梭伦把这篇论说告诉他的亲戚兼密友德洛庇达(Dropides)。然后,德洛庇达又说给他儿子克里蒂亚听。这位克里蒂亚九十岁时又告诉他的孙子克里蒂亚,那时他才十岁,不过现在在《蒂迈欧》中他正向苏格拉底讲述这篇言论的世系传承,而且不完全是无偿的,而是对苏格拉底昨日论说的回报。因此,克里蒂亚献给苏格拉底作为交换的论说是祖辈们传给他的一份遗产,一种主题不明的(discursive)遗产。

这篇论说是关于什么的呢?起初,克里蒂亚认为其内容有关雅典城邦在古时候的业绩,这些业绩伟大而令人惊异(μεγάλα καὶ θαυμαστά),但由于年代久远和人们遭受浩劫而湮没无存(ἠφανισμένα:消失、看不见了、不存在了)(20e)。苏格拉底称赞了克里蒂亚,然后为了鼓励克里蒂亚讲出这些业绩,他还提到

---

① Proclus,《柏拉图〈蒂迈欧〉义疏》,前揭,1:81。
② 见《苏格拉底的申辩》21a—24b 以及我在《存在与逻各斯:解读柏拉图对话》(前揭,页 46—54)中的讨论。

第一章 城邦的记忆

这些业绩未被说起过(οὐ λεγόμενον)(21a)。这暗示了尽管从梭伦开始就口口相传,但在口头传承中将有断裂和脱节之处;将有某个要点未被讲述,即没有通过口头语言传承下来。

　　克里蒂亚讲述了另一位克里蒂亚即其祖父转述这份论说遗产时的情景和氛围。此事发生在阿帕图利亚节(Apaturia),该节延续三天,是同宗男性子孙的节日,在朴安诺批司翁月(Pyanopsion)于雅典举行庆祝。第一天是宴会,第二天献祭,第三天则被称为青年登记日(κουρεῶτις),青年人在这一天注册加入胞族(φράτερ)——有同宗血缘关系的群体。① 正是在这第三天即"青年登记日",年长的克里蒂亚传达了这个故事。按孙子克里蒂亚现在所言,梭伦把这篇论说从埃及带回来是希望通过它施展自己的诗歌才华。克里蒂亚将这一天记为从祖父那里继承这篇论说的日子,这就强调了这篇论说作为遗产的特征,强调了它与家庭、生养,家族出身和生育世系的关联。它不是昨天或前天才编造出来的;这篇论说在构建时,没有退出对"呈现"(presence)的洞察,也没有通过将影像(image)与范型(paradigm)间隔开来,从而脱离那种"呈现"。更准确地说,它是一份从先人们那里传给克里蒂亚的遗产,通过在ἔρως之火中、并经由这火而锻造的纽带,即通过作为爱欲轨迹而保存下来的世系,克里蒂亚与这些先人们建立了关联。

　　不过现在,当克里蒂亚在《蒂迈欧》中发言时,他年纪很大了。当他叙述了从更老的克里蒂亚那里听到的事情之后,这位从前年

---

① 据《牛津古典辞典》(前揭)词条"阿帕图里亚节"(Apaturia),在阿帕图里亚节的"青年登记日"登记的有三类人,即儿童、男青年和新婚妇女。Taylor 认为,只有未满一周岁的婴孩(见《柏拉图〈蒂迈欧〉注》,前揭,页51)。Henri Martin 认为只有三到四岁之间的男童女童(见《柏拉图的〈蒂迈欧〉研究》,1:248—251),他据 Proclus 的观点,认为阿帕图里亚节是纪念酒神(Bacchus)的节日。

轻现在却很老的克里蒂亚说：真令人惊异呵（θαυμαστόν），我甚至连昨天听到的事儿都记不得了，但是童年时学的东西竟能如此毫厘不漏地牢记在心。克里蒂亚昨天听到的当然是苏格拉底的城邦论说，对这篇论说，到了今天，他已经不得不需要提示了。实际上，他提到前一天当他听苏格拉底发言时，就开始回忆这另一篇城邦论说，心中禁不住诧异，然而犹豫着没有马上说出来，因为时间过去很久了，他的记忆不完整。直到现在，他才告诉苏格拉底，自己如何重新回忆起这篇继承来的论说，如何重拾（reclaiming）——可以这么说——他的这份主题不明的遗产。他说，前一天当他和蒂迈欧还有赫墨克拉底刚刚离开苏格拉底后，他就和同伴交谈，一边回忆，一边把这故事讲给他们听，这样经过重复就加深了记忆。他又整夜独自细细回想——人们会好奇地问：这篇论说会出现在梦中么？——最后，把整篇论说都想起来了。天一亮，他又立即把这篇论说对蒂迈欧和赫墨克拉底讲了一遍，这样就复述了第三遍。因此，他说：如果遗漏了这篇论说的任何一个细节，那都是非常奇怪的。

不过，克里蒂亚这么快地关闭了回忆之环，在两天之间，就将自己的记忆引回到从梭伦开始、并通过回忆传承下来的论说，这个表面上的成功，看起来只是通过对比而强调了梭伦的"城邦论说"所经历的隐退的彻底性（the radical character）。因为我们几乎可以把克里蒂亚的记忆恢复当做一种转向εἶδος[形式]的拟象（simulacrum），在其中，那些在过去始终模糊可见、不断集聚着的诸整全（gathering wholes）得到了充分呈现，的确就如同一种重拾的理念（ideal）遗产。然而，唯一的问题在于，克里蒂亚的城邦论说偏偏不是转向εἶδος；我们甚至也不能设想这篇论说是在从εἶδος到影像的后退之中、并通过这种后退而形成的。因为，克里蒂亚所回忆的城邦，这座当梭伦最先在希腊讲述它时就已经被记住的城邦,是远古、最初的雅典,是一种 ἀρχή[开端、本源],既区别于理念的开端(eidetic ἀρχή),又区别于其单纯影像,是另一种类型的开端,是类型之外的类型,第三种类型。

然而,即使有此区别,我们也应当断定克里蒂亚所回忆的城邦与苏格拉底回忆中的城邦是同一座城邦。有以下几个理由:首先,克里蒂亚要寻回他对远古城邦的记忆,恰恰是为了满足苏格拉底的愿望,即想要看到他前一天所说的城邦运转起来并进入战争状态的愿望;第二,克里蒂亚说,在昨天听苏格拉底讲述这城邦后,他开始回忆关于这城邦的另一篇论说,心中禁不住诧异,他认为,正因为这两篇论说在许多方面都恰好非常吻合(25e),他才如此诧异;第三,在初步描述之后,克里蒂亚提出要完整地叙述这篇论说。他明确地说,苏格拉底所讲的城邦应当就是他刚刚所说的远古城邦(26c—d)。

然而,这同一座城邦,在从梭伦那里传下来的论说中和在克里蒂亚的复述中有不同的说法。在分别提到已经做的简述和他许诺将做的完整讲述时,克里蒂亚在用词上的对比,就可见一个区别。对于简短叙述,他没有使用苏格拉底用过的 κεφάλαιον[of the head, 首要的、头部的]一词,而是用了 συντόμως[简要地](25e)。κεφάλαιον 一词在该文脉中只以否定形式出现,即当提到他所答应的完整叙述时,他说不会只讲有关开头(head)的部分(μὴ μόνον ἐν κεφαλαίοις)(26e)。这表明即使在简短叙述中,克里蒂亚所讲的也不只是城邦的开头,表明他所讲的是有生命力且具体的城邦。

不过,苏格拉底和克里蒂亚讲述同一个城邦的方式之间,还有一个更显著的区别。克里蒂亚表达了区别所在,他宣称不会像昨天苏格拉底那样以 μῦθος[故事、神话]的形式(ἐν μύθῳ)讲,而是要真实地(ἐπὶ τἀληθές)讲述该城邦(26c—d)。苏格拉底接受了克里蒂亚的提议,他将这一区别再表述为一个编出的 μῦϑος 与一个真实的 λόγος 之间的区别(26e)。因此,这虽是同一座城邦,但它从苏格拉底的论说转换为克里蒂亚的论说,从对它的第一次回忆转换为第二次回忆,从 μῦϑος 转换为真实的 λόγος。的确,我们可以将这种从一份政治性论说到另一份政治性论说的转换看作重构 μῦϑος 与 λόγος 之间特定对立的核心。这种重构超越了传统的形式,克里蒂亚的论说将此传统形式回想为两个故事之间的差异:即法厄同(Phaethon)在天上的致命出游,烧毁了大地上的一切,而其真实情况是在天穹中运转的天体曾经发生偏离,从而导致地球上的东西被烧毁(22c—d)。与这一背景相反,此处的重构只能显得自相矛盾,现在被称为 μῦϑος 的恰恰是转向 εἶδος 的论说,而被称为真实 λόγος 的是一个古老的故事,关于一些几乎被遗忘了的祖先的故事。

但是,从苏格拉底的城邦转到远古雅典,从逼真的城邦转到古老的城邦,这种转换的真正性质是什么?克里蒂亚的论说中有个地方对此有所暗示,即通过对比梭伦所访问过的埃及城邦赛斯(Sais),对古代雅典的政制进行了描述(24a 以下)。这些描述提到各种阶层,有工匠、猎人、农民和武士,他们各自从事自己的职业,彼此不相混淆。这样就形成了一个有秩序的城邦,一个靠 τέχνη 构成如此秩序的城邦。但是,此处完全没有提及技术性地控制婚配和所谓生产孩子的制度,而这种制度在苏格拉底对昨天论说的扼要重述中是十分突出的特征,而且明确提示说这个特征很容易记住。在克里蒂亚的论说中,我们所发现的不是对 ἔρως 的喜剧性地排除,而是对女神雅典娜的涉及,这位女神创建了古雅典,为古雅典的士兵配备盾和矛,使这座城邦能够进行战争。进一步说,与苏格拉底城邦中有 τέχνη 的统治者不同,这座远古城邦有一个祭司阶层,大概是为创建城邦的女神雅典娜服务的。克里蒂亚宣称——并且立即重复这一说法,以便强调——女神慎重地挑选了这个肥沃的地方(τόπος),这里气候适宜,可以产生许多最有智慧的人,产生像雅典娜自己那样的人,既爱战争又爱智慧(24c—d)。① 这样看来,从理念城邦到古老城邦的转换,就是转到位于某个独特地点的城邦。这理念的城邦"不在世界上的任何地方",而也许"在天上有其范型(ἐν οὐρανῷ)"(《王制》592b),但这古老的雅典却在一个由女神所挑选的独特且肥沃的地方,它有"天底下(ὑπὸ τὸν οὐρανόν)最完美的政制"(23c)。② 考虑到地方(τόπος)与χώρα的密切关系,因而,在克里蒂亚关于处于合适位置的城邦的论说中出现χώρα一词是合适的。实际上,该词出现了两次,第一次是在提到赛斯时(22e),然后是在提到古老的雅典时(23b)。后者非常值得注意,它将种族、世代(γένος)、生殖与χώρα联系在一起,即使是形式上的联系。该词出现于一个埃及人对梭伦的说辞

---

① 修昔底德也强调了城邦地点的决定意义。在对伯罗奔半岛战争发生之前的希腊形势的最初描述中,他提到了像玻俄提亚(Boeotia)和忒萨里(Thessaly)这样一些非常丰饶的地区。这些地区对于城邦的发展并非完全有益:

土地的优良有助于特定个体的壮大,从而形成小集团,这些小集团显得是导致毁灭的祸根。它也容易引来外侵。而阿提卡由于其土壤的贫瘠(διὰ τὸ λεπτόγεων),从非常遥远的时代就摆脱了小集团的阻碍,故从未改变其居民。(《伯罗奔半岛战争史》,1.2)

Proclus特别提到古代雅典与古埃及的赛斯之间的比较,他认为地点(τόπος)是给这两个城邦带来差别的主要因素之一(见《柏拉图〈蒂迈欧〉义疏》,前揭,1:99)。

② Proclus注意到这一对比:古代雅典是"天下最好的城邦,因为它的范型就在天上"(《柏拉图〈蒂迈欧〉义疏》,前揭,1:129)。Proclus还坚持认为真正的地方(τόπος)是间隔(διάστημα),虽然这个词在《蒂迈欧》中很迟才出现而且是在一个十分不同的文脉中,即蒂迈欧解释如何将合比例的间隔置入乾坤灵魂(《蒂迈欧》36a—b)。在将真正的地方视为间隔的基础上,Proclus认为地方(place)就是土与气之间的间隔:"因而,通过地方(place),我们必定无法理解土或这种气,除非在此之前先理解不动的间隔,这种间隔总是以相同的方式为诸神所阐明并按Δίκη[正当,正义,礼法]的分配来划分"(《柏拉图〈蒂迈欧〉义疏》,1:162)。这一点指向蒂迈欧第二篇论说所要做的区分,此区分一边是气和土的相似物,另一边是χώρα。

中:"你不知道在你们现在所居住的 χώρα 曾经产生过人们之中最好且最美的种族,你和你的整个城邦都源于这个种族的少数幸存者(σπέρμα)。"① 这第三种类型的城邦,既非范型也非影像,有其独特的位置;人类在这里出生,而非被制作,在这里,一个种族和世系被创建起来。这是第三种类型的城邦,一个合唱的(choric)城邦。

在《蒂迈欧》中,雅典娜的作用并不限于创建了雅典和赛斯以及为他们提供战争装备。实际上,克里蒂亚宣称,他将要发表的论说既是作为对欠苏格拉底的债务的偿还,也是作为在这女神的节日里献给女神的颂词,恰当且真诚地颂扬她的荣耀。如果我们假定这个节日是泛雅典娜节,那么,一些显著的关联就浮出水面。泛雅典娜节最初是为了庆祝波斯战争中雅典人在陆地和海上的胜利。② 在这场战争中,波斯企图征服希腊诸城邦从而将版图扩张到地中海东部。不过,企图进行战争扩张的当然不只有波斯人。任何地上的城邦都与它之外的其他城邦处于某种对立之中,而这种对立总是能引发扩张的战争。而且,如果城邦充满了不必要的欲望,为了更好地满足奢侈的欲望,它就会受到最强烈的诱惑,冒险发动战争以扩张土地,侵占其他城邦的领土。克里蒂亚的论说与对城邦扩张形象——与在它之外的其他城邦形成敌对关系的形象——的描绘有三种不同的关联。第一种设计与雅典的节日有关:波斯人入侵希腊世界,与雅典发生冲突;第二种由克里蒂亚对古代城邦伟大辉煌业绩的记述所描绘:大西岛入侵地中海诸城邦,与远古雅典发生冲突。第三个则由沉默的赫墨克拉底引出,他将引导叙拉古人取得抵抗雅典入侵者的胜利。因而,在

---

① [中译编者按]σπέρμα 本指种子。
② Cornford,《柏拉图的宇宙论》,前揭,页 5;在这一点上,Cornford 提到了 Proclus 的解释。

这些不同的维度中,同一种敌对性扩张有三种图景,或者说有三种抵制扩张主义者冒险行为的胜利图景。赫墨克拉底的在场预示了行动上的胜利,克里蒂亚的真实λόγοs也讲述了这种胜利,而且,在女神的节日中,所有人都庆祝这胜利。

在克里蒂亚的论说中,不仅仅这城邦确实与外在性和变化性有关,他讲述该城邦的论说本身也是如此。克里蒂亚所回忆的,也就是他答应稍后详细陈述的论说,并非源于克里蒂亚的祖先。更准确地说,只有当梭伦在希腊之外,在另外的土地、异国他乡游历时,他才获得这篇关于远古雅典伟大辉煌业绩的论说。特别的是,这个故事是在他访问埃及城邦赛斯时被告知的。这座城邦也是雅典娜创建的,不过在那里雅典娜的外国名字是奈斯(Neith)。因此,关于古雅典的论说是从异域,从一个类似于雅典的异邦带来的。克里蒂亚承诺要复述的真实λόγοs是一篇外邦的λόγοs,保存于异域文明的容器(receptacle)中。但是异邦的语言不同;实际上,人们首先就是通过语言辨别外国人,将埃及人与希腊人区分开。因此,我们必须假定当梭伦将这篇λόγοs从异域带回来时,他会面临翻译的问题。实际上,在《克里蒂亚》中,克里蒂亚说到梭伦如何处理这篇λόγοs的翻译问题。克里蒂亚引入相关讨论,如其所解释的,是为了避免听众听到用希腊名字称呼外国人而感到惊讶。要注意到梭伦计划将这篇λόγοs用于他自己的诗,克里蒂亚解释说,梭伦经过考查找到了(διαπυνθανόμενος)这些语词(ὄνομα)的功能(δύναμις),并且发现首先将这些语词记录下来的埃及人已经把它们转换成(μετενηοχότας,该词源于μεταφέρω)他们自己的语音(sounds or voice, φωνή)。于是,当梭伦把这篇论说带回来并记录下来时,他复原了每个词的思想、意图和意义(διάνοια),用自己民族的语音(φωνή)来表述。因此,这篇由梭伦带回的λόγοs是一篇翻译,是记录下来的译文。

然而,梭伦在埃及听到的不只是远古雅典的事情,还有为何希腊人失去了对远古雅典的记忆,即为何不论是他还是其他雅典人都不记得古老雅典,为何希腊的古代业绩湮灭不存。梭伦是在这样一个场合听到这个故事的:他冒昧地讲述在希腊人看来的古事,有关开端的古事,例如作为第一个人的福若涅乌(Phoroneus)的故事、他女儿尼俄柏(Niobe)的故事,以及丢卡利翁(Deucalion)和皮拉(Pyrrha)的故事——丢卡利翁和皮拉是洪水过后世上仅存的两个人,他们创建了新的人类种族,开创了人类新纪元。梭伦的讲述被一位非常老迈的埃及祭司打断了,他告诉梭伦希腊人都是儿童,没有一个老人,也就是说,希腊人没有可追溯到真正远古事情的记忆,无法回想起这些事情。他们甚至不知道自己的古代起源,对古雅典一无所知。这位老祭司解释了希腊人缺少这种记忆的原因:他们一再失去书面文本(writing)——只有不识字的山中牧人在洪水中幸存——而对古事的记忆与书写密不可分。赛斯这个城邦的领土地形则不同,它的地理位置使其不必遭受希腊人必定遭受的毁灭性自然力的袭击。由于这一区别,恰恰基于不同地方(place)的区别,关于古事的论说才有可能被记录并保存下来。特别的是,这篇有关发轫时期的雅典的论说被保存在这异邦的容器中。因此,正是埃及人记得这篇论说,并能复述给梭伦听。实际上,当这位老祭司一开始向梭伦讲述古雅典时,他就答应(据梭伦的说明,这篇论说似乎是经由口头语言传下来的)稍后他们会拿来真的书面文本并详细核对内容。

希腊人是儿童。他们所能记得的只是不久前的、活生生地关联着现在的事情,因而能够为他们所回想,能够呈现在当下的视野面前。或者希腊人能回忆的至多是通过言语的某种直系传承(direct lineage of speech)而与现在发生着关联的事情,所以正如克里蒂亚似乎所做的那样,人们可以回想起世代流传下来的论说。当这种现实关联——即使在言语中流传下来也是如此——缺失的时候,记忆就要求书写。记忆要求通过书写标记时间;没有书写,差异就会被抹平,不同的时间就会被混淆,如梭伦讲述来自希腊的故事,他将大火和大水以及许多别的原因造成的多次不同的毁灭混淆起来了。由于一再失去书面文本,希腊人无法回忆起真正古老的事情。而埃及人,由于他们的书面文本保存了下来,因此他们有这种记忆并能传给梭伦,从而在外部中止了希腊人对开端的遗忘。

在现实关联正在丧失的地方,在我们想要记住的事情随着古事退出所有这种关联的地方,回忆需要书面文本。回忆的外在性不能由我们内心承担,因为如果没有留下痕迹,它就会丧失。回忆的外在性在某种意义上对应着那些只有通过书写才可记住之事的外在性——倘若没有留下痕迹,这些事情就会消失,如同古雅典武士被土吞没,大西岛被海吞没。

更根本地说,这是一个回忆某件古事的问题,它是如此古老,以致即使是苏格拉底的转向 $\varepsilon\tilde{\iota}\delta o\varsigma$ 的回忆——这种回忆会将所有涌现又消逝的事情带回到 $\varepsilon\tilde{\iota}\delta o\varsigma$ 面前,甚至可以从 $\varepsilon\tilde{\iota}\delta o\varsigma$ 后退,通过喜剧而展现为影像性的论说——也记不起它。这是一个回忆某个开端的问题,此开端之退出在场之外(withdrawal outside presence),几乎与第三种类型的退出一样是中断的(interruptive);此开端的外在性——其特征是反复的灾难性毁灭和由此造成的书面文本丧失——必然使其难以把握,正如外在性本身即 $\chi\acute{\omega}\rho a$ 的出现。如此难以捉摸的开端只有通过书面文本,通过书面文本的时间标记才能理解和把握。

伴随着克里蒂亚的论说,《蒂迈欧》的内容由对话转为独白,也就是从公开模仿现实的对话转为不再模仿现实言语的书面文本。这书面文本,就其形式而论,如果不是以记录克里蒂亚之言的形式呈现,那就几乎仅仅是书面文本。这一转换以文本形式镜像地反映了另一种在言说内容中达成的转换,也即从可以在现实记忆中把握的城邦转换成一个如此遥远以致对它的回忆需要借助书面文本的城邦。

因而,克里蒂亚的这一在现实言语中传递并重复的主题不明的遗产最终与书面文本发生关联。也正是在这一点上,梭伦受教于埃及祭司。埃及祭司知道处于发轫时期的雅典,仅仅因为对古雅典伟大辉煌业绩的记忆被保存在书面文本中。不过,我们知道,在《克里蒂亚》中,克里蒂亚的论说与书面文本的关系比仅仅在《蒂迈欧》基础上所设想的更加复杂。因为在那里(《克里蒂亚》,113b),他承认,由梭伦从埃及文献译过来的书面文本被传给了他的祖父,而现在又在他的手上。这样看来,克里蒂亚所继承的遗产不只是一篇世代传下来的现实言论,而且也包括一份手稿,一本书或者说是一篇译文,而且不仅作为一种久远的原始资料。克里蒂亚的言论和记忆一开始就受到书面文本的干扰,纠结于一份书写的遗产中。

克里蒂亚说完后,苏格拉底又开始一次简短的发言。这是他在整篇对话中倒数第三次发言。这次发言预示了苏格拉底不久将退回到更加明确的沉默中。他称赞克里蒂亚的论说不仅非常适宜于女神的节日,而且它是真实的 $λόγος$,而非虚构的 $μῦθος$。苏格拉底催促克里蒂亚继续陈述他的论说,祝他好运,并再一次提到昨天的发言,然后宣布缄口聆听(26e—27a)。

克里蒂亚提出了即将开始的 $λόγος$ 盛宴的次序。他说:考虑到蒂迈欧是我们当中最精通天文学的人,而且他把认识大全的性质($περὶ\ φύσεως\ τοῦ\ ποντός$)作为首要事务,所以他应该第一个发言,从乾坤的生成开始($ἀρχόμενον\ ἀπὸ\ τῆς\ τοῦ\ κόσμου\ γενέσεως$)一直讲到人的本性($φύσις$)(27a)。

当天文学家蒂迈欧的论说得到预告时,我们会马上想到另一篇论说,它在《蒂迈欧》中没有被提及,但并非与苏格拉底概述的内容无关。那就是《王制》中为未来的哲人王规定学习步骤的论说。我们特别记得天文学在学习进程中的位置：一方面，对天文学的探讨处于一个双重的中断处，首先是代替立体几何作为学习的第三个步骤（即在算术和几何［平面几何］之后）(《王制》，528a—b)，其次是为了以一种用论说和思想(διάνοια)而非视觉来研究的天文学来代替对天上事物的视觉把握(《王制》，529a—b)；另一方面，经过这样的重新排列，天文学就占据了那些学科中的最高位置。它向上导向辩证法，只有在听觉上与之对应的和声学(harmonics)才与之共享这个位置。苏格拉底告诉格劳孔：

> 我说，可以斗胆地说，就像眼睛关注天文一样，耳朵关注和声运动，这两种知识在某种程度上很相近，正如毕达哥拉斯派所说的，也正如我们所赞同的，格劳孔呵。(530d)

这几乎可以作为蒂迈欧论说结尾处的记述，或更准确地说是他的第一篇论说结尾处的记述，即调整眼睛和耳朵使其与天上的和谐循环相协调。

克里蒂亚接着安排λόγος盛宴的次序：在蒂迈欧完全讲完逐步导向人之产生的话题之后，将由克里蒂亚自己接着谈论蒂迈欧论说所创造出来的人；同时从苏格拉底那里接着谈论其中得到优良教育的一部分人。然后，按照梭伦的言论和法律，克里蒂亚会如其所言将他们带到"我们面前，如同将他们置于法庭之上那样，当作我们这个城邦的的公民来看待"(27b)，这个城邦的公民也就是古雅典的公民。① 一旦（处于发轫时期的）雅典在λόγος中拥有了

---

① 考虑到这一进程，Proclus 解释说：
　　然而，克里蒂亚所引入的人之所以与梭伦的法律和言论相一致，　　（转下页）

公民，克里蒂亚就可以陈述他的有关远古时代伟大辉煌业绩的论说。

但为什么只有这样才可以？为什么已经开始讲述古老雅典的克里蒂亚不马上接着讲完全部内容？为什么必须插在蒂迈欧的关于乾坤生成的论说之后，因而推迟这一关于古老雅典的真实 λόγος？只有当人们要从开端之处开始，这才有必要。因此，决定克里蒂亚所提议之次序的正是从开端之处开始的要求。实际上，蒂迈欧很快就坦率地提出这个关键性的迫切要求："对于一切事情，最重要的是从自然的开端开始"（29b）。正如《蒂迈欧》中反复说的，这是一种回归运动、一种转向，通过它，一个开端（即古老雅典）被回溯到另一个更早的开端（即乾坤的生成）。

（接上页注①）是因为梭伦说雅典人曾经被如此管理并建立了一些法律，这些法律关乎儿童应如何被引入城邦（εἰς τὴν πολιτείαν）和胞族，还关乎如何对他们进行登记，同时也关乎应该评判他们的一类评判者（a kind of judges）……当克里蒂亚因而承认苏格拉底所培养的人就是雅典人时，他所遵循的正是梭伦的言论和法律，根据这言论和这法律才能决定哪些人应被引进城邦。(《柏拉图〈蒂迈欧〉义疏》，1：203)

第二章 乾坤的生产

一、引　子

苏格拉底的倒数第二次发言一开始就赞赏地说,他即将享受到的作为回报的接待(即 λόγος 之宴)如其所说的那样完美而丰盛。苏格拉底告诉蒂迈欧——喊他的名字——现在该轮到他发言了,只要他按礼法的规定(κατὰ νόμον),祈求过神灵就可以了。这似乎表明一篇有关自然的论说首先要回避自然,要求从其对立面开始,与 νόμος 而非 φύσις 相一致。似乎我们只能转回自然。似乎向着自然的复归(return),这种自然的复归,只能发生在已经转身离开(had turned from)自然之后,只能从这种转身开始,即 δεύτερος πλοῦς [第二次起航]。似乎关于自然的论说必然是复归式的(palintropic)。

蒂迈欧的回答确认了对礼法的祈求:有一点点审慎头脑(σωφροσύνη)的人都会先求助于诸神,因而我们也必须如此,祈求我们的话首先为他们所认可,其次为我们所接受。蒂迈欧补充说:那么,祈求诸神的话就是这些,我们还应该恳求自己。这自我关涉暗示一种不虔诚的虔敬（impious piety），即在祈求诸神的同时，也依靠我们自身的力量，而非排斥自己的力量，尽管这令人疑惑（aporetically）。因此，这种行为就为苏格拉底怀疑神的说法——即神通过德尔菲神谕向他宣告的关于其智慧的说法——的行为提出了旁证。

普罗克洛已经注意到这一祈求在行动上的奇怪特点。① 实际上，蒂迈欧在指出向诸神祈求的必要性（ἀνάγκη）（这是礼法的必要，而非自然的必要）之后，马上宣称已经祈求过诸神了，不过他并未把祈求付诸行动。似乎只要指出他们应当被祈求，然后"宣布已经祈求过了"就足够了。似乎那些可被期待为构成祈祷本身的λόγοι，反而可以代替祈祷并且构成行动上的祈祷。

在这一奇怪的上述行语当中，蒂迈欧宣告了他的意图：即将制作（ποιεῖσθαι）的论说将讨论大全、宇宙（περὶ τοῦ παντός），讨论它如何生成（generated）或不生成（ungenerated）。看来，这些探讨宇宙如何被制造——因为已证明，宇宙的生成是出于制作——的论说，也将分析制作（ποίησις）本身。因此，关于制造、生产的论说就将后退到其作为被生产、被制造的东西自身。蒂迈欧关于宇宙的论说也将包含关于论说的论说，即便有时探讨的是生产和论说的种种限度的问题（如超过这些限度，论说就不再能够被生产，不再能够成为单纯的"被造之物"）。

蒂迈欧说：

> 我认为，我们首先要作以下区分。什么是永久存在

---

① "但是为什么蒂迈欧说有必要祈求，并庄严宣告应该求助于诸神和女神，然而并没有祈求（尽管有时机），而是立刻转向已提议的讨论？我们的回答是：这是由于某些事情使自身的目的被包含在此意愿本身之中（ἐν αὐτῇ τῇ βουλήσει）。"（Proclus，《柏拉图〈蒂迈欧〉义疏》，1:221）

(τί τὸ ὂν ἀεί)而没有起源的东西,什么是[永久]①生成而从不存在的东西? 一方面,基于论说为知性所领会的东西(νοήσει μετὰ λόγου)依据同一而永久存在(ἀεὶ κατὰ ταὐτὰ ὄν);另一方面,基于非论说性的感觉为意见所把握的意见对象(δόξῃ μετ' αἰσθήσεως ἀλόγου)生成且消亡,从不以适于存在的方式存在(ὄντως δὲ οὐδέποτε ὄν)。(27d—28a)

于是,在第一个方面,蒂迈欧这样设定τί τὸ ὂν ἀεί[永久存在的东西],即它永远存在,永远于当下即在(非生成的),是永久的存在者,而且以适于存在的方式而存在(ὄντως ὄν)。这种永久的存在者,这种永恒的存在者,根据同一而永久存在(ἀεὶ κατὰ ταὐτὰ ὄν):它总与自身保持为"一"(见 37d),总是与自己同一,作为其自身而相同,完全相同。蒂迈欧宣称这种永恒存在者基于论说为知性所领会(νοήσει μετὰ λόγου)。这也就是说,人们只有在δεύτερος πλοῦς[第二次航程,或者更准确地说是,无风时划桨]中接近永恒存在者,这第二次航程要避开明白感知的事物,即避开自然,转向论说,求助λόγοι,以便在λόγοι中看到(σκοπεῖν)诸存在者的真相。苏格拉底在《斐多》中讲述了这种转向,他的描述从一个ὑπόθεσις[基本原则]的设定开始:即我们一开始就将某些东西设置在那些可感知的显白事物之下,将后者作为前者的基础、起源和始基。这样,我们在各种各样可感知的显白的美下面设置了

---

① 普洛克洛斯和辛普里基乌斯(Simplicius)以及西塞罗和卡尔基迪乌斯的拉丁文译本都遗漏了短语τί τὸ γιγνόμενον μὲν ἀεί中的ἀεί[永久]一词。Whittaker指出这一遗漏比更早时期的注释者所显示的更普遍。他坚持认为"在古代较晚时期普遍接受的读法是没有ἀεί的τί τὸ γιγνόμενον μέν"。他概括地断言:"我相信正确的读法是没有ἀεί的τί τὸ γιγνόμενον μέν。"(见 John Whittaker,"《蒂迈欧》27D 5 以下",Phoenix23, 1969,页 181—185)

被称为美本身($αὐτὸ\ τὸ\ καλόν$)的东西。这一命名并非偶然,而是内在于这种转向,内在于一开始对$ὑπόθεσις$的设定。由于与可感知的各种具体事物相对立的是一种一(a one),而这个"一"正是由$λόγος$设定。它与所有其他这样的"诸一"(ones)一起从论说之域中说出,在论说中它总是已经在运作,甚至在被称作$ὑπόθεσις$之前就已经在运作了。因为,当我们说出"美"这个词的时候,对于能被冠以这同样名称的杂多事物,就有某种统合、某种聚集在发挥作用。打开差异的空间就等于在可感的显白事物的对立面(同时也是在这些事物的"下面")设置总是已经在论说中起作用的"诸一"(ones)。① 这就是为什么以之理解那始终与自身同一之物的知性或理智视界($νόησις$)必须$μετὰ\ λόγου$,即借助论说、通过论说。

永恒存在者没有起源,故而区别于$τὸ\ γιγνόμενον$:生成者(that which has been generated),即通过生成而出现的东西,(这生成者)得以存在,或是通过生育,或是经由生产,或者通过其他什么方式,如果有的话。但是,任何一种生成者都会毁灭——只有一个局部的例外,蒂迈欧在后面会详细说到。由于不断生成和消亡,从不以适于存在的方式存在,生成者就永远在与自身相异。生成者并非仅仅是感知上显白的东西:蒂迈欧更恰当地称其为意见对象($τὸ\ δοξαστόν$),即它是基于缺乏$λόγος$的感觉为意见所把握。意见(opinion)一词(也可以用信念[belief]或判断[judgement]这样的词来代替)不足以翻译$δόξα$,如果没有误导的话。动词$δοκέω$②一方面指以为(opine)或设想,另一方面又表示看起来似乎是这或是那。因此,人们根据事物看似如何来以为;人们设想事物就是它们看上去所是的那样。倘若将$δόξα$当作一种主体内在地产生并

---

① 见《斐多》99d—100b 以及我在《存在与逻各斯:解读柏拉图对话》(前揭,页 38—43)中的讨论。
② [中译编者按] 即上面那段引文中的"把握"一词的原文,即$δόξα$的动词形式。

留存的信念,同时又无关乎事物看起来所是的样子,这在古希腊人看来是最陌生不过的了。

这个在蒂迈欧讲辞看似开端的地方设定的区分,今天在我们看来是完全熟悉的:我们会很容易地将其翻译(translate)为某种关于形式(forms)的论说,甚至翻译为一种据说是柏拉图所主张的形式理论。然而,这种翻译不仅翻译了柏拉图的文本,而且也将某种与柏拉图文本关系甚远的东西翻译回——增添于——柏拉图文本。对此,我们需要最高度的谨慎和保守。即使诸如 εἶδος 和 ἰδέα 这样的古希腊单词被保留下来并与视觉(vision)、事物的外观(look)构成关联,但我们就知道什么是所谓的形式(forms)么?甚至,我们知道如何去问这个问题么? 一旦我们问"什么"的时候,我们就已经宣告或假定了被认为是 εἶδος 的东西。εἶδος 就是物之所是的那个什么。它回答这个问题:τί ἐστι...[什么是]? 因此,只要我们问形式是什么,我们就是在问:什么是什么? 也就是说,我们只不过重复了问题,而且有陷入含糊其辞、不知所云的危险。我们也不得不问理论意味着什么,可是什么(what)、理论(theory)、意味(means)这三个词都正好引导我们回到柏拉图文本对 εἶδος 和 ἰδέα 这两个词的思考和界定。这要求我们保持最高度的警惕。我们首先要防止把这些概念和术语幼稚地投射回这些文本。这些概念和术语只在柏拉图文本中形成,并且只通过这些文本而形成,或者说,它们的形成以这些文本所达成的东西为基础,并以离开这些文本为代价。

我们至少需要悬置那个区分,而不是将其作为一开始就已确定的原则。尤其值得注意的是,蒂迈欧自己如何悬置这一区分:因为他引入这一区分,既是作为他的意见(κατ' ἐμὴν δόξαν),也就是作为蒂迈欧似乎把握了的东西,同时也是作为一个问题。无论将紧接着的内容看作此问题的同位陈述,还是看作对此问题的回答(至多只是回答的开始),我们都必定会对这一区分本身的明显置换有深刻印象。即使在细述这一区分(即区分由知性所领会的东西和由意见所把握的东西)之前,蒂迈欧就已经将这一区分本身置于意见对象那一边。《蒂迈欧》不是简单地重申一个确定的区分,而是再次开启了这个区分的问题。

因此,在看似作为蒂迈欧论说开端的内容中,在他看似要设定一个开端并由此开端开始的地方,有某种悬置在起作用。但是,鉴于蒂迈欧引入这一开端时所作的区分,他是否的确制造了一个开端就值得怀疑。事实上,一旦已经为乾坤问题的首要区分勾勒出总体结果后,他就用这些词来标示过渡和连续性:τούτων δὲ ὑπαρχόντων αὖ...(29b)。这个从句可以表示:"此外,从这些东西开始……",但也可以表示:"此外,假定这些东西……"。因此,就其可能的含义而言,这个从句在两种意思之间滑动,一方面说这些东西(即这一区分和紧接的结果)构成了开端,同时也表示它们只是假定的——只是在ὑποκείμενον[假定]的意义上设置的,ὑπάρχω[开始]一词在这个含义上与之相关——也就是说,这个区分只是假定的,因为它不确定,只是表示事物看上去如何。于是,这个句子徘徊在说此区分是开端与说此区分只是一种假定的东西之间,此后再通过这假定来开始,在事实上制造一个开端。

在论说的表面开端处将这一区分悬置后,蒂迈欧继续说:"而且,每个生成者都必然因某个原因(ὑπ' αἰτίον)而生成"(28a)。这几乎理所当然地表示,原因的含义需要从柏拉图文本本身得到确认,而且并未由亚里士多德之后的、甚至现代的观念预先确定。就当前来说,这只要求我们追随蒂迈欧所言,因为几乎紧接着,他就要确定相关的原因并且相当明确地描述所涉及的因果关系模式。

非常明显,蒂迈欧把必然性归结为生成者与一个原因之间的关联:生成者具有必然性,从必然而来,在必然的力量下($ἐξ\ ἀνάγκη$)由某种原因生成。进而,当他为了安排作为原因的造物者(the maker)出场(或不在场)而重申这种关联时,他再一次将必然当作对生成者与其原因之间关联的保证(28c)。这一整段意在引入蒂迈欧论说,被置于苏格拉底最后两次发言(27c—29d)之间,实际上处处与必然相关(亦见 28a—b,29b)。联系蒂迈欧的第二篇论说开始处对必然的论述来看,此处给予必然的角色尤其明显:第一篇论说,除了一小部分外,论述了由 $νοῦς$[理智]引出的问题,而第二篇论说要讲述的是经由必然($δι'\ ἀνάγκης$)产生的问题(47e)。不过,第一篇论说在开始处,至少是一小部分,也与必然相关:$νοῦς$ 的工作已经沾染了 $ἀνάγκη$。

蒂迈欧这样描述相关的因果关系模式:"当造物者注视永久同一的东西($τὸ\ κατὰ\ ταὐτά$),将其作为范型塑造事物的外观和性能时,所有以这种方式完成的东西都必然美丽"(28a—b)。这个条件句勾画了制造或生产($ποίησις$)的限定或结构。此处,被译为造物者的单词(即 $δημιουργός$)本义是手艺人、工匠,即运用某种 $τέχνη$ 制造($ποιεῖν$)物品的人。在蒂迈欧的论说中,这一名称经常用于创造乾坤的神;在《王制》中,柏拉图也是用这个词表示工匠,例如说这些工匠从整体上构成了第一个在 $λόγος$ 中建立的城邦(见《王制》,370d)。这位创造乾坤的神被预设为一个匠神(an artisan god),他从事某种乾坤性 $τέχνη$。虽然他被称为神($ὁ\ θεός$),但同时也被称为生产者或制造者($ποιητής$)和建造者($ὁ\ τεκταινόμενος$),这恰如其分地既涉及建造或制造,同时也涉及这位神按照范型有效实施的设计或计划。

造物者塑造事物的外观和性能。他是通过加工,通过生产出一件产品($ἔργον$),来塑造($ἀπεργάζομαι$)事物。他塑造事物的外观($ἰδέα$)。像 $εἶδος$[看、知道]一词那样,$ἰδέα$ 也源自 $εἴδω$[看],而且与

"看"的关联极其重要。① 无论何种层面的含义后来将这些词奉为神圣,事物的 ἰδέα 或 εἶδος 都首先——即在哲学限定的开始之处——表示事物的外观,表示当我们看这个事物时它看起来怎么样。当两个事物相似时,它们就分有了此外观(look)。造物者也创造事物的性能(δύναμις,该词来自 δύναμαι,即能够、有……能力的),事物依靠性能就能发挥属于它这种事物的功能。

蒂迈欧对 ποίησις[制造、制作、生产]的描述阐明了它的模仿性结构。在制作某种东西时,造物者依照模式或范型(παράδειγμα)来使产品成形,来塑造其外观和性能,使其看起来像其范型,并具有属于此种外观之事物的所有性能。由于预先依照了范型,造物者赋予该作品同样的外观;他是模仿范型来制作事物的,即将该物当作此范型的影像。② 这就是一件作品被制作完成的方式,或者更准确地说是使作品完工(ἀποτελεῖσθαι),达成其 τέλος[目的]③的方式。事实上,当造物者预先察看作品的外观时,即察看其看来如何、如何显现时,这样的察看就是在审视该作品最终完成时会是什么。造物者通过 ἰδέα 或 εἶδος 提前看到了作品完工后会达到的 τέλος。④

---

① εἴδω 一词的现在时主动态已废弃,由 ὁράω 弥补。海德格尔强调了这种与看的关联对于阐释这些始于柏拉图文本的语词的哲学定义的重要性(《柏拉图的真理学说》(*Platons Lehre von der Wahrheit*),见 Wegmarken, vol. 9 of Gesamtausgabe, Frankfurt a. M., 1976,页 214)。

② 在《高尔吉亚》503e 中,苏格拉底提到 δημιουργός "要想制造什么东西都不会随意选择材料,而总是赋予他正在制造的作品以确定的 εἶδος。"

③ [中译编者按] 与刚才的 ἀπο-τελεῖσθαι 同源。

④ 在对柏拉图和亚里士多德的阐释中,海德格尔在各种不同语境中反复讨论了 ποίησις 的结构以及它与 εἶδος、μορφή、τέλος 和 πέρας 之类基本哲学概念的关系。见《现象学基本问题》(*Die Grundprobleme der Phänomenologie*, vol. 24 of Gesamtausgabe),页 149—153;《亚里士多德的〈形而上学〉》(*Aristoteles, Metaphysik*, θ1—3, vol. 33 of Gesamtausgabe),页 136—144;《柏拉图的〈智术师〉》(*Platon, Sophistes*, vol. 24 of Gesamtausgabe),页 40—47。按海德格尔的说法,柏拉(转下页)

第二章 乾坤的生产

工匠所生产的是范型的影像(εἰκών),他塑造影像时将总是依照范型。对匠神来说,生产出的影像就是乾坤本身。反过来,如蒂迈欧所言,这等于说乾坤是一种影像。更确切地讲,蒂迈欧是这样说的:"乾坤作为某种东西的影像是完全必然的"(29b)。这不仅说明乾坤是某种东西的影像,而且表明这一特定联系有关必然(ἀνάγκη),也就是说,作为一个影像并因而系于某范型的乾坤,其性质与必然密切相关。

但是,这位神本身是什么呢?起初,蒂迈欧对此至少是避而不谈,代之以关注 ποίησις 的结构和作为神性 ποίησις 的产物的乾坤。蒂迈欧说:

> 找到大全的制造者和父亲是一件难事(ἔργον),即使找到了他,要向所有人讲论(λέγειν)他也是不可能的(ἀδύνατον)。(28c)

蒂迈欧认为,要找到(εὑρεῖν)这位匠神是件难事。我们也可以把 εὑρεῖν 译为"设计",甚至"发明"。人们感到疑惑的也许是:这位神是否如此难以捉摸,难以被找到,以至于人们必须发明他;或者,也许当他出现在论说中时,人们是否也不可能十分确定已经找到了他或发明了他。无论怎样,由于已经如此宣布没有足够能力谈论这位神,蒂迈欧自己——在他自己的论说中——就避开对他的谈论。他说:"那么,让我们回到对乾坤的探究"(28c)。不过,在蒂迈欧对这位神的言说中,在他称呼这位神所用的几个名称中,有一点特别值得注意:蒂迈欧把他既称为大全的制造者

(接上页注④)图是在生产(ποίησις)的视野内解释存在,这其实也是古典哲学的普遍做法(见《现象学基本问题》,前揭,页 405)。当前研究要问的问题是:在柏拉图文本中,关于生产的总体趋向是否伴随着对生产的批判,即是否指出了生产的局限,如同在具体谈到城邦时注意到的那样。

(ποίητης)，又称作大全之父(πατήρ)。在这一双重命名中，蒂迈欧引入了在先前论说中出现过的基本对立：即ποίησις、τέχνη的秩序与ἔρως(生育、生殖等)的秩序之间的对立，或者更概括地说是ποίησις与φύσις之间的对立。制造者当然不同于父亲。被制造出来的大全当然与作为父亲之子的被生出来的大全不一样。①

从一开始，我们就可以预见ποίησις的结构，尤其是范型与影像之间的区分，将归入永恒的存在与生成者之间的区分。事实上，蒂迈欧并未一直使用后一种区分；而起初，他用这种区分来显示两种不同的模仿性产品之间的区别。这一区分为工匠提供了两种能够依照的范型：如果他依照自身同一的范型，那么完成的作品从这一点上说就必然美丽(καλὸν ἐξ ἀνάγκης)，而如果他依照的是属于生成者的范型，那么作品就不美。但是，此处的美丽应怎样解释？为什么一种ποίησις会生产出美丽的作品，而另一种不会？苏格拉底在《斐德若》中说：在各种事物中辨别美者(the beautiful)在于美者最能发出光辉(ἐκφανέστατον)且最值得爱(ἐρασμιώτατον)。② 且不论后一

---

① Plutarch 提出了由这一双重命名所导致的问题："为什么他把这位至高无上的神既称为万物之父又称为万物的制造者？"Plutarch虽然也提到了其他解释，但最赞同下面的解释：

或者在父亲与制造者之间以及在生育和生成之间存在某种区别？因为生出来的东西也就是生成者，但生育者并未因此而制造了什么，因为生育是动物的生殖行为(the generation of an animate thing)。像建筑师、织工或制造竖琴、雕像之类的制造者，他们的作品是与他们相分离的，而出自父亲或母亲的起源和力量(ἀρχὴ καὶ δύναμις)在后代之中融合并保持其本性，这本性便是生育者的一部分。如此来说，宇宙并不像产品那样是铸造和安装起来的，而是在其中具备了很大一部分生命力和神性，这种生命力和神性是神以物质的形式(in the matter)从自身那里播撒给它并与它结合在一起的；所以，看来正是由于宇宙的被造类似于生命体的出生，所以神被同时命名为它的父亲和制造者。(《柏拉图问题》[*Platonic Questions*]，II，1)

② 《斐德若》，250d—e。这些评论的完整文脉在《存在与逻各斯：解读柏拉图对话》(前揭，页153—159)中有详细阐释。

种限定(它表明了美与ἔρως[爱欲]之间的关联),我们可以说:美者是自己放光辉(φαίνεσθαι)的事物;它是在自身的显现中最能发出光芒的存在者,它照进可见的生成者的领域中,并在其中放光辉。"美者"之名,指的是存在处于可见物之中的闪耀(the shining-forth),而且在生成物之中,凡以其能力成全了这种闪耀的事物,都可称之为美的。因为那些作为自身同一的存在者的影像而制造出的作品最能使存在发出光辉——正是通过影像的映象活动,范型展现了自身,因此这些作品将被称为美的事物。

蒂迈欧为这个他之前已用来称呼τὸ πᾶν[万物、大全]的名称设定了一个特定范围:他称之为"整个天穹或乾坤,如果有别的更为适合的名称,我们就用别的——反正叫它什么都成"(28b)。天空或天穹的古老名称οὐρανός出现在赫西俄德的神谱中:胸怀宽广的地母首先生出布满星星的天穹,天穹的大小与她相同,将她完全覆盖;此后,她与天穹生出提坦神族(the Titans)、库克罗普神族(the Cyclopes)和其他巨大骇人的族类(《神谱》,116—153)。后来,蒂迈欧在其第一篇论说中叙述诸神谱系时,将这天与地的交配称为整个世系的开端(40d—41a)。如当前我们讨论的段落所表明的,蒂迈欧经常把οὐρανός当作τὸ παν和κόσμος的同义词,不过在有些段落中出于必要的原因,他悄悄重新使用该词的古老用法以区分天和地。① 就传统而言,是毕达哥拉斯最早使用κόσμος来命名更早时候的希腊人称呼οὐρανός的东西。在荷马那里,κόσμος一词用来表示军队的整齐队列;从那时起,该词开始表示任何有规则的排列,并因而特别被用来指天空中恒星和行星的规则排列。② 正是在提出οὐρανός和κόσμος这两个名称的前后(27c、28c),蒂迈欧

---

① Serge Margel 注意到了这一点,见他的《匠神之墓》(*Le Tombeau du Dieu Artisan*, Paris, 1995),页96。
② 见 A. E. Taylor,《柏拉图〈蒂迈欧〉注》,前揭,页65—66。

用τὸ πᾶν[万物、大全]称呼这些名称的所指,而且在不仅指涉天穹而且表示整个天穹时,强调这一范围最广的含义。

蒂迈欧将乾坤(或天穹或其他的什么称呼)的问题设定为乾坤的开端的问题,或者更恰当地说,设定为开端的问题。在他对该问题的表述中出现了开端(ἀρχή)一词的四种变化。他说:

> 我们必须探究任何情况下都必须在开端(ἐν ἀρχῇ)得到探究的问题——即它是永久存在而没有生成的开端(ἀρχή)呢,还是生成的(γέγονεν)并从某个开端开始的(ἀπ' ἀρχῆς τινὸς ἀρξάμενος)。(28b,重点是本文作者所加)

蒂迈欧只用了一个词来回答:γέγονεν(即它是生成的),他解释说:因为它是可见可触的有形物体,是可用感觉为意见所把握的可感的(αἰσθητόν)东西,这样的事物就是生成的。因此,它必须有其原因,即有其制造者。进一步说,其制造者必定依照永恒不朽的存在来制作它;蒂迈欧说,这很明显,因为这个乾坤是所有生成者中最美的,而其制造者是所有原因中最好的。它是美的意味着它的制造者依照的是自身同一的永恒范型;既然他是一个好的制造者,那么他就必定依照真正的范型而非仅仅仿造品来制造,正如他事实上已做的。

通过这些步骤,蒂迈欧就将乾坤性生产的结构(即其范型与影像的区分)归诸永恒存在者与生成者之间的区分。对ποίησις的这一本体论限定具有决定意义:它将制造工作纳入最后所谓第一种类型和第二种类型的轨道中。

正是在完成对ποίησις的限定时,蒂迈欧断言乾坤必然(ἀνάγκη)是某种东西的影像。也正是在此处,随着ποίησις计划的就位,他明确提出关于开端的指令:"对于一切事情,最重要的是从自然的开端开始"(29b)。那么,这里就是蒂迈欧的论说正确地开始的地方么? 这就是最终确定的开端么? 还不是。即使这里明确提出关于开端的指令,他的论说也并没有真正开始,而是由于一篇虽简短却关键的关于论说的论说而被推延,这是一篇关于即将到来的论说的论说,是关于此论说之性质的论说。在开端之前的这个间隔中,蒂迈欧首先问这样一个问题:将要生产的是哪一种论说?

或者更确切地说,他反过来将对初始区分的反思运用于反思论说的性质,尤其关注它如何决定了论说的类型。这种运用所依赖的支点在于:蒂迈欧宣称任何论说都与其所表述的东西相似;确切地说,它们是同类的($συγγενής$)(29b),因此,一种论说的性质,即使从它本身来看不明显,也总是取决于该论说所表述的内容。因此,那些谈论永恒不变之物的论说,谈论这种自身同一之范型(即匠神凭之制造乾坤的范型)的论说,它们本身也将是永恒不变的;它们的无可争辩性(invincibility)将避免自己被其他论说强行废黜和排挤。但是,谈论自身同一范型之影像的论说将分有其影像性。这种论说与其所讲的影像是同一类型:关于某种$εἰκών$[影像]的$λόγος$将是一种$εἰκώς$①$λόγος$[近似的论说]。我们可以说"近似的论说",但前提是,我们必须如此理解"近似的",即不援引某些关于或然性的抽象概念,而是援引此近似的论说所谈论事物的性质,此事物作为一种相似(a likeness)、一个影像的性质。与它所谈论的影像一样,这种论说偏离真实本身,与其保持一定距离。它正如它所谈论的影像一样是非永久的、变化的。我们也可以设想它是多样的,一篇论说可以变成或者排挤另一篇论说,可以演化成或者中断另一篇论说。这样,对应于初始区分的两面以

---

① [中译编者按] 即$εἰκών$的词源$εἴκω$[好像]的完成时分词作形容词。

及后来所谓的第一和第二种类型,也存在两种类型的论说。

随后所说的对称类比(即存在[οὐσία]之于生成如同真理之于信念[πίστις])使我们想起《王制》中间几章的阐述。这几章与展开蒂迈欧论说的区分有关。虽然这一对称类比使得εἰκὼς λόγος看上去缺乏真实性,但它与信念相联系并不一定表明它与真实和正确性简单地相对立,① 而只是表示它偏离真实,正如影像之于范型,虽保持距离,但也因此与之关联。将乾坤限定为影像,也就规定了谈论乾坤的论说是εἰκὼς λόγος。对此,我们应该接受,而不必试图超越,不必将其理解为只是关于真实本身之论说的前奏。蒂迈欧暗示,人类的论说与影像的联结(即其具有的εἰκὼς λόγος的性质),不像他谈到最初的区分时所表示的那样可有可无:他叫着苏格拉底的名字,然后回想起论说与之关联在一起的人类天性("作为讲者的我和作为评价[所讲内容]之人的你",29d)。接着,他请求某种宽容:如果我们的论说确实无法在每个细节上都十分准确一致,无法(像那些操同一种语言的人那样)众口同言(ὁμολογέω),无法一丝不苟地圆满完成(ἀπηκριβωμένος),那么,但愿苏格拉底对这种并不完全一贯的论说不要感到吃惊。《蒂迈欧》竟如此不连贯、不明确,对此我们几乎不感到惊讶;而这一论说如此频繁地受到明确打断,对此,我们同样也不惊讶。蒂迈欧建议我们接受这

---

① Witte 强调了这一点,他引证了若干段落支持εἰκὼς λόγος与真实和正确性的某种关联。例如,有 段话明确提及εἰκὼς λόγος,接着就谈到把握有关土之生成的真相(ἀλήθεια)(53d — e)。另一段甚至提出依据公式的某种等值表述:κατὰ τὸν ὀρθὸν λόγον καὶ κατὰ τὸν εἰκότα[依据正确论说,亦依据近似的论说](56b)。见 Bernd Witte 的"柏拉图《蒂迈欧》中的Ἐικὼς Λόγος"(Der Ἐικὼς Λόγος in Platos Timaios),见 Archiv für Geschichte der Philosophie 47(1964):2。他也注意到了一个更复杂难解的关联,这个关联是在方圆说起始处提出的,当时蒂迈欧正在讲述一种以明显的εἰκὼς λόγος形式来表述的特定结果如何能够最正确地(ὀρθότατα)表述出来(51b)。

一论说,并在最后总结这关于论说的论说时,称之为 εἰκὼς μῦθος[近似的故事]。苏格拉底的接受声明——不仅通过接受蒂迈欧的建议,而且也通过对蒂迈欧的开场白的惊异的(θανμασίως)接受——同样地标示了这个总结。"惊异地接受"这一表达,暗指哲学的开端(见《泰阿泰德》,155d)。这是苏格拉底在《蒂迈欧》中的最后一次发言。从这时起,如其所承诺的(26e—27a),他完全保持沉默:无论在第一篇论说中止、并出现一个新开端的间隔中,还是在接下来的方圆说及其前后所有内容中,他都保持了沉默。

二、为乾坤身体注入灵魂①

在提供了令人惊奇的开场白,并博得苏格拉底最后的接受之后,蒂迈欧就要开始发言了。苏格拉底的有关惊异的最后话语标示了这一开端。

不过,与之前在整篇对话的开场、之后在方圆说那里一样,此处的开端是有关接受的问题。蒂迈欧的开端不是提出什么论题,而毋宁说是接受、接到(ἀποδεχόμενος)某种东西。他所接到(receive)的是一种开端(ἀρχή):他不是制造一个开端,而是如其所言,从某些智慧之人那里接到了一个开端。这一开端表明了什么? 在接到的开端、并作为所接到的开端那里,说了什么? 在这个开端,特别地表达了什么呢? 它是如何开始的呢? 它是这样开始的:"他是好的(ἀγαθὸς ἦν)。"(29e)因此,此开端的第一个词——即蒂迈欧作为自己的开端接受(accept)下来的开端的开端——是:好的。如果联系苏格拉底在《王制》中所说的:好是开端本身,

---

① [中译编者按] 原文作 animating,源于拉丁文 anima[灵魂],故译作"为……注入灵魂"。

是整全、万物的开端(《王制》,511b),那么我们可以在《蒂迈欧》的这个地方追寻开端的四重复合体:蒂迈欧所接到作为开端方式的开端的开端(第一个词)是"好"(the good),这个"好"是开端本身。

在宣布造物者是好的之后,蒂迈欧所接到的开端接着说:由于他是好的,所以他没有嫉妒(忌恨、憎恶);因此,他在创造万物时就希望万物尽可能地像他一样,也即希望万物尽可能地好。这实际上表明:他是一个好的造物者,而且就其本身而言,他希望造出一件尽可能好的产品。接下来,蒂迈欧谈论了这一生产。他谈到这位神如何接管(took over)所有可见物,或者换种说法,如何接受可见物——两者都是对 $\pi\alpha\rho\alpha\lambda\alpha\mu\beta\acute{\alpha}\nu\omega$ 的翻译。这里的双重含义是恰当的:可见物得到神的打理,因而既是接管也是接到。当神接受了可见物并准备接管它的时候,它并非静止的,而是处于不协调的无序运动中。通过接管他所接到之物,神将可见物从无序状态引入有序状态($\tau\acute{\alpha}\xi\iota\varsigma$),如同任何塑造其作品外观和性能的好工匠那样。不过,这位神,这位最好的工匠,他制造的作品不仅是好的,而且是美的,实际上是最美的($\tau\grave{o}\ \kappa\acute{\alpha}\lambda\lambda\iota\sigma\tau o\nu$)。因为,如果一件作品的外观和性能被恰当地造出来,如果这位工匠是按照某种自身同一的范型制造这件作品,使其看起来像它所模仿的范型,那么这件作品就将是一种能使其范型发出最大光辉的影像,也就是说它是美的影像,实际上是最美的影像。

这里插入——据蒂迈欧说是插入——了一个推断($\lambda o\gamma\iota\sigma\mu\acute{o}\varsigma$),它似乎中断而又调节(mediating)了对匠神之工作的说明。在推断中,这位神发现,在可见物中拥有 $\nu o\tilde{\nu}\varsigma$ [理智]的东西比任何缺乏 $\nu o\tilde{\nu}\varsigma$ 的东西更美。蒂迈欧没有说明神的推断如何达至这一发现。我们可以大胆再现这一推断,即设想神的发现是考虑到只有拥有 $\nu o\tilde{\nu}\varsigma$ 的存在者可以依照自身同一的范型,从而制造出既好又美的影像;这样的存在者因此包含了使美的事物完全展现出来的特定

第二章　乾坤的生产

条件。但是，蒂迈欧没有提供任何这种条件，他接着讲神如何推断，讲神如何由于另一个发现而延长了这里的间断，即 νοῦς 不能存在于任何没有 ψυχή[灵魂]的事物中。于是，推断的结果支配了神的工作，决定了这一工作的特征：蒂迈欧说，根据这一推断，神在塑造最好且最美的宇宙时，将 νοῦς 建于 ψυχή 之中，又将 ψυχή 建于 σῶμα[身体]之中。我们可以说，传统翻译是这样有所适当保留地大胆阐释蒂迈欧之言：神将理智置于灵魂之中，又将灵魂置于身体之中。在明确提及其论说之性质（即它是近似的论说）之后，蒂迈欧宣称，或者更准确地说即宣称我们必须宣称(δεῖ λέγειν)：乾坤作为真实领域中的(in truth)①一个被赋予了灵魂和理智的生命体(ζῷον)而得以生成。②

因此，乾坤是一个生命体。同样地，它是根据匠神的乾坤性 ποίησις 而造出的作品。然而，生命体一般不是以这种方式产生的；

---

① 这段话是 εἰκὼς λόγος 与真实之间关联的最直接例子。亦参上一个注。
② 尼采颠覆"柏拉图主义"的意图与这一将乾坤当作生命体的观念有明确关系：
　　让我们警惕，不要认为这个世界是一个生命体。究竟它能延伸至何处？它用什么来给养自身？又将如何成长和繁殖？我们多少知道有机体是什么；而且知道我们不应该将地球表面上我们认为显然是派生的、迟缓的、稀少的和偶然的东西重新解释为本质的、普遍的与永恒的，一如他们称这个宇宙为有机体。这真让我恶心……让我们警惕，不要假设宇宙中所有一切都像日月运行那样有规律。即使是对银河的蓦然一瞥也会引起我们的怀疑，那里的运行是否更粗陋或者更混乱(contradictory)，甚至那些一直以直线运行的星体也是如此？我们生存于其中的天体秩序是一个特例，这一天体秩序与此秩序所限定的相对永久性就可能形成特例中的特例，即有机体结构。然而，这个世界的总体特性是予所有的永恒以混沌……（《快乐的科学》[*Die fröhliche Wissenschaft*]，见 *Werke：Kritische Gesamtausgade*，G. Colli 和 M. Montinari 编，Berlin，1973，vol. V/2，页 145—146[第109节]）
尼采在这段话中所提出的这些问题在《蒂迈欧》中十分显著，不应该忽视。在克里蒂亚的论说中，有关延伸的问题已经起作用；后来，这一问题又将转而萦绕在蒂迈欧的乾坤论说中。蒂迈欧也将提出这个乾坤是唯一的，因而无法繁殖，更不用说复制自我同一的唯一者(one)的问题将如何出现在对话的中心。蒂迈欧将讲述的——当然，不无喜剧色彩——正是乾坤以什么为食，即以其自身的排泄物为食。

它们不是由工匠造出来的,而毋宁说是生出来的。于是,此处出现了一种张力,即在关于乾坤的论说与苏格拉底关于城邦的论说中分别对应的生产秩序与生育(以及更宽泛地说是所有与 ἔρως 相关之事)的秩序之间的张力。在蒂迈欧第一篇论说全篇中(而且不止这个范围),这一张力将反复出现;它将一再以各种形式重组,摇摆于制造的论说与生殖和生育的论说之间。①

但是,在蒂迈欧此刻关于制造的论说中,提问的恰当顺序已被限定,接下来要询问的是支配着神的乾坤生产的范型。蒂迈欧紧跟这一问题,但他没有指出这位神是否也在达至答案的过程中紧随此问题;也就是说,蒂迈欧没有提示他是否在重新展现神在使此问题的结论支配那作品之前本应完成的推理,或者说他是否只是在建构一篇导向某种结论的论说,而对神来说,其实在开始工作的那一刻,这一结论就已一目了然。无论怎样,至少对于蒂迈欧来说,问题是哪一种生命体构成了制造乾坤所依凭的范型。可以假定②,此范型属于永恒自身同一的存在者;它是由理智(νόησις)来把握的存在者,因此如蒂迈欧这里说的,它是可认知的(νοητόν)存在者。于是,问题在于可认知的生命体(τὰ νοητὰ ζῷα)中的哪一种构成了神在生产乾坤时所依照的范型。蒂迈欧的回答取决于对理解的苛求,这种苛求与乾坤之美相关:这不仅在于范型是由理智来理解的,而且根本上在于这范型把所有其他生命体都包含在自身之中,所有其他生命体都是它的组成部分,无论

---

① 在最基本的层面上,这一张力往往包括将 γεννάω[父母的生育]一词的一种形式与其他有关生产制造的词相配。例如 γιγνόμενα καὶ γεννητά (28c); γέγονεν ... γεννηθέντες (38b); γένεσιν ... γεννήσας ...δημιουργὸς πατήρ (41a); ἀπεργάζεσθε ... γεννᾶτε (41d)。

② 蒂迈欧说的正是与之前(29b)几乎完全一样的话: τούτου δ' ὑπάρχοντος (30c)。紧接着,他断言乾坤是一个生命体,但由于这一断言包含了乾坤是美的这一声明,因此范型的可认知特征实际上也得到揭示,即它是确定的,或鉴于起初的假设,它是能够得到认可的。

是以个体的方式还是以属类的方式($\varkappa\alpha\vartheta$' ἕν καὶ κατὰ γένη)。① 这一范型性的生命体囊括了所有可认知的生命体(νοητὰ ζῷα),正如乾坤把一切其他可见生命体包含在内。② 因此,乾坤之所以类似

---

① 到普罗克洛的时代已经出现了对于这个短语应该如何在此文脉中进行阐释的进一步讨论。有些人(如 Atticus)同意ἕν涉及个体与属的区分,而另一些人(如 Iamblicus)认为ἕν涉及任何可认知(形式)所固有的唯一性,而不管同属之中种类的多样性(见 Proclus 的《柏拉图〈蒂迈欧〉义疏》[前揭,1:425—427]中的总结)。A. E. Taylor 认为这个短语表示"每个 νοητὸν ζῷον 和每个 νοητὸν ζῷον 的族群或'家庭'都是 αὐτόζῳον[自足生命体]的一部分"。他坚持认为"如果我们试图更精确地阐释,我们显然就会陷入完全无法解决的困境"(《柏拉图〈蒂迈欧〉注》,前揭,页 82)。虽然这个短语明显与可认知的生命体(范型)有关,但也许它也可以暗指(处于适当位置的)个体所含(inclusion)与同属内的种类所含之间的区别。

② 将乾坤界定为一个生命体为 Rémi Brague 的一篇值得注意且见解深刻的论文提供了出发点(《言论的躯体:关于蒂迈欧独白的组成结构的一个新假设》[*The Body of the Speech: A New Hypothesis on the Compositional Structure of Timaeus Monologue*],见 *Platonic Investigation*, Dominic J. O'Meara 编, Washington. D. C.,1985,53—83)。Brague 引用了《斐德若》中苏格拉底声称论说结构应该像一个生命体的那段话(见上文第一章第 9 个注释),他提出既然蒂迈欧的论说也是有关生命体的,那么它的结构就恰恰模仿了它所讲述之物的结构。既然有生命的乾坤与人同构,Brague 就提出他的假说,认为蒂迈欧论说的结构模仿了人的结构。于是,他解释了蒂迈欧的第一篇论说(到 47e)如何与人的头部相对应,因为这篇论说认为世界由 νοῦς 支配,而 νοῦς 处于人类大脑的中心,其形状类似乾坤;虽然第一篇论说中也提到了其他身体部位,但完全是从头部的视角来考虑的。Brague 也指出蒂迈欧论说的其余部分对应于人类的躯干,尽管在这一点上,Brague 也承认这种对应有相当大问题。他注意到蒂迈欧言论的这一其余部分中的主要划分出现在 69a,它将这两个子部分分别对应于上躯干(胸部)和下躯干,以腹部为界。那么,这意味着 θυμός[血气]所处的胸部应该对应于论说中论述 ἀνάγκη 的部分或亚部分,而下躯干甚至肝脏以下部位应该对应于 νοῦς 与 ἀνάγκη 的结合。然而,这些论说中所说的绝大部分内容会表明一种对立,如果有所表明的话:如果我们认可(Brague 所引用的)"所有进入身体以提供养分的都是必要的"(75e),那么看来就是下躯干而非胸部对应于必然性;而处于胸部的 θυμός 也以其来自《王制》(见 441e)的众所周知的形式实现了最高者与最低者(即 ἐπιθυμία[渴望、性欲])的调和。Brague 承认,在对话中有其他的"书写规律(logographic necessities)",它们一定干扰了论说对人类身体的模仿。如果我们将第一篇论说的首要(capital,[译按]亦译"头的")特征主题化(thematized),那么有一个例子也许可以发挥作用——联系苏格拉底言论中表现类似特征的方式,即表现为一种不顾身体其他部分以及极明显(转下页)

于其范型,不仅由于它是被赋予了灵魂和理性的生命体,而且也是由于它包含了万物。正是在这一基础上,蒂迈欧可以坚持说乾坤是唯一的,即只有一个天穹。不过,即使范型和影像都具有包含一切的特点,它们的包含方式仍有决定性的不同。区别主要与地域(place)有关:与可认知的(intelligible)那种包容性不同,可见乾坤的包容性在于,它在一片广大的地域(place)里,聚集起在其中彼此处于不同位置的诸存在者。在由可认知向可见的转换中,似乎有某种类似于地域(place)的东西发生了作用,使事物在聚集于包罗万象的可见乾坤时被分隔开。这正如 χώρα(它看起来很像地域),总是在差异的开端发挥作用。

接着,蒂迈欧的叙述变得更具体,同时也转向一种开端,即关注乾坤在被赋予灵魂和理智之前原初可能的存在状况——如果有这个原初的话。此时,蒂迈欧不考虑这些禀赋,他谈论乾坤原初可能的"所是",那时乾坤尚不是一个生命体,只是一种双重事物,它出生之前是身体,如果会死,那么死后会变成尸体。在完成了更概括的说明之后,蒂迈欧接着说出的第一个词就宣告了这一转换:"物体的形式(σωματοειδές)。"他说:生成者必定具有物体的形式,可见可触。不过,没有火必无物可见;没有硬性则无物可触,没有土则无物有硬性。因此,开端是这样被限定的:当神开始组合乾坤身体时,他使用了火和土。但火和土需要第三者才能黏在一块儿。而既然乾坤身体并不是一个平面,而是立体的,而且

(接上页注②)与 ἔρως 相关的一切东西的喜剧。我们也应该注意到 Brague 坚持将蒂迈欧的论说分为两部分(然后将第二部分再分割)而不是三部分,这是他的假设所决定的;因此,如果我们将这种假设悬置,那么就没有理由不把蒂迈欧的论说分为三部分,如同它自身看来所指示的那样。无论其可能的确定性程度如何,毫无疑问的是 Brague 的假设颇有效力,即使在某些方面它似乎不是以论说本身为依据,然而它有助于揭示别人所忽视的关联。

第二章 乾坤的生产

既然单靠土不足以达到具有厚度且可触摸之整体的硬性,那么就要求另加一个中间项,即第四者。因此,神把气和水置于火和土之间,使它们按比例黏合起来,这样就构造出了乾坤身体。

蒂迈欧相当精确地描述了将这四项黏合在一起的黏物。它们由数构成,模仿了数之间最周密的连结,即按一种连续的几何比例(ἀναλογία)构成。蒂迈欧详细说明了这一比例,特别指出其非凡的黏合力:

> 因为任何三个数,无论是立方数还是平方数,其中必有一个中间项:相对于头项,它是尾项;反之,相对于尾项,它又是头项。因此,中间项既是头项又是尾项,而头项和尾项却成了中间项。于是,这三项必然扮演对彼此而言同样的角色,它们由此构成一个统一体。(31c—32a)

因此,a、b、c 三项的连续几何比例可以这样表示:

(1) a:b::b:c

(2) 反之——c:b::b:a

(3) 中间项变成尾项和头项以及

尾项和头项变成中间项——b:c::a:b

如此,这三项中的任何一项都可以既是头项、尾项又是中间项。在这一意义上,它们可以彼此转换,并从而形成一个统一体,也就是整一(ἓν τάυτα)。不过,蒂迈欧明确说他涉及的是平方数和立方数(或者至少两个头尾项是平方数或立方数)。就平方的情形而言,比例可以这样:

$$a^2:ab::ab:b^2$$

虽然一个中项就可以连接平方,但要以这样一种几何比例连接两

个立方则要求两个中项,如欧几里德所证明的:①

$$a^3 : a^2b :: a^2b : ab^2 :: ab^2 : b^3$$

既然乾坤身体是立体的,那么四种元素就是尽可能以这样一种比例建构起来的:

$$火:气::气:水::水:土$$

事实上,蒂迈欧宣称,这四种元素就是以这种方式黏合成一个除了神自己外没有人能分解的统一体。蒂迈欧用来表示统一体之结果状态的词是 $φιλία$[爱、情谊]。这无疑与恩培多克勒学说②相呼应,但同时也可暗指 $ἔρως$,似乎要诱使我们猜测,如此构成的身体到底是不是一个有爱欲的存在。

下文证实了这一猜疑。按照蒂迈欧的解说,神有意用尽了所有的火、气、水和土,为的是不留下任何东西,以免成为另一个乾坤的制造材料,这就确保了乾坤的唯一性。而且,由于不让任何东西流于乾坤身体之外,神将其造得不受老化和疾病的影响,如蒂迈欧所言,这种影响总是从外部($ἔξωθεν$)侵袭身体。蒂迈欧没有明说的是,这等于使乾坤身体也免于死亡;看来,即使在被赋予灵魂以成为一个生命体之前,乾坤就已经被造成为永生不朽的了,或者说至少是不可毁灭的,除非神自己动手。蒂迈欧确定了神所造乾坤身体的形状:他将其造成为圆球形,这种形状将其他所有形状都包含在内,它与自身相似,由于从中心到圆周各点均相等,在这一意义上,它又是自身同一的。这样,乾坤身体的制造

---

① 见 F. M. Cornford,《柏拉图的宇宙论》,前揭,页 45—52;和 Sir. Thomas Health,《古希腊数学史》(*A History of Greek Mathematics*, New York, 1981),1:84—86, 89—90。

② 极少有其他段落如此直接地展现《蒂迈欧》与毕达哥拉斯学说和恩培多克勒学说之间的关联。在此处,我们可以辨认出恩培多克勒学说的四元素($ῥιζώματα$)以及他称为 $φιλία$ 的那种 $ἀρχή$。同时,数(即数的比例)也在 $φιλία$ 中将各种元素结合起来。有关这种双重关联,参 A. E. Taylor,《柏拉图〈蒂迈欧〉注》,前揭,页 88—93。

就模仿了自身同一的存在者,然而作为圆球,它的自身同一是一种从同一个发散中心出发的位移(displacement from one and the same stigmatic locus)的同一。因此,在乾坤身体的制造中有某种类似于地域(place)的东西在起作用。

蒂迈欧继续讲述如何以及为何将乾坤造得处处平滑。因为外面没有东西可看可听,所以它不需要眼睛和耳朵,不需要对外敞开。因为没有空气包围它,所以它不需要呼吸器官,否则它就可能借助这一器官与外界进行交换。它不需要手,不需要像在战斗中那样来抓住或击退什么人;它也不需要脚,否则它就会借助脚走到外界。相反,神将其造得处处平滑,使其在同一地点规则地旋转。因此,它的运动是模仿其可认知范型的自身同一。因此,神将其造得自给自足(αὐτάρκης),它如此自足——这种过度显得有点喜剧意味——以至于如蒂迈欧所言,没有任何东西从中出来,也没有任何东西从什么地方进入,因为无物存在。神将它设计得依赖自己的废料为生,它在自身之内活动并作用于自身。因此,乾坤身体显得如此自我封闭,以至于它完全依赖自身,以自己的排泄物为生,仅仅影响或感觉它自身。显而易见,很难再有哪个更完满的乾坤性相似物如此相似于苏格拉底的城邦——那个自我封闭的自足的工匠城邦。而有爱欲的格劳孔称它为猪(sows)的城邦。蒂迈欧用以描绘乾坤身体的αὐτάρκης一词使这种相似性明白无误:一个πόλις αὐτάρκης[自给自足的城邦]能够供应自身的需要,它不需要进口。正如取决于τέχνη的城邦所证明的,即便它的发展超越了单纯的工匠共同体,它仍然遗忘了ἔρως,忘记了与ἔρως相关的差异(difference)——这是它无法考量的差异性(otherness);所以,经过制作,乾坤的身体被关闭于自身之内,其大无外;蒂迈欧对其身体的描述绝对没有提到它的生殖器官,甚至没有像说它没有眼、耳、肺、嘴、手、脚等等那样说它不需要这种器官,就好像蒂迈欧忘记了生命体的交配和生殖。事实上,在各种生命体及其组成部分中,与乾坤身体最类似的是人的头部。①正如苏格拉底提供了论说的开头,现在,蒂迈欧提供了关于头的论说。

但是,蒂迈欧称之为神,一位即将形成的神(a god to be),是永恒存在之神所创造的一位神。不过,在制造它的神赋予其生命和活力之前,乾坤身体还不是神。于是,蒂迈欧讲述了匠神如何将灵魂置入乾坤身体:他使灵魂扩展到整个乾坤身体,同时也把整个乾坤身体从外部包裹起来。这样,他就造出了一个唯一的天穹(heaven)。由于它的卓越品质,它能够一直与自身相伴,与自身为友,无需他者而自我满足,从而被造成为一个幸福的(εὐδαίμων)神。

我们也许会想,被置入乾坤身体之中的灵魂会提挈着生命体超越自身,将生命体朝向异性(alterity)敞开,引领它为他者所吸引、所喜爱,或与他者交谈,使其解脱出来,不再孤独地依靠自身排泄物为生,不再孤独地感受自身、自言自语,如蒂迈欧自己当前的独白。然而,相反的是,如蒂迈欧所述,灵魂包裹住乾坤身体是为了将其隐藏和封闭,将其更确定地封锁在自身围栏之内。但蒂迈欧讲述故事的方式很值得注意:他一说到灵魂如何在乾坤身体中存在,就打断了论说,转向论说本身,并宣告论说有误。如在前文中的某处一样,他有意明确标示一个适当的过渡:从其论说中第一次将乾坤描述为生命体的部分转入确定乾坤之范型的部分;由此,蒂迈欧使该论说具有双重性(doubles the discourse),以便使其服从一种规定。他说:

---

① 见Brague,《言论的躯体:关于蒂迈欧独白的组成结构的一个新假设》,前揭,页58。

第二章 乾坤的生产

如果同意的话［或译"如果确定的话"：τούτου δ' ὑπάρχοντος］，那么我们必须按顺序（ἐφεξῆς）接着说。（30C）

以此方式，蒂迈欧规定，该论说将依照某种顺序的支配，在讲述神如何将可见物从无序引入有序的故事的过程中，应该遵循这个顺序。然而，蒂迈欧刚一讲完神如何制造乾坤身体，他就偏离了论说应该遵循的正确顺序：他马上着手讲述神如何将灵魂置于乾坤身体中，却根本不讲灵魂本身是如何被造的。似乎灵魂是现成造好的，或者似乎是凭空产生。蒂迈欧在讲述了灵魂如何被置入乾坤身体之后，才揭示说灵魂和身体一样，也是由神制造的。在讲过灵魂被置入乾坤身体之后，蒂迈欧才继续讲述神如何造灵魂，而如果按正确的顺序，在大胆讲述乾坤被赋予灵魂之前，他本应先讲灵魂的制造。

这就是蒂迈欧在中断刚刚将灵魂置于身体中的论说时宣称的混乱和错误。或者更准确地说，他并非简单地阐明这一混乱，而是指出这一论说比它看上去的样子更混乱得多。既然灵魂是统治身体的，那么它的品质就更卓越，也更早诞生；它比身体更老，即必须最先被造，先于神对身体的制造。因此，如果按照正确的顺序，蒂迈欧本应首先讲灵魂如何被造，然后讲身体的制造以及灵魂如何结合到身体中。但相反的是，蒂迈欧却先讲身体的制造，因而从一开始，从他开始讨论乾坤的特征——好像开端本该如此似的——时，他就扰乱了论说的顺序。蒂迈欧没有在他原本应该开始之处开始，没有从开端开始，没有开启一个正确的开端——此时，他明确声明没有这么做。蒂迈欧确实也尝试做了一些弥补：他解释了灵魂如何被造，为了达到这一解说的目的，他将灵魂从身体中分离出来，而他的不合顺序的论说刚刚将灵魂与身体结合起来。然后，一讲完灵魂的制作，他就第二次讲述灵魂与身体如何结合在一起。不过，这些举措不能完全弥补如下事实，即他并未适宜地开始；也不能取消如下事实，即他以身体制作为开端。虽然有这些补救举措，他仍然不会另做一个开端，他将仍以后出现的为开端，扰乱论说顺序，将其置于自身之前。最后，他将停止该论说，并发起一个新的开端；然后，他将——尽管在不同的意义上——以这一开端为开端或至少在接近这一开端处开始，甚至为之前的以身体为开端（或者更准确地说是以构成身体的火、气、水、土为开端）作一种辩护。即便在关于 νοῦς 作品的论说中，以这种方式开始仍然并不适宜。事实上，在当前的论说（即蒂迈欧三篇论说的第一篇）中，在其自身出错之处，蒂迈欧只能诉诸人类论说的差错，宣称它带有人类论说的偶然性和随意性（προστυχόντος τε καὶ εἰκῇ），就像我们自己也会这样。由于受制于偶然性和随意性，论说被引入歧途，错误地离开了正题，如蒂迈欧的论说那样。然而最终，在蒂迈欧中断他的第一篇论说并发起一个新开端的节点，他专门论述了这个已经使其论说偏离顺序的犯错原因。

现在，蒂迈欧似乎转回到更早的开端，即早于灵魂在身体的安置，如果不是也更早于身体的制造的话。他从神用什么东西和以什么方式制造乾坤的灵魂开始讲述：

> 他用不可分的、永恒同一的存在者与有关形体的可分的、生成的存在者，混合成第三种存在者（τρίτον ... οὐσίας εἶδος），令它兼具同和异的性质；他就这样把它从不可分的一方与形体领域可分的一方中间合成出来。然后将这三者再混合为一体，强使同和异的性质相结合，就算它们难以结合（δύσμικτον）。在用那种存在者将它们混合起来并制造出（ποιησάμενος）源自三者的整体之后，他又将这一整体划分

为许多适当的部分,每一部分都包含(混合了)同、异和那种存在者。(35a—b)①

这一关于灵魂如何合成的解释被认为是"整部对话中最复杂、最难以理解的部分"。② 可以确定的是,几乎贯穿柏拉图主义发展史的始终,它都是一个引起争议的话题。普鲁塔克指出,甚至在早期柏拉图学园时代,就存在克塞诺克拉底(Xenocrates)和其学生克兰特(Crantor,即《蒂迈欧》第一篇疏解的作者)之间的分歧和辩论。这段话的重要性是无可争辩的:整个关于灵魂的论说都由它而来并受其支配。在展现那个虽显白却又可疑的区分的过程中,这段话是关键性的一步,而该区分——永恒存在者与生成者的二重区分——构建了蒂迈欧第一篇论说的整体。考虑到这段话的利害关系以及持续的争论,提出任何解释都要求小心的准备,都要具有精密性,而不是故意与某些传统解释相区别。即使如此,任何解释也无法避免具有种种不确定性和限制性。

有三种传统解释可供考虑。第一种来自普罗克洛对这段话的广泛讨论,后来又为康福德所主张。③ 这个解释和大多数其他解释一样,指出制造乾坤灵魂过程中的两个主要混合步骤。然后集中讨论第一个步骤,区分出三种各不相同的混合:即可分的存

---

① 此译文的总体思路依据 A. E. Taylor 的版本,细节处略有修改。按 Taylor 的做法,35a4 中"αὐ πέρι"一词省略了。Taylor 似乎也不确定在 35a5 中我们应该读成 κατὰ ταὐτά 还是 κατὰ ταῦτα。从某种阐释观点看,如 Taylor 的注释,前者更倾向于表示 35a4—5 中的同和异等同于 35a5—6 中的不可分者和可分者,虽然后一种读法也不排斥这一点。见 A. E. Taylor,《柏拉图〈蒂迈欧〉注》,前揭,页 107—109。
② A. E. Taylor,《柏拉图〈蒂迈欧〉注》,前揭,页 106。
③ Proclus,《柏拉图〈蒂迈欧〉义疏》,前揭,尤其是 2:137—138;Cornford,《柏拉图的宇宙论》,前揭,页 59—66。

在形式与不可分的存在形式的混合,① 可分的同与不可分的同的混合,以及可分的异与不可分的异的混合。康福德将可分与不可分的区别解释成对应于永恒存在者与生成者的区别。② 这实际上是《九章集》中做法的现代翻版,尤其见于普罗提诺引用了当前讨论的这段话的文本。③ 康福德依据普罗克洛的见解,也将这些混合与《智术师》(254b—257a)中谈论三种最重要类型——其中包括存在、同和异——的段落联系起来,虽然这种联系只是松散的。混合的第一个步骤合成了这三者各自的可分和不可分形式,目的是为了制造存在、同和异的中间形式。在第二个步骤中,这三种中间形式又合成为一个整体,一个完整的混合体,然后将其分割并塑造成乾坤的灵魂。

  这一解释并非没有困难,其中有两个关键的难题。首先,它忽略了这段话开篇就将同与不可分的存在相联系的方式;这两者都归于永恒存在的一边。这样一来,同的可分形式这一提法就与这段话相龃龉。第二个难题是对第一题的补充:由于与生成者和形体相关联,可分者就系于异。事实上,异的特征正是某物与其他事物的区别,也即两分,并因此与划分有关。

  普鲁塔克的《论〈蒂迈欧〉中的灵魂生成》(On the Generation of the Soul in the Timaeus)开篇就引用这一段话并认为"目前要讲述关于这些话所引发的阐释者们的纷争是……一个极其艰巨

---

① Cornford 将 οὐσία 译为"存在"是一种容易使人误解的年代误植。因为认为存在内在地与本质相对立的观念肯定是柏拉图之后的事。这是一个典型例子,即将某种术语和概念强加给柏拉图文本,这种术语和概念是以在这些文本中并通过这些文本所达成的思想为基础而最早成为可能的。
② 在 Cornford 的年代误植的术语中,此区分与"真实的'存在(being)'"与"可感事物的'变易(becoming)'"之间的区分相一致。见《柏拉图的宇宙论》,前揭,页62。
③ 引用的文字是:περὶ τὰ σώματα[关于形体](《九章集》(Ennead),IV.2)。

的工作"。① 虽然普鲁塔克自己没有进行这项工作,但他提到了两个人物,他们的解释将提供某种要旨(ἐνδόσιμος)。

首先是克塞诺克拉底,公元前 335 年至公元前 314 年的柏拉图学园园长。据普鲁塔克介绍,克塞诺克拉底称:"灵魂的存在是被自身运转的数本身(τῆς ψυχῆς τὴν οὐσίαν ἀριϑμὸν αὐτὸν ὑφ' ἑαυτοῦ κινούμενον ἀποφηνάμενος)。"②因此,克塞诺克拉底在解释这段话时关注不可分与可分的区别,将这一区别等同于一与多的区别,前者是古希腊数学中不可分的单元,后者产生于划分,产生于反复地两分。或者更准确地说,是一与不确定的二(ἕν/ἀόριστος δυάς)之间的区别。因此,蒂迈欧在当前讨论的这段话中要描述的是数(numbers)的起源,即描述如何通过将一与不确定的二相混合而生成数,根据古希腊数学,每个ἀριϑμός[数]都是若干个一。然而,灵魂并不仅被当作数,还被当作自我运动的数,这就是需要进行第二次混合的原因:第二次混合用数合成了静止和运动的ἀρχαί[本原、开端],即同和异。

要反驳克塞诺克拉底的解释似乎只要引用普鲁塔克自己的批评就够了:"我认为,说灵魂是按照数合成的与说它的存在就是数不是一回事情。"③

据普鲁塔克说,克塞诺克拉底的学生,索里的克兰特(Crantor of Soli),提出了一种完全不同的解释。大体而言,克兰特将灵魂看作可认知的与可想象—可感知的(the opinable-sensible)性质的混合体。更具体地说,他认为,灵魂的独特功能在于辨别或判断(κρίνειν)可认知事物和可感知事物以及与之相关联的同和异。

---

① Plutarch,《论〈蒂迈欧〉中的灵魂生成》,1012d。
② 同上,1012d。
③ 同上,1013c—d。

他断言,假如相似之物相识,①那么,为了使灵魂认识或者说判断一切(all),它的合成就应来自一切,即来自可认知的和有形体的(bodily)东西,也来自同和异。

考虑到这种解释,只需要指出这一点就已足够:虽然可认知事物(至少按普鲁塔克的介绍来看)的特点是以相同之物为根据(κατὰ ταὐτά),但可认知事物和同的装配方式,似乎它们只是在两个不同的时刻,依次混合于合成体中。与另外两种解释一样,不同对立面的相互牵连被忽略了。另一方面,如果我们承认,不可分的与永恒自身同一的存在者以及同在它们的特定意义上连结在一起,而与它们相对称的对立面(可分事物与生成者以及异)也是这样,那么我们就该断言,混合一对对立物时也必定混合了另一对对立物。换言之,并不存在这样一种意义上的多重平行的混合(即存在的混合、同的混合和异的混合);或者说,只存在一种混合的多个方面,即合成乾坤灵魂的两个阶段中的第一阶段。

现在可以有所适当保留地大胆说说另一种解释。这种解释总体上与 A. E. 泰勒的观点相似,也与马格尔(Margel)从完全不同的视角提出的观点类似,② 不过他们在某些着重点和特征上,尤其在得出的结论上存在差异。这一解释也类似于青年尼采在其论柏拉图的巴塞尔大学论文中所提出的阐释纲要。③

---

① Plutarch 没有明说这一假定。见 Cherniss 对《论〈蒂迈欧〉中的灵魂生成》1013a 的注释 e。
② "因此,对造物主操作过程的描述足够清楚。他首先提取元素 A 和 B,将它们混合成'中间物'C。然后他通过混合 A、B、C 制造出一个单一的统一体,最后他将这个统一体再分割成许多'部分'。"(A. E. Taylor,《柏拉图〈蒂迈欧〉注》,前揭,页 109)参 Margel,《匠神之墓》,前揭,页 82。
③ 在尼采的图解式阐释中,主要的区分是两次混合之间的区分。他认为第一次混合的特征是混合两种元素以形成介于这两种元素的τρίτον οὐσίας εἶδος[第三种存在形式];第二次混合则是这两种元素与第一次混合后形成的第三种元素的 (转下页)

第二章 乾坤的生产

通过两个阶段的混合,将成为乾坤灵魂的东西得以产生。这两个阶段、两种混合分别对应于这段话的两个部分,第二部分从"然后将这些([译按]即这三者)……"开始。在讲述第一次混合时,蒂迈欧实际上重复了这篇对话开头的计数(1,2,3)。不过,他此时是计数存在或类型(of being or of kinds):他数出两种存在类型,神用这两种存在类型合成第三种类型。第一种类型是永恒的存在者,它是不可分且自身同一的。第二种类型是生成者,它是可分的,而且,因为与身体相关,它连续不断地与自身相异。从这两种类型那里,神合成了第三种存在形式(τρίτον ... οὐσίας εἶδος),它是前两种类型的中间物。在某种意义上,第三种类型的形成偏离了二重性,而这二重性支配 ποίησις 的原则,事实上也支配蒂迈欧关于乾坤生产的论说。不过,既然第三种类型——这个第三种类型——只是由另两种类型混合而来的,且居于中间(ἐν μέσῳ),那么这种二重性就仍然未被破坏。

然后,在谈论第二阶段、第二次混合时,蒂迈欧再次重复了计数(1,2,3)。蒂迈欧已经讲述了神如何混合第一种和第二种类型以造成第三种类型,现在他讲的是另一次混合,在这次混合中三种类型被合成为一体,乾坤灵魂就是由这一混合体制成的:神采

(接上页注③)混合。参 Friedrich Nietzsche,"柏拉图对话研究导论"("Einleitung in das Studium der platonischen Dialoge"),见 *Werke: Kritische Gesamtausgade* (Fritz Bornmann 和 Mario Carpitella 编[G. Colli-Montinari 版],Berlin,1995,vol. II/4),页 71。在这篇论文的结尾处,尼采回到这一主题并再一次提供了下面的简化图表(前揭,页 188):

第一次混合: ταὐτόν[同] θάτερον[异]
  \   /
  τρίτον οὐσίας εἶδος[第三种存在形式]
第二次混合: ταὐτόν ἡ οὐσία[第三种存在形式] θάτερον
  \ | /
  乾坤灵魂

用第一种类型（不可分且自身同一的永恒存在者）和第二种类型（可分且自身变异的[self-differing]生成者）以及由这前两种类型混合而成的第三种类型。他"将这三种存在者"相混合，使同的性质（自身同一性，即第一种类型）和异的性质（即第二种类型）与之前的混合所产生的存在者（居间的第三种类型）相融合。① 这样，他就从三中造出了一。如同在数 1，2，3 的时候，我们将这三个一聚合成总数(ἀριϑμός)，即数字 3。

由对存在的这次双重计数出发，可以得出一个推论。通过这些计数，蒂迈欧以在论说中重演混合的方式讲述了混合，同时也重复了《蒂迈欧》开篇时的计数。对于对话的其余部分，尤其对于方圆说来说，此推论具有决定性意义。

根据这两次混合，也许尤其根据第二次混合，足以辨识出这一推论。在第二次混合中，神将自身同一的存在者连同另外两种存在类型融入乾坤灵魂，即融入这混合体，然后将这混合体分割并塑造成乾坤灵魂。以这种方式，自身同一的存在者成为可见乾坤的一部分，即混合体三种成分中的一种。蒂迈欧明确认为，灵魂虽然本身不可见，却从属于可见的秩序，从属于生成者的秩序：他说，它是"生成者中最好的东西"(37a)。因此，无可争议的是，由于被融合于灵魂混合体中，自身同一的存在者被纳入可见乾坤。然而，根据开始时的区分，自身同一的存在是与可见存在相对的，它提供了神在制造乾坤时所仿照的可认知范型。但是，另一方面，神所做的混合看

---

① 对于第二次混合的这一阐释，有两种基本的假定。在上文中，第一种假定，至少在某种程度上已被证明是有道理的：它假定三对对立物之间的相互牵连。这一假定允许我们将"异的性质与同的性质的结合"解释为指第一种类型与第二种类型的混合。第二种基本假定是关于"然后用那种存在者(μετὰ τῆς οὐσίας)将它们混合起来"的读法：如 A. E. Taylor 所言，此假定是"τῆς οὐσίας＝本身已被描述为另两种元素之混合物的οὐσία"（见 A. E. Taylor，《柏拉图〈蒂迈欧〉注》，前揭，页 109）。

起来似乎具有瓦解此区分的作用,因为在可见乾坤之外没有任何东西留存,甚至也没有神依之制造乾坤的范型。的确会如此,除非自身同一的存在者在被置入可见乾坤时仍以某种方式留存,并与可见乾坤相对。如果这种留存物有可能存在,那么就要求自身同一的存在者能够复制,即在被置入乾坤之时,它实际上复制自身,以这样的方式仍然与可见物相对以保持此区分。

从第一次混合也可得出同样的推论。在这种情形中,自身同一的存在者,同生成者相混合以形成第三种存在类型,即被混合于第三种类型中。不过,它必定仍然与第三种存在类型相区别,以标明第三种之为第三种的特性,即居于中间;它必定保持这一区分,从而使自身在神的安排下参与第二次混合。

那么,总的说,如果不瓦解此区分,不破坏乾坤灵魂的制造的话,对自身同一的存在者进行任何混合都要求存在的复制。因为在随后的几个阶段中,例如,当神制造时间以使乾坤更像其范型时,范型无疑仍然是有效的。因此,自身同一的存在者必须有可能既要加入混合——实际上是两次——又要保持自身于混合物之外,处于可见乾坤之外。自身同一的存在者必须能够被复制,能够在可见世界之内被复制,在那里拥有它的复制品。

然而,虽然存在的复制必须是可能的,但另一方面它又不可能。如果存在被复制,那么它就被一分为二,就不是唯一、不可分的;那么它就不同于自身,就不是自身同一的了。一种双重的结合(即双重意义上的结合)看来不可避免:为了保持自身同一的存在者与生成者的区分,就必须有存在的复制;而存在的复制则会违背自身同一之存在者的特定意义,违背其本身的限定,从而腐蚀要保持的特定区分。不过,在蒂迈欧对乾坤灵魂的说明中以及在其第一篇论说其余部分的始终,这一推论都没有得到阐述,也没有起过作用。只是在其第二篇新开始的论说中,这一推论发挥了影响力,在那里蒂迈欧引入了另一种对存在的计数,以不同的方式数1、2、3,也以不同的方式数到3。在这另一种对存在的计数中,第三项将被证明不再处于开始的二分的两项中间,而是在最确定的意义上以深不可测地瓦解二分的方式外在于二分。

蒂迈欧对神下一步工作(即混合成乾坤灵魂之后的工作)的说明本身被混合于他对此混合的说明中。在两次关于混合的重述之间,蒂迈欧插入了一段概括的说明,说明神从已混合出的灵魂混合体之中继续塑造了什么:"……从三者之中制造出一个整体之后,他又将这个整体划分为适当的多个部分,每一部分都包含[混合]了同、异和那存在者"(35b)。蒂迈欧以算术的精确性描述了神如何分配这一整体,如何从这个混合体中提取出取决于算术比例的不同部分,然后将它们按线性排列,使之处于有序的、和谐的(harmonic)关联之中。为了塑造一条和谐排列的长带子(a long, harmonically articulated band),神按蒂迈欧清楚阐述为三个阶段的过程对这一混合体进行分配。

首先,他在偶数数列和奇数数列中分别以平方数和立方数的比例提取份额。这一双重级数传统上是用希腊字母 Λ 的图形来表示的:①

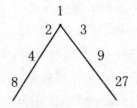

如果按线性排列,这两个数列就组成这样的数列:

---

① 这传统据称可以回溯到 Crantor,据说在其对《蒂迈欧》的注释中已经用了这种表示法(见 A. E. Taylor,《柏拉图〈蒂迈欧〉注》,前揭,页137)。

1 2 3 4 8 9 27

在第二个阶段,神从混合体中进一步提取份额以填充区间。具体而言,他在每个区间(a、b)中放入两个中项(m):

1)、对应于四度音程的和谐中项(the harmonic mean):

$$(m-a)/a=(b-m)/b$$

2)、对应于五度音程的算术中项(arithmetic mean):

$$m-a=b-m$$

在这两个数列(奇数和偶数)中置入这些中项之后就组成了下面两个数列:

1 4/3 3/2 2 8/3 3 4 16/3 6 8

1 3/2 2 3 9/2 6 9 27/2 18 27

将两个数列中重复的数字去掉,再将两数列合并就变成:

1 4/3 3/2 2 8/3 3 4 9/2 16/3 6 8 9 27/2 18 27

第三阶段要填充通过置入中项后形成的区间,即3/2、4/3和9/8的区间。蒂迈欧具体解释说,在任何有4/3区间的地方(例如4/3与1之间,2与3/2之间,4与3之间),神都用9/8区间来填充。这样在3和4之间他就插入了:

$$3\times 9/8=27/8 \text{ 和 } 3\times 9/8\times 9/8=243/64$$

接下来的数无法被填充进去,因为:

$$243/64\times 9/8=2187/512 \rangle 4$$

如蒂迈欧所言,既然两个9/8的区间不能完全填满3和4之间的区间,那么就有一个余数。这个余数是以比数来表示的:

$$4/1:243/64=256/243$$

蒂迈欧提到,在这里,神用完了从中提取的所有这些份额的整个混合体。①

---

① 见Cornford对这一部分数学细节的说明。在其说明中,他坚持认为"这(转下页)

蒂迈欧讲述了神如何提取与和谐级数相关联的带子并将其制成为乾坤灵魂。首先,他把这带子纵向切开。然后,使两条带子相交于一点,再各自弯曲环绕,两头相接呈圆形,在相接处形成两圆交叉。他使两个圆各自恒定地旋转①($\kappa\alpha\tau\dot{\alpha}\ \tau\alpha\dot{\upsilon}\tau\dot{\alpha}\ \kappa\alpha\dot{\iota}\ \dot{\varepsilon}\nu\ \tau\alpha\dot{\upsilon}\tau\tilde{\omega}$),一个作外带,另一个作内带。他把外带的旋转称为同的旋转,把内带的旋转称为异的旋转。同的旋转是水平向右转,异的旋转是斜着向左转,从而与外带呈斜角相接。对于异的内带旋转,神在六处按照两倍和三倍区间将其切分为七个不等的圈。其中三个圈以相同速度旋转,另外四个圈的旋转速度既不同于另三个圈,它们彼此的速度也各不相同。

同的旋转对应于恒星赤道。因此,它代表恒星的运动,但它是一条带子或一个圈,而不是安置天体的整体球形。蒂迈欧提到,神赋予这一旋转至高无上的地位,即这一旋转带动了乾坤中的一切事物。异的旋转被切分为七个部分围绕共同的中心做旋转,并按奇数数列和偶数数列中的平方数和立方数进行排列(即 1,2,3,4,8,9,27),这旋转代表行星(包括太阳和月球)的运动,或者更确切地说,代表这种运动的第二组成部分,与同的运动相伴。② 在所有情况

(接上页注①)些描述关乎数的性质的理论,还关乎作为世界身体黏结剂的灵魂的功能,但与音乐无关"《柏拉图的宇宙论》,前揭,页 68)。毫无疑问,他正确地认识到这里的内容并非仅仅关涉音乐理论,与实践意义上的音乐的关系更少,但在蒂迈欧第一篇论说的末尾(47c—d),音乐有重大意义,这使我们避免将当前段落与其对音乐的明显指涉完全分离。

① [中译编者按] 原文作 Each he set revolving uniformly,此处所附希腊文直译为"依循同一些事物且在同一个位置[旋转]",见 36c。
② 据 Cornford,三个以相同速度运转的天体是太阳、金星和水星。他也注意到这七条轨道之间的距离暗中对应于数列 1,2,3,4,8,9,27。他接着说:"最简单的看法是这些数可测度这些连续轨道的半径;月球的轨道半径=1,太阳的轨道半径=2,诸如此类。"Cornford 还认为必定有第三种未被解释的因素限定了某些行星的运行(《柏拉图的宇宙论》,前揭,页 72—93)。

下,乾坤灵魂中的环绕都只代表天体的运动或轨道而并非这些天体本身,天体本身是后来才被置入轨道中的。在描述完组成乾坤灵魂的圆形带之后不久,蒂迈欧明确指出,虽然这灵魂已造出,但它是不可见的(36e),因此所有的圆形带及其旋转都仍是完全不可见的,直到神进行关键性的步骤,即将天体置于这些旋转轨道上。只有到了那时,我们才有可能看到星空。

蒂迈欧点明灵魂制造的完成:

> 当灵魂的制造已经如其制造者的心意完成了,他就在其中制作出整个身体性事物,然后使两者中心对中心结合为一体,组装在一起。(36d—e)

这样,在这篇论说中,神第二次将灵魂与身体安置在一起,中心对中心,把不可见之灵魂编织得遍布于可见的天穹身体,就像之前那样,通过使灵魂包裹住天穹的外部,从而把天穹密封起来(enveloping)。现在,第二次将灵魂置入身体之后,这段论说终于可以宣告灵魂的正确开端:灵魂"在自身之内作自我旋转,开启了在所有时间内无休无止的、睿哲的($\check{\epsilon}\mu\varphi\varrho\omega\nu$)生命的神圣开端"(36e)。我们可以说,直到此时,即点出从灵魂开始的开端之时,蒂迈欧的论说才在某种意义上追赶上了它自身,尽管它此时的到达并不能完全弥补他没能在开端之处开始的错误。因为讨论已经回到了之前被引离了正确顺序的地方,在那里,讨论背离了按照神的制作程序应有的出现顺序。现在,神第二次将灵魂与身体结合起来,才表明这篇论说终于绕回到同一个节点上;而且,就在它绕回这同一节点的那一刻,蒂迈欧谈到了时间($\chi\varrho\acute{o}\nu o\varsigma$),并宣称如此正确开始的灵魂生命在时间上是永恒的。在这一运动中,该论说展现了绕回"同"的特定循环,在即将开始的对时间的讨论中,此循环将构成基本形象(figure)。

灵魂已经清楚明白地完成了，这正符合造物者的心意。短语 κατὰ νοῦν 可以表示"合乎他的心意"或"在他看来"。① 毫无疑问，这一含义在当前的段落中是有效的；与任何能干的工匠一样，这位匠神能够辨识出作品完工的节点，因而已经做好准备脱离生产程序，从而开始作为生产出的东西而存在。然而，这个短语恰好在此节点出现——作为对此节点的标记——也表明灵魂的制造完成过程与 νοῦς 相一致。在论说的开端左右，蒂迈欧曾说，乾坤的生产包括将 νοῦς 置入灵魂以及将灵魂置入身体(29b)。此时，蒂迈欧已讲述了——其实讲一次就足够了——灵魂如何被置入身体。而且，虽然没有明确宣布，但他也指出了神在效果上如何将 νοῦς 置入灵魂。神这么做是通过他制造灵魂的特定方式，不仅（与其他能工巧匠一样）按一种可认知范型的影像来制作，而且为了 κατὰ νοῦν 而根据种种纯粹理智途径和关联来分配和塑造，具体而言也就是按分配的比例以及诸圆圈的有序排列和运动（by the proportionality of the portioning and by the orderly arrangement and movement of the circles）来分配和塑造。

蒂迈欧的叙述抵达了这样一个节点：灵魂已经得到完成、附于身体，并被释放至其开端。在这一节点，蒂迈欧提到了这些比例和圆环（proportionalities and circularities），νοῦς 正是按这些比例和圆环而被有效地置入灵魂。不过现在，他将它们当作使灵魂有可能展开论说（λόγος）的三个因素中的两个。我们有可能理解，灵魂被合比例地划分、连结在一起，并且自我旋转，于是分别在灵魂之内为属于论说形式的表达、为在言说与所言说的东西之间的循环预备了基础。

---

① ［中译编者按］该短语原文中并没有"他"，亦译作"根据理智"，参下文。

第二章 乾坤的生产

蒂迈欧首先提到的是第三个因素,该因素使论说成为可能的作用,在紧随其后关于论说之开端的论说中最为显著。这另外的因素就在于灵魂合成本身,它由同和异的性质以及存在(οὐσία)合成而来,它包含了这三个部分。根据这一段中提出的关于灵魂合成的解释,这三者由同和异的性质(它们都按照本身的意义所意指的全部含义来理解),以及由它们混合而成的存在(οὐσία)的第三种形式构成。正是通过将这三者依次混合,神从三中造成一,从而合成了灵魂,然后只需由神分配、塑造并使之运转。

蒂迈欧指出,当灵魂触及某种东西时,无论其存在是分散的(σκεδαστός)还是不可分的,灵魂就周身运动起来(is moved all through itself)。因此,论说刚迈入新起点,他就开始探问论说从一发端就将重演的循环性。在自身的周身运动中,灵魂说出(λέγει)有关某事物的任何同异情况在什么方面、怎么样、在什么意义上以及在什么时间出现,无论这事物是在生成的东西当中,还是在永恒同一的东西当中(37a—b)。① 在这一λόγος中,灵魂言说了各种存在者的同和异。如克兰特所言,这段话看来与一个假定的普遍原则相关,依据此原则,相似者相知(like knows like)。② 然而,如果这段话和先前含蓄地讲述灵魂组成部分的话都如此简单地预设这样一个普遍原则,甚至假定在《蒂迈欧》的文脉中,"普遍性(generality)"和"原则(principle)"所表示的含义是确定的,

---

① 这段话中的解释显示了某些疑难,参 Cornford,《柏拉图的宇宙论》,前揭,页 94,注 4。亦参 A. E. Taylor,《柏拉图〈蒂迈欧〉注》,前揭,页 177 以下。
② 据 Plutarch,"克兰特及其追随者……说,为了让灵魂知道一切事物,灵魂由一切事物来合成"(《论〈蒂迈欧〉中的灵魂生成》,1013a。亚里士多德也讨论了《蒂迈欧》,他说柏拉图认为"只有相似者能认识相似者"(《论灵魂》,404b)。Cornford 再次确认了这一原则。他提到 Albinus 的 *Didascalicus* 中对灵魂(其成分依据《蒂迈欧》)的解释就是以"'相似者相知'原则"开始的(Cornford,《柏拉图的宇宙论》,前揭,页 64 以下,尤见注 3)。

好像这篇对话完全没有关注 γένος（从而也即普遍性）和 ἀρχή（从而也即 principio[原则]），那么这就令人感到奇怪了。事实上，如果原则被当作开端，那么我们可以说，在《蒂迈欧》中没有什么比预设一个原则（即并非在开端处开始）会更加彻底地遭到怀疑。

灵魂在自身之内包含了同和异的性质以及存在(的第三种形式)，它能够碰触事物并为事物所推动，从而说出那些事物的同和异。在论说的这一发端中具有决定性的不是相似物之间某种抽象的认知亲合力作用，而是独特的循环性。这种独特的循环性既从属于论说本身，也从属于先于论说且被论说预设的行为（comportment）。这循环性类似于这些对话有时或多或少以神话风格讲述的回忆（ἀνάμνησις）。通过触及与其他存在者相同或相异的存在者，灵魂可以被推动，因为这些处于自身的同和异中的存在者，抽取出了位于灵魂内部的存在者、同和异；这如同看两根相同的棍子时，我们会回忆起等同性本身，而这等同性本身已经在灵魂中。灵魂在触及事物的时候可以被推动，是因为它自身反过来也被碰触了，在被碰触的过程中有某种东西被抽取出来。但是，最终从灵魂中抽取出来的东西并非正好是存在者、同和异，而是将这三者一起编织于其中的论说，灵魂之所以能够说出这一论说恰恰是由于从属于灵魂的比例和圆环。而且如同对等同性本身的回忆使我们能够把握确实等同的事物一样，论说也是如此。从灵魂中抽取出来的论说具有真实地（ἀληθής）言说的能力，因而可以揭示诸存在者的同和异。①

---

① 这里没有试图重构《斐多》(74a—75b)中讨论等长棍子之例的文脉，只是提请注意，此文脉与《蒂迈欧》中对论说的讨论一样，是关于灵魂的讨论。这一关于等同性的讨论也许最突出地指涉了相应的循环性。一方面，苏格拉底(以一种探问的形式)说，正是通过看诸如等长的棍子这样的东西，我们获得了关于等同性本身的认识(74b)。但另一方面，我们在第一次看见等同的事物或想到等同的（转下页）

如同灵魂虽然是生成者，却不可见，灵魂的论说也是听不见的：它是没有声音（voice，φϑόγγος）、没有声响（sound，ἠχή）的言说。蒂迈欧没有提供任何迹象以表示乾坤的身体参与了灵魂的发言，乾坤的身体在任何情况下都不具备有声发言所必需的听力和呼吸功能（见 33C）。这灵魂的发言不与身体相伴，不需要受缚于身体的产物及其发声产物，不远离它所言说的东西，不远离在它之中被说出来的东西。① 或者，更确切地说，这种不背负任何肉体的发言能够说出它要说的东西；在它之中被说出来的东西可以（在生成者的领域内）尽可能地接近它要说的东西，即接近可认知 εἴδη，也即接近理智性事物（the noetic）本身。

通过描述这一发言如何实现的方式，蒂迈欧暗示了这种接近性。如果被说出的东西是可感知的（τὸ αἰσϑητόν），那么对于这种被散布的存在者，所牵涉的正是异圈，正是异圈实现并显示了遍布灵魂的无声发言。但是，如果被说出的东西其存在是不可分的，那么所牵涉的就是同圈，是它实现了无声的陈述。暗示这种接近性的是这样一个语词，蒂迈欧在此用这个语词表示在其他情况下被称为不可分或自身同一之存在者的东西：现在他称之为 λογιστικόν，这样他就悄悄用被说出之物的名称代替了 τὸ νοητόν［可

　　（接上页注①）观念之前就必定已具有了等同性之知识，"所有这些都在追求等同，但都缺乏等同"，也就是说，我们只有在已经拥有等同性知识的条件下才能理解等同的棍子（75a）。在这一讨论的开头，苏格拉底的说法几乎没有表示这只是有关相似者之间亲合关系的问题：

　　　　因此，所有这些［例子］都表明，回忆可以由相似的事物引起，也可以由不相似的事物引起。（74b，重点标记是此处加的）

① 这段话可以与《泰阿泰德》中的一段话相对照（当然，文脉完全不同），在《泰阿泰德》中，苏格拉底将思考（διανοεῖσϑαι）描述成：

　　灵魂对自身的言说（λόγος）……不是通过声音（φωνῇ），而是通过自我沉默（σιγῇ）。（189e—190a）

认知的事物](人们认为其与τὸ αἰσθητόν相对)的名称。①

某些东西从言辞中产生。蒂迈欧说,当异圈显示出它在整个灵魂周身所说的东西,那么意见(δόξαι)和信念(πίστεις)就产生了;更确切地说,正确(ὀρθός)运转的圈通过其发言产生了坚定且真实的意见和信念。另一方面,当同圈平滑运转,宣布它所说的东西,那么νοῦς和知识(ἐπιστήμη)就必然产生。因此,乾坤灵魂的论说并非表达了先于它的意见或知识,而是引发了意见或知识。首先,灵魂触摸,被推动,然后言说,然后从它的发言中产生意见、知识等等。甚至νοῦς也是这样的产物,即在论说中并通过论说,νοῦς被从灵魂中抽取出来,与其被置入灵魂时一样。灵魂的论说显明了被置入灵魂的νοῦς。

似乎正是在灵魂的论说中,刚刚得到具体呈现的灵魂已经被解除了负担。似乎正是在发言中,灵魂可以避免与身体的接触,并开始自己的上升运动。然而,在蒂迈欧的话中有一个暗示,即这种上升运动并非无条件或没有麻烦:因为即使接近于纯粹理智性事物(同圈会在其中实现它的论说),从这一论说中产生的νοῦς和知识据说也都源于必然(ἐξ ἀνάγκης)。即使在νοῦς的上升计划中,在它的这一工作或行为中,也将隐蔽地暗示了必然性。

三、星　　空

一个喜悦的时刻继而出现。而且,正是在这一时刻,神突然产生了一个想法,即把他的这个已令人喜悦的产品造得更像其原型。也正是在这一时刻,与其他优秀工匠一样,他接着制造他所预见的

---

① Proclus 注意到此处的λογιστικόν不是指思考或说话的人,而是指被说或被思考的东西(αὐτὸ τὸ νοητόν)(《柏拉图〈蒂迈欧〉义疏》,前揭,2:312)。[中译编者按] λογιστικόν见 37c,该词词尾-ικός不限定主动还是被动,因而该词可译作"智性事物"。

第二章 乾坤的生产

东西。在这一制造中并通过这一制造,时间本身被造出来。

然而,至少在开始时,支配蒂迈欧关于这种时间之论说的不是生产的形象,而是生殖的形象:当它的父亲看它处于运动之中,富有活力(因为它是一个生命体,在其灵魂中,各种各样的圆圈旋转起来),他感到喜悦。尤其当他视其为为永生($αἴδιος$)诸神建造的圣所($ἄγαλμα$)时,他心满意得。这里用来描绘乾坤的词$ἄγαλμα$可以只表示一件令人喜悦的东西,例如一件合诸神心意的礼物或者一件纪念某神的雕像,因此它可以引申为一个影像,不过是一个特殊种类的影像,一个表现神本身的影像,在其中神得到呈现。但是蒂迈欧的论说使人更深刻地联想到该词的其他含义:该词可以表示动物的脑壳,暗示这一生命体(即乾坤)具有一个头的形状(没有四肢)[1],因此体现了这一论说本身的头的(heady)特征。最重要的是,该词表达了圣所的含义,即为诸神建造的圣所。[2] 正是在这位神打算开始的生产之中,他将造就永生诸神并将他们安置于这个为他们准备的圣所中。只有到那时它才成为一个影像,但不是这些神的影像,而是比他们更高级之物的影像。

蒂迈欧接着说:由于感到很大喜悦,他想到要将其造得更像它的范型。更准确地说,在一种沉思中,这一想法向他显现,出现在他的心中($ἐπινοέω$),通过这种沉思,某种设计展现在他眼前。[3]

---

[1] Rémi Brague,《柏拉图与亚里士多德的时代》(*Du Temp chez Platon et Aristote*, Paris,1982),页50。

[2] Margel 将$ἄγαλμα$译为 sanctuaire[圣所、庇护所](见 Margel,《匠神之墓》,前揭,页92)。Cornford 则译为 shrine[神殿]并在此处作注说永生诸神"必须一直在这空着的神殿占据着他们的位置"(《柏拉图的宇宙论》,前揭,页101)。Brague 注意到:"宇宙是永恒诸神的圣所(sanctuaire),而非他们的影像。"(《柏拉图与亚里士多德的时代》,前揭,页50)

[3] Margel 用$νοέω$来与$ἐπινοέω$相对照。不过,前者指清晰的领会,有明显的观察对象,而且更具体地说,与它所领会的可认知内容有直接的关系,而后者表示"想要做什么;事情是后来发生的,因此加了介词$ἐπί$"(见 Margel,《匠神之墓》,前揭,页90)。

然而,此设计必定有局限,因为范型(生命体的本质)是永恒的(αἰώνιος),而此性质不能完全传递给任何的生成者。正是这一有局限的设计——因为乾坤是一种生成之物——此时展现出来,首先作为这位神突然的想法,然后作为一种生产——或生殖——行为。在此著名段落中陈述的这一展现,几乎总是显得如此可靠,以至于允许我们完全不受责难地从中分离出一个公式(formula),它明确规定了柏拉图所认为的时间本质。直到最近,主要是布拉克(Rémi Brague)的著作将这不证自明的局面打破了,从而重新开启了对这段话的再阐释,并质疑几乎从头至尾来源于这段话的传统公式。

下面的译文取材于这一新开端,此开端质疑所谓的柏拉图式定义:"时间就是永恒者的活动影像。"

> 制造永恒者的一个活动影像的想法出现在他心中;为了使天穹有秩序,他将天穹制造成永恒者的一个影像,这影像保持着统一性,依据永恒的数来运动,我们称此影像为时间。(37d)

布拉克指出,认为时间是永恒者的活动影像的传统规则,其流行比人们可能料想的要晚得多。在中期柏拉图主义之前的早期证据中,没有发现这种规则,特别是柏拉图的直接或间接弟子都没有引用过它,它也根本没有进入他们开创的理论。相反,我们发现时间的特性被描述为是太阳或宇宙本身的运动。即使在斐洛和普鲁塔克那里也还没有这种古文献学述(doxographic formula)。只是到了普罗提诺,这种传统界定才被系统地阐述为柏拉图时间观。因此,只是到中期柏拉图主义时代,这传统规则才被如此地建构起来。①

　　这段话本身有几个特征使人们对于用传统规则来替代它感到犹豫不决。可以确定,这段话一开始的从句就调适了永恒者的活动影像,虽然还没有提到时间。这就留下了永恒者的这种活动影像是否指时间的问题。永恒者的活动影像是作为这位神的思虑对象而被引入的,这一思虑显现于他,在他面前展现了某种设计。这一思虑导向制造:它是关于制造一个永恒者的活动影像的思虑。

　　这里,$αἰών$一词应如何理解?我们非得要想当然地将其译为 eternity[永恒、永恒者]么?这个词可以指人的寿命或一生,也可以表示一个不确定长度的时间段,因此可以指一个时代或世代,从这个含义出发,可以引申为某种类似我们所理解的"永恒"的东西,但一般而言只有在名词位于介词后的情况下才有这些含义。②该词有两种与名词相对应的形容词形式:$ἀίδιος$——这是一般形式——和$αἰώνιος$。前者刚刚被用以描述生命体的本质即范型,而后者被用于这一著名段落,在柏拉图之前没有出现过。后者的准确含义并没有足够清楚,以致必然译为 eternal[永恒的]。为确定这些词的含义,最适当的方式是严格遵守这段话本身的提示:根据这段话所言,这种$αἰών$"保持着统一性($μένοντος\ ...\ ἐν\ ἑνί$)",换言之,对$αἰών$的界定是:保持统一,具有整体性、唯一性、与自身保持一致,其存在是永恒自身同一的。如果我们同意保留将$αἰών$译为 eternity 的传统做法,那么我们需要坚持认为该词表示(而且只表示)永恒的自身同一。只有这一含义将该词与理智性的或可认知的东西联系起来。非常明显,我们需要将$αἰών$的含义区别于 ae-

---

① Rémi Brague,《柏拉图与亚里士多德的时代》,前揭,页 11—27。
② 同上,前揭,页 29。

ternitas 一词将具有的含义,如在奥古斯丁那里,后者表示永远不会过去的现在,永恒的在场。①

这段话涉及由这位匠神作出的两个行为:一个是排序,即调整次序($διακοσμέω$),一个是制造($ποιέω$)。传统的解释将这两个行为相区分并指定了不同的行为对象,虽然它们同时($ἅμα$)发生:被加以排序的是天穹,被制造的是永恒者的影像,即时间。但最近的研究显示,对于这部分的更自然的解释应该是:他按照次序制造了天穹。② 这一解释不仅倾向于取消这两种行为的彼此区分,而且表明神所造的是天穹,而不是某种不同于天穹的影像,不是随后又被当作时间的不同影像。因此,影像一词并非制造的直接对象,而是天穹的同位词,即它说明了作为神之造物的天穹的特

---

① 奥古斯丁写道:"至于现在,如果永远是现在,从不变动而成为过去,那么现在就不是时间,而是永恒。"(《忏悔录》XI.14)当他以心灵的延伸(distentio animi)来定义时间,他就再次肯定了已经在中期柏拉图主义时期实现了的从宇宙秩序向心理秩序的转变。奥古斯丁反对将时间与天体相联系的观点:"我曾经听一个博学的人说时间只是太阳、月亮和星星的运动,但我不同意。"(《忏悔录》XI.23)

② "古代的读者……由于事先假定了这一文本应该包含的意思,所以为了使这种假定能成立,他们选择了一种不大自然的解读。这种解读认为,直接宾语有两次被置于支配它的动词之后,并与动词相隔,第一次隔了一个词 $διακοσμῶν\ ἅμα\ οὐρανόν$,第二次隔了八个词 $ποιεῖ\ μένοντος\ αἰῶνος\ ἐν\ ἑνὶ\ κατ'\ ἀριθμὸν\ ἰοῦσαν\ αἰώνιον\ εἰκόνα$(37d6)。我们知道,在柏拉图时代,希腊语句法的正常语序是:主语—宾语—谓词(动词)……我们也知道在柏拉图和演说家那里,宾语—谓词的结构有相当大的优势……另一方面,这句话开头的方式一直被认为清楚地表达了这样的结构:$διακοσμῶν\ ἅμα\ οὐρανόν$(现在分词/副词/宾语)。这种结构的确存在,但很罕见……至少据我所知,在柏拉图那里没有这种结构。另一方面,有一种比较频繁出现的结构(我们知道八个例子),在这种结构中,副词也同时紧接着独立现在分词……因此,认为我们讨论的这个句子用的就是这种结构并没有什么不妥。于是,我们可以这样理解这句话:'然后,为了完成他的排序工作,他制造了……'这种在柏拉图文本其他地方也出现过的结构,在这里的好处是可以解除对"天穹"一词的束缚,使其不再依附在它前面的动词,而是自然地与接在它后面的词相联。这样,造物主所制造的就是天穹,而不是被我们称为时间的影像。"(Brague,《柏拉图与亚里士多德的时代》,前揭,页44—46)

征。我们甚至可以进一步解释,天穹不仅是制造的对象,而且也是排序的对象;如此,两个行为结果就有着共同的对象。① 事实上,副词ἅμα[立刻、同时]表明,神对天穹进行排序与他将天穹制造成为永恒者的影像,这两个行为完全是同一个行动。

那么,神所排序和制造、几乎作为一种补记(afterthought)的天穹是什么呢? 从某种意义上说,他已经制造了整个乾坤,塑造了它的身体和灵魂并将灵魂置于身体之中。天穹是与乾坤不同的东西么? 可以肯定,在其论说的开端,蒂迈欧是将天穹(οὐρανός)看成和乾坤(κόσμος)一样的,也即等同于可感之万有的整体(28b)。不过,在更早的克里蒂亚的论说中(22d,23d),οὐρανός一词明显有其一般含义:天穹,天,即与大地相对的天空,因此它不包括大地。当蒂迈欧将天穹等同于乾坤时,他正是将这一限定移除了。然而,在其第一篇论说的后来几段中,他又使用了该词的限定义(39d,47a—b)。在关于时间的这段话中,οὐρανός也主要是用此限定义,只是不太明显:它表示天空,尤其被当作天体活动的区域,即星空。

那么,神在这一阶段所造的就是:星空。在这一制造中,他接管了已经安置好的东西:乾坤的身体,尤其是属于上部的与火相关的部分,以及乾坤灵魂——其仍然不可见的那些圈已旋转起来。为了制造星空,神只有先制造天体,然后将它们置于已经由乾坤灵魂中的圈所规定的轨道中,使它们按这些有秩序的运转移动。因此,神在同一个行为中既制造了天穹又使其具有秩序。正是这有秩序的运动具有关键意义:蒂迈欧也扩展了οὐρανός的含义以使其与κόσμος的含义一致,这种方式恰恰表述了κόσμος一词已经表述过的内容:乾坤成其为乾坤,正因为它运转有序。

---

① Rémi Brague,《柏拉图与亚里士多德的时代》,前揭,页 47。

神所制造的活动影像就是星空，即处于规则运转中的众天体（也包括太阳、月球及行星）。通过将天体置于由乾坤灵魂中的旋转所规定的各种轨道中，神就制造了一个在灵魂中的有序旋转的可见影像；通过使这些旋转可见，他相应地（in turn）为置于灵魂中的理智秩序制造了一个运动且可见的影像。但是由于此秩序具有理智性且可认知，因而它本身是永恒自身同一的。在制造星空的过程中，神制造了一个保持着统一性的永恒者的活动影像。此活动影像的运转是有秩序的，而且严格说来是依据数来运转。

按传统的翻译，这段话也将此依据数来运动的影像赋予一种永恒的影像的特点（此处用对应于 αἰών 的形容词形式 αἰώνιος）。根据这个特点，就会有一种永恒者的永恒影像，因而永恒就不会限定在理智性事物一边，这使疏解者和译者们感到困惑。① 我们可以试着这样解决这个困难：应该注意，众天体即将被等同于天上的诸神，具有永生的特性，他们的永恒存在由匠神保证。但这一描述所用的形容词形式是 ἀίδιος（40b），而不是关于时间的这个段落中所用的 αἰώνιος，同时我们可以猜想这两种形容词形式的一贯区分表示了理智性事物与天上诸神之间的明显区分，在这种情况下，αἰώνιος 被限定于理智性事物。根据对这句话的传统解释，既然情况并非如此，那么看来更好的办法是布拉克提出的假说：可以对这句话作出如下解释，将形容词"永恒的"（αἰώνιος）关联于数（ἀριϑμός），而不是影像（εἰκών）。于是，我们可以（按上述解释）来翻译："一个依据永恒的数运动的影像。"这样，被当作永恒的不是

---

① 例如 Cornford 就提请注意这个特征，并在译文中使用了单凭这一文本不足以证明的区分，即 everlasting[不朽的]与 eternal[永恒的]之间的区分。这种区分在古希腊文本中并不存在。依据这一区分，他将这句话理解为影像是"不朽的影像"，而影像的范型是"永恒的"（《柏拉图的宇宙论》，前揭，页 98，尤见注 1）。

影像而是数。这一影像(即星空)在其运转中受到数的支配。① 星空的永恒(perpetuity),天上诸神的永恒必须由匠神来保证,与之不同,数在其构造上的永恒(eternality)是内在固有的,和理智的。

无论我们怎样处理这一难题,这段话的含义仍是完整无缺的。它一开始说道:通过塑造众天体并将它们置于已为它们规定好的轨道中运行(其轨道依据乾坤灵魂中旋转的圈而得以规定),匠神制造了或者有序地安排了星空。接着,这段话用了一个同位语——第一个同位语:因而,他将天穹造成为一个保持统一性的永恒者的影像,此影像依据数来运动。然后,他以给时间命名作结,在引入时间时将其当作第二个同位语:这便是我们称之为时间的东西。

那么,时间是什么呢? 倘若我们认可这段话的同位结构,就可以说:时间与此影像相同,此影像又与星空相同。因此,我们可以说,如传统公式所言,时间是永恒者的活动影像——但必须满足下列条件:我们也宣称时间与星空相同。作为永恒者的影像,时间就与星空无异。按布拉克的界定,时间是"由数所支配的天穹的运转"。或者,仿效蒂迈欧自己的说法,星空是"我们称之为时间的东西"。必须强调"我们"、"我们称",目的在于将时间当作有死者所赋予的名称,用来指称一种更正确的说法(一种神的语言)所谓的"根据—数—运动的—天穹"。②

然而,这个同位语应该如何更准确地理解呢? 时间——至少我们称之为"时间"——是如何与星空相同的? 因为即使我们确认它们的相同性,但既然我们用了两个名称,那么某种区分就已经在起作用。

---

① Rémi Brague,《柏拉图与亚里士多德的时代》,前揭,页 65—66。
② 同上,页 61—63。

蒂迈欧说,时间与天穹一同($\mu\varepsilon\tau$' $o\mathring{v}\varrho\alpha\nu o\tilde{v}$)产生,即时间与天穹是同时($\mathring{\alpha}\mu\alpha$)被造的,因而,如果有一天它们被瓦解,那也会同时瓦解(38b)。然而,这种共在并非简单的共时:$\mathring{\alpha}\mu\alpha$一词必定指一种不能归约为时间上共时的共在,因为此处标明,时间的产生这个事件预设着,共时性(simultaneity)已经率先成为可能。这类似于蒂迈欧后来在讲述"天穹产生之前的"(48b)事物状态时所用的"在……之前($\pi\varrho\acute{o}$)";既然这种状态也先于时间本身的产生,那么其在先性就不能归约为纯粹时间上的在先。

然而,即使在蒂迈欧如此明白地讲述这一共在本身之前,事实上,紧接着这著名段落,他就讲了神如何在制造天穹时一道制造时间。在他对此双重行为的解说中,$\mathring{\alpha}\mu\alpha$一词也表示共在性和同一性:

> 因为在天穹生成之前没有昼、夜、月和年,但按他的设计,它们应在天穹得到构造的同时($\mathring{\alpha}\mu\alpha$)产生。它们都是时间的组成部分($\mu\acute{\varepsilon}\varrho\eta$ $\chi\varrho\acute{o}\nu o\upsilon$)。(37d—e)

因而,在制造天穹的同时,神也制造了时间的各组成部分,即昼、夜、月和年。但正如蒂迈欧接着所解释的,为了制造时间的各组成部分——如此推测起来,也为了制造时间的整体——神必须制造众天体,它们的运转分派了时间的这些组成部分并使之可见:

> 为了使时间生成,太阳、月球和其他五个星体——它们被称为漫游者($\pi\lambda\alpha\nu\eta\tau\acute{\alpha}$)——生成了,用来确定和守护时间之数。神造出所有这些星体之后,将它们放在异圈的运行所依循的那些轨道上,七条轨道对应七个星体。(38c—d)

这七个星体的旋转，连同按照同圈旋转的恒星，共同分派了时间的各组成部分。这就是蒂迈欧称这些星为各种具体时间的测量仪(ὄργανα χρόνων)(41e)和时间的测量仪(ὄργανα χρόνων)(42d)的原因。恒星的旋转产生了日和夜，月球的旋转分派了月，太阳的旋转则确定了年。蒂迈欧提出，其他天体的旋转也度量了时间的一些部分，虽然人们还没有发现它们，因而没有为它们命名。他提到一种时间的整体，完整的时间之数(ὁ τέλεος ἀριθμὸς χρόνου)或者完整的年，当所有天体都回到同一个地点，所有的旋转都一同完成的时候，这完整的年就过完了。

然而，时间到底是什么呢？蒂迈欧在一个段落中直接回答了这个问题。在这段话中，他提到那些我们所不知道的旋转以及没有名称的时间部分。他说："他们不知道这些天体的漫游(πλάναι)是时间"(39d)。时间或者说这些漫游最终之所以被确定为永恒者的活动影像，并非仅仅由于时间分派是某种理智性的算术规则的范例。毋宁说，具有决定意义的是，如蒂迈欧所明说的，时间"模仿永恒者并根据数来循环"(38a)。时间与围绕着同一点的循环相关，如太阳每天绕着地球转，但更关键的是，按其循环，太阳每年完全相同地绕完相同的圈（因而太阳显然分派的是年）。鉴于永恒者永远是同一的，而且永恒(αἰών)正是这一永远保持的自身同一，因而天体总是绕着相同的圈，而时间正是这些循环和漫游。

这便是时间。或者说，这最接近《蒂迈欧》对此问题（即时间是什么?）提供的答案。如果这个答案看起来似乎仍不完满，它只是将时间等同于星体的漫游——虽然如此，我们也不得不以某种方式从这些星体的漫游中辨别出时间——那么可以认为，这一缺陷指出了这个问题本身有缺陷，甚至不恰当。因为，当我们问"时间是什么?"的时候，我们是在问时间的本质(the proper)，而没有同时间时间是否有这样一个本质，一个它本身。或者，译回古希腊语，"时间是什么？"的问题预设了时间有这样一个什么，即有一个εἶδος。时间有εἶδος么，像我们可以说石头有其εἶδος、外观一样？能够通过这种εἶδος，在它之中、由里向外发出光芒，有如破土而出、进入明亮的阳光一样显现自身么？或者，时间这一名称是否并非用来表示星空是一个怎样的影像？（这里的影像既不是某个εἶδος或别的什么东西的影像，也不是属于每个εἶδος本身的永恒者、永远自身同一者的影像）。那么，恰恰在这一意义上，时间这一名称是否并不表示星空何以是所有影像的影像？（星空这样构成"所有影像的影像"，它以诸可见的诸循环量度出时间的诸部分——可却没有量度时间本身）。与χώρα这一名称相似，时间（χρόνος）表示了某种有关影像之可能性的东西，而不是指特定事物是其影像的那种εἶδος。

蒂迈欧接着说：为了有一个明亮显眼的尺度（μέτρον ἐναργές），为了使这天上的尺度（即对时间各部分的分配尺度）成为可见，神把从地球算起的第二个星球（即现在我们所说的太阳）点着了火，从而使整个天穹充满了光芒。因此，神不仅将νοῦς置入乾坤，在那里塑造理智性事物的范例和仿造品，而且当νοῦς置入可见物之中时，它被点燃了，放出光芒，于是那些在乾坤之中的、本身拥有νοῦς的生命体就可以看见它。蒂迈欧说：神点燃了火，"它所适应的一切生命体都可以一起分享数，从同和相似的旋转中认识数"（39b）。在乾坤中，不仅有理智性事物，如十分显著的可认知秩序，而且通过它的显明，有一种对νοῦς之运用的召唤。

为了使乾坤与其范型相似，乾坤作为一种生命体，必须包含νοῦς能够在生命体的范型中加以辨识的所有生命体；它必须包含全部四种在理智性模板（the noetic model）中可辨识的类型，不仅有天空中的诸神，而且有在空中飞行的，在水中居住的以及在干燥陆地行走和生活的生物(因而分别对应于火、气、水和土)。第一种类型是神圣的,匠神主要用火来制造,从而使之尽可能明亮。他把它们造成球形,由同一性所限定,并因而仿照自身同一之存在的影像;而且他使它们进行均衡旋转的同时围绕一个更大的圈循环。这些"神圣而永存的($áidios$)生命体"就是恒星和行星(40b)。

蒂迈欧说,匠神也将地球制造成日和夜的守护者和工匠($δημιουργός$),而且是天穹中最早最年长的神。此处,天穹$οὐρανός$的含义明显扩展了:现在它不仅指上界的星空,而且也指下界的地球。但我们不清楚为何说地球比其他的天上诸神如太阳、月球和众行星更年长,它们也被要求守护并制作时间。看来所有这些时间的守护者和工匠都是同时被造出来的,与时间的被造同时。如果在另一方面,地球不知何故更年长,那么就再次证明该论说不合秩序(就像在乾坤身体和灵魂的内容部分):如果地球更年长,那应该首先讲述地球,至少如果我们遵循从开端开始的指令的话。如果地球更年长,那它必定先于对星空的制造(这种在先不能归约为时间上的在先);它的存在必定先于天穹的产生,而且,它将证明蒂迈欧关于星空的论说以绕回一个更早的开端作为终结。这一回归因而预示了一个相同类型的转向,它将出现在从蒂迈欧第一篇论说到第二篇论说的过渡中,这一过渡以回到"天穹产生之前"的事物状态为开端,而且也宣布了这个开端(48b)。因此,看来将地球称为养育者($τροφός$)并非完全偶然,这一称呼在《蒂迈欧》很远的后文中(88d)将用来称呼$χώρα$。

另一方面,的确有一篇论说说到地球是最古老的,只有$χάος$[混沌]先于它,即赫西俄德《神谱》(*Theogony*)中所说的:

最开始,混沌产生,接着是胸怀宽广的大地,它永远是万物的可靠根基……然后,大地首先生出星空,星空与大地一样大,完全将她覆盖并成为受尊敬的诸神的永远可靠的居所。(116—117,124—126)

因而,蒂迈欧的论说实际上通过坚持地球的在先性而与传统的 μῦϑος[故事、神话]联系起来。而且正是在这个略微触及传统神话的地方,蒂迈欧作了这样一个结语:

> 但是,这对我们已经足够了,让我们到此为止,不再谈论(εἰρημένα——这样他就避免用 λόγος 和 μῦϑος)这些可见的被造神的本性了。(40d)

四、诸神与凡人

然而,除了那些在星空中表演合唱舞蹈(choral dance,即 χορεία)①的可见、生成的神之外,还存在其他的诸神。他们正是诗人们所歌咏的神,赫西俄德讲述的正是这些神的谱系和出身,而且蒂迈欧此时要开始谈论的也是这些神,既然他关于地球的论说触及了传统 μῦϑοι[故事、神话]。其实,蒂迈欧就称他们为"其他神",他用 δαίμων[精灵、命神]来代替 ϑεός[神]以示区分。

他以明显的反讽方式说:要弄清他们的起源是个太艰巨的工作,因而我们必须信任那些已经对这些其他神有过说法的人们。蒂迈欧评论说,那些已经做过这种陈述的人们,如他们自己所断言的,是诸神的后代(ἔκγονοι)、子孙。接下来的话使反讽更确定无

---

① [译按]指众天体的循环运行。

疑:尽管这些后裔所言缺乏证明(ἀπόδειξις),但我们必须相信他们,因为他们所讲述的是家族的(οἰκεῖος)事情,即与家庭、家人、自己家族相关的事情。区别很清楚:这些其他的神和讲述他们故事的后代与家族、家庭、血统、世系的秩序相关,而天空中的诸神由神圣的匠神所造,因而源于生产的秩序。

蒂迈欧仿效,或假装仿效他们的后代之所言,接着叙述了这些其他神的谱系。他的讲述模仿赫西俄德的神谱:这一谱系从地神和天神开始直到宙斯和赫拉,而且也概括地提到他们的后代,其中也隐含着讲述这些世系的人们。十分奇怪的是,这一故事中看似连贯的世系演替有一个错误,一个不连贯之处。按他的说法,从俄克阿诺斯(Oceanus,大洋神)和忒提斯(Tethys,所有河神的母亲)生出了弗耳克斯(Phorcus)、克洛诺斯(Cronos)、瑞亚(Rhea)以及整整一代神。但是,按赫西俄德的说法,弗耳克斯不是由俄克阿诺斯和忒提斯所生,而是海神涅柔斯(Nereus)和地神的后代。① 而且,他与其姊刻托(Ceto,其名字意指海怪[sea-monster,κῆτος])交配并成为戈耳工(Gorgons)②——尤其美杜莎——这样的怪兽(monsters)的父亲。③ 总的说,弗耳克斯被当作海怪们的父亲或首领。④ 因此,在蒂迈欧提供的谱系中出现了奇特甚至怪诞的(monstrous)事:一个未曾宣明的奇怪性(monstrosity)时刻,打断了世系的连续演替。这一谱系产生了重述生殖、生育、ἔρως的问题的效果,重述的形式(form)或变体(deformation),正是该问题在苏格拉底的城邦论说之中及其前后突然出现时采取的形式。不同于被断言为后代专有遗产的传统故事,也不同于这

---

① 赫西俄德,《神谱》,页 237—239。
② [译按] 即三个蛇发女妖,其中以美杜莎[Medusa]最为有名。
③ 赫西俄德,《神谱》,页 270 以下。
④ 《牛津古典辞典》,前揭,词条"弗耳克斯(Phorcys)"。

些故事中世系的连贯性和可推断性，在蒂迈欧的谱系中，世系和生育的次序受制于不连贯性和不可预测性。

《蒂迈欧》中这个部分的全部内容都明显编织在对立的两极之间，一极是生产的秩序，另一极是ἔρως、生殖、生育、世系的秩序（或最概括地说是φύσις的秩序）。因此就有了由神圣的匠神所生产的天空中的诸神和出现在家系和生育故事中的其他神。奇怪的是，在匠神自己对全体神的致辞中，他自称的方式同时表示两种秩序：他既称自己为工匠（δημιουργός），又称自己为父亲（πατήρ）（41a）。稍后，在那个生育的新起点，正好在天上诸神制造凡人的身体并在其中黏合其他类型生命体的灵魂之前，蒂迈欧提到了作为父亲的匠神和作为其子孙的天上诸神（众星体）（42e）。这隐含的意思是，虽然这位神是制作乾坤的杰出工匠，但他为了完成这一制造，不能不进入另一个秩序当中，即生殖和生育的秩序，亦即世系的秩序和奇怪性（monstrosity）的无序。

紧接着这一谱系，这篇论说插入了（doubles up into）一段有关一篇论说的论说，即言论中的言论：蒂迈欧讲述了匠神对全体神的致辞。似乎所有神一出生，他们就聚集在神圣的匠神跟前。他对他们讲了出生与死亡。他向他们承诺并以其意愿保证他的承诺不会改变。他明确告诉诸神——两种类型的神都在那儿倾听——由于他们是被生或被造的，所以他们的联结并非不可解体，他们并非不朽。这一宣称，如果是绝对的话，那就接近冒犯（outrage）了，至少对于传统意义上被主要冠以不朽（ἀθάνατος）称号的诸神而言是如此。不过，匠神接着承诺说，按其意愿（βούλησις），他会将生与死分离，把出生与必死性隔开，庇护他们避免由于出生而带来的死亡。虽然他们的出生使他们受到死亡的影响，但他保证他们不会招致死亡的命运（μοῖρα）；因为，匠神说，他的意愿会将每个神不可分解地结合在一起，这种结合的纽带比

第二章 乾坤的生产

在他们出生时把他们结合起来的纽带更稳固。① 这就是匠神给予的承诺。接着,他教导诸神要从他那里接收其他类型生命体的不朽灵魂,然后他们要将这不朽的灵魂糅合进他们将要制造的凡人的身体中,即效仿匠神对他们自己的制造。他的演讲到此为止,随后进行的是,照料其他类型生命体的生育。

蒂迈欧描述了神着手这件事的方式:他从之前用过的搅合器中取出剩余的灵魂混合体,对其进行划分,数目和星体一样多;然后将其分配给每颗星,并让他们各自上了神车,告诉他们大全的本性($τὴν\ τοῦ\ παντὸς\ φύσιν$)(41d—e)。② 然后,论说中又一次插入(doubles up)一段论说,虽然此次是间接引述:蒂迈欧叙述了神向这些新灵魂所宣布的命运法则。这些法则有关他们的分派,有关他们各自所接受的份额。神宣称——蒂迈欧说神宣称——这些灵魂将接受什么,完全取决于他们是否控制住了激烈的情感(即混乱),当他们被置入其身体之中的时候(即出生时),他们必然($ἐξ\ ἀνάγκης$)易受这混乱的影响。然后,论说又一次转换:蒂迈欧刚刚还在讲神对生育的预言,现在直接讲述这种生育。他讲述匠神的子孙如何用借自乾坤的火、气、水和土的一些份额来合成身

---

① 因为Margel将《蒂迈欧》阐释为一个整体,这一承诺就有了极大的重要性。此处简短摘录一段:"由于缺乏向世界保证守恒不灭的遗传自主权(a genetic autonomy of conservation)的能力,此时,造物主将发表言论:他将向世界承诺永远不会打破根据模式理想以模仿方式安排世界的纽带。这最后一次表态,从41b开始的关于承诺的表态,既是造物主的有益行为,也显示了他的极端惰性(désoeuvrement)"(Margel,《匠神之墓》,前揭,页56)。另一方面,我们可以假设,在第二篇论说的开端,有一种甚至更彻底的惰性改变了神,这种惰性如此彻底以致这位神根本不出场。

② 这段话可以与《斐德若》中的一段话相对比,在那段话中苏格拉底引入了神车影像,把灵魂比作"一股合力,就好像同拉一辆车的飞马和它们的驭手"(246a)。尤其相关的是苏格拉底关于盛宴的描述。神车在赴宴的路上向上攀升,直抵诸天绝顶,直至享受对存在本身的观照(246e—247e)。参见我在《存在与逻各斯:解读柏拉图对话》(前揭,页140—153)中对这段话的进一步讨论。

体,以及如何接着在这些身体之内——像在一条"大河"(43b)中,在混乱之中——将灵魂的各种旋转结合起来。

在这些谈论凡人出生时所容易遭受的混乱的论说中,似乎有某种混乱。在讲述了新的生育中的混乱运动后,蒂迈欧接着作了一个对照,对比了那些内在[灵魂的]旋转变得正确有序的凡人与那些灵魂运动仍然混乱的凡人。论说中的混乱与这些灵魂运动仍然混乱的凡人有关。蒂迈欧说:他们"残缺不全,没有理智(ἀνόητος),就这样回到地狱"(44c)。然而,他话音刚落,就中断了论说并说道:"不过,这是以后的事。"(44c)他没有说明原因。不过,通过提请对这一明显混乱的关注,他暗示了另一种混乱,并促使我们注意它:因为两种解释之间存在混乱,一种是混乱的灵魂回到地狱,另一种是稍早一点的解释。在这稍早的解释(42a—b)中提到了性别差异,即男性的优越性,接着,在展示给新灵魂的命运法则中提到:那些没能控制住混乱的凡人"将在第二次投生时变为女人"(42b,亦见于91a)。那么,那些依然混乱之人的命运到底是什么呢?他们是(因残缺和无知)回到地狱呢?还是再投生为女人?或者,他们是先回到地狱再投生为女人?如果是这样,那么对蒂迈欧而言,先讲回到地狱再讲重新投生为女人不是会更有序么?即使我们承认这两份论说在层次上的差别,第一份论说是讲向新灵魂宣布的命运法则,第二份论说是叙述这种命运的进程,而且讲得太超前,所以似乎导致了论说的中断。无论怎样,这篇论说都没有像一篇规整的论说大概应做的那样表明这两种命运之间的关系。它们只是外在地结合在一起么?或者在回到地狱与再投生为女人之间有着某种内在关联?女性身体与地狱中的幽灵(shades)有什么干系呢?

在简短地讨论过人类身体——包括以喜剧手法讲述头如何爬坡越坑,也包括对视觉的讨论——之后,蒂迈欧以谈论视觉和听觉的最大好处作结。他说,正是因为我们看见了天穹、昼夜、月份和循环的年,这种视觉赋予了我们数和时间的观念以及研究宇宙本性的手段,并从中产生了哲学本身。如蒂迈欧所论,人类因而具有了提供此种解释的能力,如他自己正在做的。因此,在此处,论说开始揭示自身前提。

但是,不去关注城邦中的人类活动之类事情,而去关心天上的事物,有什么好处呢?视觉的最大好处就在于:通过观看天穹中合乎理智的旋转,我们可以模仿天上的旋转从而在我们自身之内进行这种旋转。这是人类灵魂与乾坤的一种相似,人在自身之中效仿人所见的天穹秩序,在星空的类似物之中制造秩序。蒂迈欧补充说,听觉的好处也是如此,听觉与λόγος以及音乐相关,音乐的和谐有助于恢复灵魂中的和谐。于是,蒂迈欧转入对音乐的谈论,它实质上是一首颂歌,颂扬对于天体的模仿。他的第一篇论说以对这一模仿的歌颂作结,在这种模仿中,人们可以按着天穹的样子,在自己的灵魂中制造出我们所见的天上有序旋转的影像。在这种模仿中,人们也效仿了匠神:正如他依照合乎理智的范型,从而在乾坤中制造它的影像,依据星空的有序运转高超地(preeminently)复制它,我们也可以通过观看天上的有序运转在自己的灵魂中制造出它的影像。

当我们听这首颂歌时,只有极微弱的一点不和谐音。这一不和谐音来自这首颂歌突现之前的一个简短提示。这个提示有关某种别的东西,牵涉神和人以可认知范型为导向的制造,它十分不同寻常而且极少被注意到。蒂迈欧此时正好在谈论视觉,描绘眼皮在睡觉时合上并唤起梦中的幻象(φαντάσματα)。于是,他开始更全面地谈论影像。虽然他说要理解镜中或其他平面中各种映像(εἰδωλοποιία)的制造或形成并不困难(χαλεπόν)(46a),但蒂迈欧经由影像制造问题所导向的这一讨论,会被证明从远处反映了将出现于第二篇论说的影像制造问题,也就是影像的可能性问题,毫不夸张地说,这个问题将会非常困难。

　　蒂迈欧在讨论镜中或其他平面中影像的形成时开始谈到另一种类型的原因,这类原因是辅助性的、附属的、次要的($ξυναιτία$),与主要的范型上的原因一起发挥作用。他提到冷热作用和聚散作用;而且,在对视觉的说明中,他刚刚描述了视觉之火如何与来自可见物的火对接。蒂迈欧说,这种原因不具备$νοῦς$:只有灵魂才拥有$νοῦς$,而"火、水、土、气"之类的可见物则没有(46d)。因此,一方面,主要原因将$νοῦς$置入灵魂,将灵魂置入身体,从而将$νοῦς$作为可认知的秩序置入乾坤,并作为时间,映象着有理智者的永恒。但是,与$νοῦς$无关的辅助因也在起作用。即使是$νοῦς$的呈现所可能带来的最大好处,即对星空有序运动的观看,也要求有这另一种原因——这种非理智原因(anoetic causality)的作用。

　　这一非理智的不和谐音正好在蒂迈欧第一篇论说结尾处向上看(the upward vision)的那一刻响亮地发出。它表明这个结尾更恰当地说是一个中断,同时也预示蒂迈欧的第二篇论说必然会回到"火、水、土、气"这些名称上。然而,甚至在转向这些名称似乎可以(但最终并不能)命名的东西之前,蒂迈欧就用一个名称指称了这另一种原因,非理智原因。此名称在第一篇论说中决非没有出现过,只是到他发表第二篇论说时才得到充分发挥:此名称就是必然($ἀνάγκη$)。

第三章 方 圆

一、另一个开端

在这个结合点出现了双重中断。就在它成为论说的主题时,它划分了论说,从而双重地进入论说。中断论说,目的在于调整方向,转向那足以并且确实中断了 νοῦς 之工作的东西,在中断之前,蒂迈欧的大部分论说都在讨论 νοῦς 的工作。蒂迈欧标记了这一中断、这一结合点:除一小部分外,此前的发言已经阐明了由 νοῦς 所制作的产品,而现在将讨论由必然(ἀνάγκη)所造的事物。因为,他接着说,乾坤是必然(ἀνάγκη)和 νοῦς 相结合(σύστασις)而产生的混合物。在大多数情况下,νοῦς 通过说服来驾驭和支配必然(ἀνάγκη)。因此,宇宙(τὸ πᾶν)在开端中被制造出来,也即以这样的方式:绝大多数生成者都被导向最好状态。蒂迈欧总结说,要说清楚世界怎样以此方式生成,我们还必须引入原因的错误(errant,[译按]或译"不定的")形式(τὸ τῆς πλανωμένης εἶδος αἰτίας)(47e—48a)。

提到由 νοῦς 所生产、制作之物，蒂迈欧用了 δημιουργέω 一词的一个词形，该词指靠 τέχνη、通过 ποίησις 来制造、制作、生产。该词说明蒂迈欧正在谈论匠神的乾坤 ποίησις，这位匠神一再被称作 δημιουργός [创造者]。但是为什么蒂迈欧要将这些产品描述为由 νοῦς 制作的作品呢？正是 ποίησις 的结构又一次被勾画出来：ποίησις 取决于对可认知范型的参照，可认知范型只能出现在理智（intellectual or noetic）的视野，即 νοῦς 中。确实，构成 ποίησις 结构之真正核心的是对范型的这种理智洞察，随后，产品才作为范型的一个影像被造出来。而且，由于受到 νοῦς 的监控，乾坤制造不仅产生范型的影像，而且以一种独特的方式将 νοῦς 安置在乾坤的灵魂中，并因此也是安置在乾坤本身之中。通过将这种制作称为 νοῦς 的工艺，蒂迈欧强调，在理智的视野下制作乃是制作的核心，同时，他也暗指在乾坤中安置 νοῦς。

但是，此时蒂迈欧发现有必要引入的这另一种类型的原因是什么呢？在第一篇论说结束时，其意义几乎全在对理智原因的反对，而它只是作为一种萦回在赞美天体模仿的歌声中的不谐和音而登场。但是，有必要引入的这个必然、这个强行进入论说的必然是什么呢？这种错误（errant）形式的原因是什么呢？——虽然这种假设最终将被证明极为可疑，但是当前，我们不妨假设能够以"τί ἐστι [什么是]……"的问题来提问 ἀνάγκη，假设可以通过询问它是什么来恰切地审视 ἀνάγκη。蒂迈欧对比了 ἀνάγκη 与构成乾坤 ποίησις 之中枢结构的 νοῦς 的工作，他谈的不是由 ἀνάγκη 所造之物，而毋宁说是生成者。《法义》(Laws) 中的一段话提供了理解此含义的一条线索，在这段话中，ἀνάγκη 与或然（chance）紧密相连：当那个雅典人讨论火、水、土和气——正是蒂迈欧将要讨论的——时，他说它们运动和相互作用的方式是根据来自必然的或然（κατὰ τύχην ἐξ ἀνάγκης），与由 τέχνη 所决定

第三章 方 圆

的事情相对(《法义》889c)。① 如此一来,如果我们要将ἀνάγκη翻译为必然,那么就必须坚持该必然不是法则的必然,不是人们所指的描述某事由法则所限定的那种必然。毋宁说,它是在法则之外发挥作用的必然,它甚至决定了这个外在性本身;这种必然可能是个不法者(outlaw),它既躲避理智的监督——而正是理智决定了ποίησις的合法性,又抵制νοῦς的统治——即便它也回应着νοῦς的劝导。② 这种必然也被称为原因的错误(errant)形式。动词πλανάω的意思是:引入歧途、误导、使犯错。它的被动态和中动态表示:漫步、漫游、游荡。它甚至可以表示:犯错——一个πλάνη可表示一个错误行为或错误。πλάνητες指的是漫游者,尤其指那些在天穹和行星中的漫游者。在将其分词形式(πλανωμένη)翻译为

---

① 在这段话中,或然不仅与必然而且与自然(φύσις)联在一起。事实上,雅典人首先宣称,据说火、水、土和气之存在是依靠自然和或然(to be by nature and chance),而不是依靠τέχνη。然后他根据必然中的或然,进一步将它们描述为处于运动和相互作用之中——似乎是[作为前文的]同位语。

② A. E. Taylor强调,ἀνάγκη不是"科学必然"或"规律(law)统治",因为它是"πλανωμένη αἰτία,即'散漫的'或'无目的的'或'不可靠的'原因"。他说:"因此,它不是'必然的'而是'偶然的',这就是我们看不到任何充足理由的原因。"然而,他认为这种偶然仅仅是由人类知识的局限所致:

如果我们有着完全的知识,我们应该能够发现ἀνάγκη已经从我们对世界的解释中消失了。(《柏拉图〈蒂迈欧〉注》,前揭,页300以下)

Cornford虽然同意Taylor所说的ἀνάγκη与规律有区别,但他看出《蒂迈欧》未必赞同如下主张:只要完全的知识可以获得,ἀνάγκη就仅仅是有待解释的事实的最后残余,而且终究会消灭。Cornford引用了Grote提出的一个说法:

该词(必然)……现在通常被理解为表示固定、永恒、不变的和可预知的事情。在柏拉图的《蒂迈欧》中,它的意思恰恰相反:不定、变化和反常的,既无法理解也无法预知。

与Taylor的意见相反,Cornford坚持认为:

柏拉图没有将宇宙躯体简化为纯粹的广延(extension),而是包含了运动和活性力量,这种运动和活性力量并非由神的理性(Reason)[这是Cornford对νοῦς的大胆翻译]所创立,它们永久地产生不良影响。(《柏拉图的宇宙论》,前揭,页171—76)

errant 的时候,该词听起来有着漫游(wandering)和犯错(erring)的双重意义,前者因而与不确定性相关,外在于——或至少抵制——范型的监管,后者与其指做某种错误的事,不如说是指使通常意义上的错误成为可能,例如在某件事上受骗会使人在处理该事时犯错。①

乾坤在开端中生成,是通过结合 νοῦς 和 ἀνάγκη,或者勿宁说是——假如赋予 σύστασις[结合,字面意思为"站在一起"——译者]一词其完全含义——通过让 νοῦς 和 ἀνάγκη 站在一起(standing together),这不仅指两者相遇、以某种联合方式聚在一起,而且指两者敌对,如两个士兵在战争中面对面站在一起,短兵相接。

蒂迈欧继续说:

> 这样,我们回过头来并接受了另一个开端(ἑτέραν ἀρχήν),这个开端合适于这些类似的事情,现在我们必须再次从开端开始来思考这些事情,就像我们前面思考那些事情一样。(48a—b)

由此,即将产生另一个开端,这是一个不同的开端,不同于蒂迈欧第一篇论说所开启的开端。现在的开端不是提出永恒的东西与生成者之间的区别——即使作为一个问题和意见。现在,蒂迈欧开始讲述的也不是神如何接管可见世界的混乱整体,以使之有

---

① 《法义》在犯错(如游离)与 χώρα 一词(如果它是一个词的话)之间设置了一种语义关联,后者最终将为关于 ἀνάγκη 的论说所导向的东西命名。不过,在《法义》中,这种语义关联与《蒂迈欧》(尤其蒂迈欧的第二篇论说)中的语义关联一样是前哲学层面上的。科目是 krupteia[密巡],据说它提供惊人的吃苦耐劳的严格训练,参加者在冬天赤脚走路,"走(wander,即 πλανωμένων)遍整个乡下地区(χώρα),不分夜晚和白天"(《法义》,633c)。

第三章 方 圆

序。因为仅仅谈论这如何被接管还不是在开端处开始。

现在要求一个不同的开端,如果留意在开端处开始的指令,事实上从一开始就已经如此要求了。现在,蒂迈欧指向所要求的复归(palintropic)运动说:

> 我们必须考虑,在这个天穹产生之前,火、水、气、土的性质本身,以及这些东西遭遇了什么,因为迄今为止还没有人揭示过它们的生成,但我们谈论时就好像人们知道火是什么,知道这些东西中的每一种,并把它们当作诸开端,当作宇宙的诸元素(στοιχεῖα τοῦ παντός)。(48b)

然而,已经如此将火、气、水和土当作元素之后,蒂迈欧又立即撤销了指称:它们与音节没有相似之处,不能认为它们像音节构成了λόγος的单位一样,在φύσις之中构成某种单位。这里所处理的是στοιχείου的本义即音节(作为论说的单位或"元素"),以及将此含义从λόγος范围延伸到φύσις范围的合适性问题,这一延伸在柏拉图《泰阿泰德》①中首次大胆提出来。人们怀疑蒂迈欧[对此延伸]的保留——他声称此延伸不合适——与蒂迈欧即将说到的λόγος与φύσις之间的关系有关,具体而言,关系到在λόγος中试图把火、气、水和土的性质理解为φύσις的初始"元素"时会发生什么。此外,更不用说还关系到火、气、水、土这些名称的不恰当性。

在这段话中,蒂迈欧指出了他第一篇论说中的一小部分,如他所说,这个部分与νοῦς的工作无关。这一部分出现在蒂迈欧开始描述神制造乾坤身体的地方,具体而言是在神据说已取得火、

---

① 《泰阿泰德》,201e。见 Cornford,《柏拉图的宇宙论》,前揭,页 161,注 1。

气、水和土,并将其聚合而成乾坤身体之处。正是在提及他第一篇论说中的这一小部分时,蒂迈欧说,当我们谈论火和其他三者时,好像已知道它们是什么似的,并将此四者视为众开端。但是它们本身是生成的,它们的生成——即使还从未被揭示——毫无疑问将剥夺它们的开端地位。于是,蒂迈欧的第一篇论说就肯定不是从开端开始:该论说是从神取得火和其他三者并着手制作乾坤身体时开始的,因此该论说提前了;它从一开始就已经超乎自身之前。现在,蒂迈欧的任务就是造一个不同的开端,一个可以始于开端处的开端。现在所需要的是一个复归运动:蒂迈欧必须使假定的开端瓦解在更早的开端中,就是说他必须回到第一篇论说所忽略之处。通过回到此前的火和其他三者的生成,他的论说此时将试图赶上自身。

这样的回归——的确,即使只是设想——必定看起来如此古老,以致危及宣告它的特定论说。因为蒂迈欧已经毫不含糊地宣称:正是在制造天穹时,神制造了时间,时间和天穹同时($\H{\alpha}\mu\alpha$)生成。因此,在返回来考虑"在天穹诞生之前的($\pi\rho\grave{o}\ \tau\tilde{\eta}\varsigma\ o\mathring{v}\varrho\alpha\nu o\tilde{v}\ \gamma\varepsilon\nu\acute{\varepsilon}\sigma\varepsilon\omega\varsigma$)"火和其他三者时,蒂迈欧正在返回到时间本身诞生之前的一种时间,那时还没有时间本身。即使宣告这一运动是返回到天穹产生之前的火与其他三者的本性,也要求将之前($\pi\varrho\acute{o}$)替换为一种并非单纯时间上在先的顺序,在这样的顺序中重新界定"在先"——在这个顺序中,同时($\H{\alpha}\mu\alpha$)是指,时间与天穹同时生成。该论说一旦指向一种时间之前的时间,一种时间还不存在之前的时间,它就必定被扭曲,听起来就像在不同的音域中。可是,就人们严格地将对时间的辨识与星空相联系而言,在神使天体在其轨道内运行以便产生作为永恒运动影像的星空之前,是没有时间的,任何类型的时间都没有。这一回归因此就成了一个时间之外的回归,不是从时间到永恒,而是回到一种与时间和永恒都毫无关联的状态下的乾坤。①

无论是被视为属于时间之前的某种时间还是根本就属于无时间(no time)，这另一个开端，这一更古老的开端，必须在蒂迈欧此时制造的新开端中提出来，在这一新开端中，他将如指令所要求的那样在开端处开始。但是，即使他成功了，即使他的论说现在能在开端处开始，也肯定不是简单地从那个开端开始，似乎开端是这样一个节点——论说可以到达这个节点，然后从这个节点继续前进。这一开端的他异性，特别是它的错误(errant)性——以及设想它就像一个战士与 νοῦς 面对面战斗——这些都很难不使我们猜疑，这里一切都不会是简单的或线性的，而论说将被必然本身强迫卷入一种更加复杂的——如果不是疑难的——有关此开端的运动中。

从更广的角度看，可以认为，论说中断于此，是因为某种东西——即蒂迈欧暂时当作生成火、气、水和土的东西——完全超出了到目前为止的论说范围之外。造成这次中断，正是为了发表

---

① Brague 称这一状态下的乾坤为感性的东西(the sensible)：

在《蒂迈欧》中，感性的东西本身不在时间之中……只有在被安排进一个宇宙(天神 ouranos)的意义上它才是在时间之中……至于感性的东西，如果它本身不在时间之中，那么，重要的是，我们要知道它也不在永恒之中。它完全在与时间和永恒之区分相关的领域之外。(Rémi Brague,《柏拉图与亚里士多德的时代》，前揭，页 54)

另一方面，应当注意到，这一前时间的条件出现在几个不同阶段，而不是所有这些阶段的乾坤都可以被同样适当地指称为感性的东西。因而，有一个阶段的乾坤，在这个阶段中，乾坤的身体和灵魂已经被造出来，而且身体中心与灵魂中心被连结在一起；在这个阶段，永恒存在及其秩序已经融合于乾坤之中(于是，它就不仅仅是感性的东西了)，这个阶段之后紧接着就是星空以及时间的制造。我们可以将这一阶段与另一个阶段区别开来，这另一个阶段是只有火、气、水和土的阶段(如蒂迈欧关于乾坤身体之论说的开头部分)。不过，第二篇论说关键之处在于，即使这四者的形成也是在一个条件之下，在此条件下，如蒂迈欧最终所言(《蒂迈欧》53b)，它们只是它们自身的痕迹。

另一论说，一篇不同的论说，它能够延伸到一直处在蒂迈欧第一篇论说之外的东西。因此，这一中断实际上就标示了一种限定，具体而言，就是对第一篇论说和对该论说所严格指向的乾坤ποίησις的限定。该限定与物质材料有关：一切被造之物都是用某种东西制作的。任何通过τέχνη被造的东西都直接或间接地以某种天然之物为前提。这一限定与苏格拉底的城邦论说中的限定相同：在这城邦中，物质材料是各种τέχνη实践所需要的，而物质材料必定最终来自τέχνη秩序之外。实际上，一旦城邦中非必要的欲求被释放出来，这种对物质材料的需要就导向城邦的战争扩张；而正是这种扩张导致了最简单城邦（即工匠的田园式组织）的瓦解。

标示这一有关匠神乾坤ποίησις的限定也将被证明是破坏性的。在标示这一限定时，蒂迈欧标示了对二分的限定，此二分从一开始就决定了ποίησις的结构，并因而统摄关于乾坤制造的整篇论说。在标示对此二分的限定时，蒂迈欧破坏了严格控制着整个第一篇论说的框架——这种控制从该论说开篇提出此二分时就开始了。他破坏了此二分框架的运作，证实了它的缺陷，并因而为整部对话中最关键的一步作了铺垫：为了代替范型与影像的二分结构，蒂迈欧即将宣布存在三种类型。第二篇论说开头部分（直到53c）的主要内容就是对这三种类型的几次计数。这几次计数所规约和框定的论说是整部对话中最难懂、最古老（archaic）也最深不可测的一部分：它是蒂迈欧提供的全部论说的一种开端，是该论说的开端，其实也是整部对话的开端，因为克里蒂亚所立的次序已设定以蒂迈欧的乾坤论为开端。蒂迈欧论说的这一最古老部分是一种嵌入对话中的开端，离整部对话的中间部分不远，似乎既是一个退隐着或自我消解着的开端，又是一个略有偏离的中心，而整部对话几乎以这个开端为中心。不过，反过来看，

第三章 方 圆

该论说中所有的确棘手的问题几乎最大限度地混合在这段话中，关于三种类型的全部论说被聚拢在这个段落里，其中第三种类型被称为 χώρα。这段话，这篇论说，我将称之为方圆说(chorology)。

在蒂迈欧开始之前，在他再次从开端开始（尽管方式不同）之前，就在此开端处，他插入了——在开始之前——一段简短的有关论说的论说，正如他在第一篇论说开始前所做的那样。此时，他宣称：

    我们在这里不会谈论万物的开端——或它们的诸开端，或其他什么看似合适的东西。(48c)

在指出这样一种复数开端的可能性时，蒂迈欧强调，他对于适合此开端之论说的样式问题感到十分犹豫不决：即使是在宣称将不会——至少此时不会——谈论此开端的时候，他也犹豫用什么名字来称呼它，拿不准这名称的合适形式（是单数或复数或……）。但是，为什么他此时不谈论它呢？为什么不在开端处以讲述此开端开始呢？蒂迈欧说：

    因为，按目前的讲述($διέξοδος$)方式，我很难($τὸ\ χαλεπόν$)阐明($δηλῶσαι$：说明，使明白)事物看似如何。(48c)

因此，在这一节点，就存在论说与此开端的某种脱离，虽然论说此时正转向此开端。因而，与对开端的名称和数量的犹豫不决相伴随，论说中有一种预先存在的与开端的分离。这一分离或者说疏远，是为了预先表明：现在，该论说在某种意义上将要提出的开端并不容易讲述。相反，讲述或试图讲述这一开端将被证明是困难、棘手甚至危险的。结果将是：蒂迈欧回避对开端的言说恰好对应于开端对被言说、对（本篇）论说的退避。

但是，"目前的讲述方式"是什么呢？这种在开端范围内难以阐明事物看似如何的论说是什么呢？蒂迈欧回答说：

> 我开始时就言说过近似的论说的功能（τὴν τῶν εἰκότων λόγων δύναμιν），通过遵循这种功能，我将尝试像之前那样，一开始就给出一篇关于每一个事物与总体事物的论说，这论说的近似性不会更弱、反而更强。（48c—d）

于是，在一种近似的论说中，蒂迈欧将谈论天穹产生之前的火、气、水和土，尽管在近似的论说中谈论这些开端也是一件困难的事情，更不用说谈论什么更先于这些开端的东西了。① 事实上，蒂迈欧将要大胆说的是这困难性，即火和其他三者为何如此躲避论说，以致超过某个限度，我们就只有放弃谈论它们的尝试。如果这种放弃是不可避免的，如果开端或诸开端（beginnings）的退避最终导致近似的论说变成只是结结巴巴的（stammering）讲述，那么，我们就必定想知道是否还有第三种论说可以发挥作用，它能够以某种方式成为谈论第三种类型的论说。

蒂迈欧声称：和前面一样，现在，在论说的开端处，我们要请求保护神赐予我们以安全，其含义是请求神提供可以渡过困难之

---

① 此处，蒂迈欧只说εἰκὼς λόγος [近似的论说]，没有说εἰκὼς μῦθος [近似的故事]，而在他第一篇论说的开始处，他在这两种表达方式之间摇摆不定（见29c、29d、30b）。问题在于，在此处出现的限定是否表明对话的这一部分实现了从编造的μῦθος [故事]向真实的λόγος [论说]的转换，这转换最早由克里蒂亚提出并为苏格拉底所确认（见26c—e）。如果该限定被认为有这样的文本功能，那我们还需要考虑，文中已经反复提到的εἰκὼς λόγος（53d、55d、56a、56b、57d）表示了什么。蒂迈欧在一个很惹人注意的段落——即第二篇论说中有关消遣（play）的论述（59c）——中再次提到εἰκὼς μῦθος。

河(διασώζειν)、①跨越深渊的安全通道(passage)。这一诉求的表述奇怪生僻、不恰当、错位——该词是ἄτοπος——且不同寻常,或者就字面义来说是没有ἦθος[居所](即ἀήθης),是缺乏任何惯常位置的表述。

二、方圆的影像

蒂迈欧宣布了这个新开端,标示了这个另外的困难的开端:"这样,我们的论说重新开始"(48e)。他一开始就回到开端,回到第一篇论说的开端,回到该论说开始时的区分。现在的情形变成对区分的增加——或分解(或两者兼是)。对于这个区分,甚至在第一篇论说开始时也是搁置存疑的。蒂迈欧声称,现在要比以前做更多的区分:鉴于那时我们区分了两种类型(εἴδη),现在我们需要阐明第三种类型(τρίτον γένος)。对于之前的论说,区分出原先的那两种类型就够了:第一种类型是范型性的εἶδος[形式],它被规定(被设立)为可认知的(νοητόν)和永远自身同一的存在;第二种类型是范型的摹本(μίμημα),是可见的,属于生成者。但现在,蒂迈欧说,这篇λόγος似乎有必要尝试揭示一种εἶδος,这种εἶδος是困难、棘手、危险的——再次用了χαλεπό一词——同时也是隐蔽、模糊、晦涩的(ἀμυδρόν)。蒂迈欧问:我们该假定它天生有什么能力(δύναμις)呢?他的回答是:"首先,它是容器(ὑποδοχή),就像是一切生成(all generation)的看护者(τιθήνη)"(49a)。

因此,蒂迈欧在其新论说的开端设置了另一次计数,对存在的计数,我们可以说,不管怎样,它是对对话开始时1、2、3计数的仿效,是回到——重复——那个开端。不过,现在它不再像第一

---

① 见 A. E. Taylor,《柏拉图〈蒂迈欧〉注》,前揭,页311。

篇论说中的计数那样,第三种类型由前两种混合而来,由此产生的三种类型也不再混合为一。现在,第三种类型与另两种不同,而且事实上,第三种类型的这种他异性,正是模糊难解的难题之一。几乎没有比言说这模糊的第三种类型的他异性更困难的了。例如,我们可以说,它的不同在于它是第三种类型的存在。然而严格地说,存在(τὸ ὄν)这一名称是留给第一种类型的,只有它能被称为存在。而第二种类型是变化着的(becoming)或生成之物,第三种类型则是生成(generation)的容器。把这第三种说成是第三种类型,甚至也面临麻烦且容易造成晦涩,因为严格地说,类型是可认知的εἶδος(如生命体的四种类型),而这第三种却与可认知εἴδη不同。如果我们仍然称之为第三种类型,那么这论说就已经开始陷入很大的混乱中,这不能不引起麻烦并使论说面临危险,这就已经不是仅仅言说第三种了:因为,我们必须同时说,它是一种超越类型的类型,一种类型之外的类型。

然而,这篇λόγος,蒂迈欧的εἰκὼς λόγος,已经开始揭示这第三种类型,通过它——和它的能力——的一个影像来阐明它:即它是一切生成的容器。蒂迈欧的λόγος也提出了另一个影像,一个甚至更加引人注意的影像,以致可以引诱我们(服从一个强大的传统)称之为一种隐喻:这第三种类型如同一切生成的看护者(nurse)。选定容器和看护者作为这第三种类型的影像有其正当理由,因为它符合蒂迈欧的εἰκὼς λόγος的明显特征,符合这种论说所导向并因而分有的影像性。不过,就此而言,影像一词必须严格限定于它在该对话中所具有的意义上。结果,第三种类型的影像这个表述设定了一种严格说来无法解决的张力,因为,其实影像本身就是第一种类型的影像,而不是第三种类型的影像。不管怎样,选定容器和看护者(以及下文还将出现的其他影像)作为第三种类型的影像,不应理解为固定不变地依赖于一种未经审视的传统修辞概念储备。①

ὑποδοχή一词不仅表示容器,而且也表示接待,甚至是一种热情的接待,如同对话开头所提议的那种接待,这热情接待此时正提供给苏格拉底,静静听讲的苏格拉底正从主人那里接受款待。这个词还可以表示支持、辅助、援助,因此又与看护者———一种照管、帮助、救护新生儿的代理母亲——的影像相关联。正是就这一关联而言,在对话较远的下文中,蒂迈欧将把看护者(τιθήνη)影像与养育者(τροφός)影像连结起来(88d)。ὑποδοχή还有一层具有专门针对性的含义,例如在《法义》(Laws)的一个段落中,这层含义就起到作用,在这段话中,雅典人说:

> 如果有人明知故犯,接受被盗物品,那么他应该受到与窃贼相同的处罚;对接待(ὑποδοχή)流放犯的人的惩罚应是死刑。(《法义》,955b)

这里的相关含义是以隐蔽的方式窝藏或庇护外来的事物。

蒂迈欧作了一个过渡:虽然之前所说是真实的,但我们需要以一种更明晰(brighter)、更显白(ἐναργέστερον)的方式来谈论它。蒂迈欧正在谈论的正是第三种类型,因而,现在的问题是如何以

---

① 在这一点上,德里达提请注意一个陷阱,据他判断,极少有阐释者能不陷入其中:
几乎所有的《蒂迈欧》阐释者都未加反思地冒险诉诸修辞学手段。他们不动声色地谈论隐喻、象征、明喻,却没有对这修辞学传统进行提问。他们以自己的方式用这修辞学传统保留了非常有用但却是建立在感性事物与理性事物的区分之上的概念,而这恰恰不适用于关于χώρα的思考。(Jacques Derrida,《空间》(Kröra, Paris, 1993)页21)
正是出于这个原因,影像的含义必须从《蒂迈欧》本身来重新界定,而且只在这一含义上使用该词,即使以在所有关于第三类型之影像的论说中设置不可分解的张力为代价(如果这是一种付出,而也许不是一种回归的话)。

更明晰、更显白的方式谈论第三种类型。开始这种谈论的一个策略可以是谈论可以照亮第三种类型并使其发光的东西。而能够照亮万物——甚至能够照亮第三种类型,虽然是以独特的方式——火。因此,蒂迈欧转向对火和其他三者的论说。循此进路,蒂迈欧回到对这些东西的讨论——整个第二篇论说表面上都以它为目的。蒂迈欧说,讨论这些是必要的($ἀναγκαῖον$),因而,论述从属于必然秩序之事物的论说本身也成为必要。

但紧接着,他第二次用了之前放弃谈论开端时用过的一个词:$χαλεπόν$[困难的、危险的]。困难在于这些东西如何称呼,例如,为什么称为水而不称为火?为什么称它是它,为什么称它是它的说法是可信($πιστός$)、可靠、稳固且确定的($βέβαιος$)?蒂迈欧的解释涉及视觉,涉及一种循环圈,我们在观察火、气、水和土时可以觉察到这种循环圈:我们看到我们此时称为水的东西通过聚结就变成了石和土;我们也看到水分解为风和气,风和气燃烧又转而变成火;反过来,火会变成气,气凝结成为云和雾,进而聚结为水,然后,水又再变为土和石。① 蒂迈欧总结说:"这样看来,很明显,它们是在一个循环圈里彼此变来变去"(49c)。正是这种生成的循环构成了难点,引发了棘手问题:

这样一来,既然没有一种可以维持其同一的外观,那么,它们之中的哪一种我们能不受嘲笑地肯定就是这种而不是

---

① Taylor 注意到这种循环转化模式在早期希腊思想中是非常普遍的,他特别提到,在这一点上,《蒂迈欧》的语言——即谈及凝结和稀释,以及在循环中留给气的位置——回应了,或者更确切地说是被归于,阿那克西米尼(Anaximenes)(A. E. Taylor,《柏拉图〈蒂迈欧〉注》,前揭,页 314—315)。另一方面,Cornford 强调了与赫拉克利特(Heraclitus)的关联,认为赫拉克利特已经"教导了物体的各种形式之间的全部转化"(Cornford,《柏拉图的宇宙论》,前揭,页 178)。

第三章 方　圆

其他呢？

蒂迈欧的回答是："一种也没有。"(49c—d)

在如此指出关于火和其他三者的论说的这一中断后,蒂迈欧接着提出了另一种谈论它们的方式。但是,刚刚开始讲述这一最安全、最稳妥的方式,他又在字面上中断了他的论说①,目的是为了更直接地宣称火和其他三者躲避论说:它们都是稍瞬即逝的(φεύγει),来不及被称呼为那(τόδε)或这(τοῦτο),或者其他任何表示其固定不变的(μόνιμος)名称。②

那么,谈论它们的最安全方式是什么呢？他接着描述这种方式的段落——以及刚刚提到的中断——是整部对话中最有争议的。按照所谓的传统解释,这一最安全的方式要求人们不能称火(或其他痕迹中的任何一种)为这,而毋宁称之为像这样的东西(suchlike)(这是 Bury 的翻译)或如此之物(what is such)(这是

---

① 这一声明中断论说至少是因为,它充分概括了在它之前和在它之后对火、水等具体情况的陈述。如果接受 Lee 对这段话的解释,那么我们可以参考他的系统化阐释来说明:这个概括性的声明实际上中断了论说的一个特定阶段,从而拖延了这三部分框架的第三项,并且在这声明之后要求重复前两项。见 Edward N. Lee,《论柏拉图的〈蒂迈欧〉,49D4—E7》(On Plato's Timaeus, 49D4—E7),载 American Journal of Philology 88 (1967):4—5。
② 这句话有不同的翻译,要看对这段话的总体阐释是怎样的,尤其是要看采用两种不同读法的哪一种。注释者特别注意到,这个句子以单数开始(φεύγει οὐχ ὑπομένον),而以复数结尾(μόνιμα ὡς ὄντα αὐτά)。切尔尼斯提出如下阐释(虽然不是所有人都接受):

　　显然,正是因为说过"它",即现象,是不能持久的,所以,柏拉图紧接着——没有进一步说明——提到的不是单数的"它",而是"它们",即现象流变的多样且短暂的阶段,它们无法被当作明晰的个别对象。(Harold Cherniss,《〈蒂迈欧〉中被严重误读的一段话(〈蒂迈欧〉49C7—50B5)》(A much Misread Passage of the Timaeus (Timaeus 49C7—50B5)),载 American Journal of Philology 75 (1954):页 118—119;重印本见 Harold Cherniss,《论文选》(Selected Papers), Leonardo Tarán 编,(Leiden, 1977)

Gill 的翻译)或此类东西(what is of such)和这样的一种性质(such a quality)(如 Cornford 的翻译,在此文脉中插入性质一词是很有问题的,即使不说它完全不合适)——也就是说不是τοῦτο,而是τὸ τοιοῦτον。① 此类翻译背后有这样的一般解释:火不能被称为这,是因为这样会加给它它所不具有的固定性和不变性;既然它总是在转化的循环圈内活动,那它就来不及被称为这(τοῦτο)或那(τόδε),并逃避任何想要用这样的词语捕捉它的论说。我们只能说它是像这样的(τοιοῦτον),即像火这样的,而这样的论说只是不确定、不固定地记录它在转化循环某个阶段中的情况。

但是,根据切尔尼斯(Cherniss)对这段话的另一种翻译,最安全的方式是要求人们不说这是火,这是水等等,而毋宁说在任何情况下都如此这般的东西是火(*what on any occasion is such and such is fire*),称呼其他三个也是如此。这种翻译基于如此理解:这段话否认任何确定的东西能够被称为这——切尔尼斯称之为现象上的展现,或流变的短暂环节。诸如火和水之类我们轻易且不恰当地应用在现象上的名称,严格地说,是指像这样的东西(suchlike),或在任何情况下都如此这般的东西(τὸ τοιοῦτον),也就是反复出现在现象流变中的确定且自身同一的(self-identical)性质。

从 1954 年切尔尼斯首次提出他的翻译开始,这两种解释的各自拥护者就不断争论。我们根本无法确定说,这个问题最终能得到解决,至少在语文学层面上如此。② 无论遵循何种解释,在这

---

① Margel 将τὸ τοιοῦτον译为 ce qui a tel aspect (始终如此这般样子的)(Serge Margel,《匠神之墓》,页 133)。
② 争论从切尔尼斯 1954 年的一篇论文《〈蒂迈欧〉中被严重误读的一段话》开始。在这篇论文中,他提出了对这段话的翻译,并严格地批判了实际上是之前所有的英语、德语、法语和意大利语译文。切尔尼斯强调了这段话接下来对τὸ τοιοῦτον的表述,即先是称之为 τὸ τοιοῦτον ἑκάστοτε 和 τὸ τοιοῦτον ἀεί,接着称之为 τὸ τοιοῦτον ἀεί περιφερόμενον ὅμοιον,最后又称之为τὸ διὰ παντὸς τοιοῦτον。他认为,这些　(转下页)

(接上页注②)细节支持他对整段话的翻译和阐释,包括τὸ τοιοῦτον而不只是τοιοῦτον的用法。他概括了争论的要点,在他看来:

大多数阐释者所犯的根本错误是,他们假定柏拉图在此处必定会谈论现象的"阶段"、"环节"或"发生"应该被冠以什么名称或什么类型的名称,然而,他已经说过流变的短暂"阶段"不可能有与它物相区别的名称。(页122)

论文结尾部分越来越清楚地显示,诸如火和水这样的词所表示的反复出现、明确独特且自身同一的特征,与现象流变,与这(the this),有着严格区别(页128—130)。

从切尔尼斯1957年的论文《〈蒂迈欧〉与柏拉图后期对话的关系》(*The Relation of the Timaeus to Plato's Later Dialogues*,载 *American Journal of Philology* 78 (1957),重印本见 Harold Cherniss,《论文选》,前揭)开始,争论越来越复杂化,因为这个问题与诸如《蒂迈欧》的写作日期等话题,以及与《巴门尼德》、《泰阿泰德》、《克拉底鲁》等联系了起来。遗憾的是,这些讨论几乎总是断章取义,更不用说考虑所涉对话的整体性。

切尔尼斯的翻译和阐释遭到了Norman Gulley发表于1960年的一篇论文的强烈质疑(《对柏拉图〈蒂迈欧〉49D—E的阐释》(*The Interpretation of Plato, Timaeus 49D—E*),载 *American Journal of Philology* 81 (1960))。Gulley提出了他自己对这段话的翻译,并解释说:

这样翻译的话,那么,这段话的论点,简要地说就是,既然可见世界是永恒变化的,那就有必要辨别描述它的正确和错误方式。用"这"或"那"(τόδε καὶ τοῦτο)总是错的,因为这些词指涉的是实在且永久的事物,而实际上,可感世界瞬息即变,而种种性质(随后被称为永恒实在的"复制品"或"类似物"——50C,51A)反复出现,它们被恰当地描述为"这种和这样一种的(东西)"(τοιοῦτον)。因此,可见世界不断流变的事实与它缺乏限定性的和可辨识的特征没有干系,但与它之中没有实在且永久的"事物"有关。(页54)

Gulley完整引用了切尔尼斯的译文,然后列出种种反对意见。例如:

(a)

他的第一个难题是从句"我们用'这'或'那'这样的字眼——我们这么做的时候想着正在指称某种东西——所指的东西"。这里特别强调的是"这"或"那"(τόδε καὶ τοῦτο)(下一句也是如此),似乎明显暗示:既然"这"或"那"被假定指称确定的"东西",那么,用这些词来表示并非确定的'东西'就是错误的。如果这是柏拉图在此处的思想要点,那么,文脉的连贯性似乎就要求:他在这句话前一部分的例子中所表达的要点是,用'这'或'那'表示并非确定的'东西',火或水,是错误的……因此,该句子(D4—E2)就是说,"这"或"那"不应用于表示γιγνόμενα[生成者]。(页58)

(b)

事实上……柏拉图之前已经明确指出火、水、气和土'元素'是(are)不断改变的现象,而这本身就使得从中读出这样的指令令人难以置信:即不能将这些词(火、水等)用于表示不断改变的现象……(页59)

(转下页)

(接前页注②)另一方面,Gulley 确实同意这段话的一部分(E4—7)"存在模糊难解之处,而切尔尼斯清楚地阐述了这些模糊难解之处",虽然他仍然坚持认为:

> 这个句子的前后内容清楚地表明:我们没有理由在其含义中引入"这"与"这样"的区分来指涉不同对象。(页 63)

在发表于 20 世纪 60 年代中期的两篇论文中,Edward N. Lee 支持切尔尼斯的阐释,并明确了这种阐释的一些含义。在《论柏拉图的〈蒂迈欧〉,49D4—E7》中,他重申了切尔尼斯的阐释:

> 为了"最安全"地谈论这些元素,我们不必(像我们现在所做的那样)将"火"(或其他什么字眼)归于现象的东西。反之,这种字眼应该用来指别的东西,也即指不变的东西,指柏拉图此处所说的 τὸ τοιοῦτον ἑκάστοτε(等)。(页 3)

Lee 虽然在某些细节上不同意切尔尼斯的观点(比较页 12—15),但大部分内容他是支持的。特别是他解释了 E4—7,也即 Gulley 承认存在模糊难解之处的部分,如何能符合切尔尼斯的总体框架,这个框架源于反复出现的三部分结构,μὴ X ἀλλὰ Y προσαγορεύειν Z(例如,不是这而是如此这般的东西被用来指称火)(页 4—5)。他也为切尔尼斯辩护,直接反对 Gulley 的批评。例如:

> 关于 Gulley 对基本框架的解读,柏拉图说现象能够且应该被称为"像这样的(东西)(suchlike)"或"这种和这样一种(东西)"。但是,这如何可能与柏拉图自己在 49E2—4 所说的"题外话"相一致呢? 现象是"转瞬即逝的",它们脱离任何指称,因为任何指称都会使人误以为它们是稳定的……但是,如果它们都完全是"转瞬即逝的",那又如何为哪怕是 τοιοῦτον 这样的指称提供立足点呢?(页 17)

在另一篇与之相关的论文中,即《论柏拉图〈蒂迈欧〉中影像的形而上学》(*On the Metaphysics of Image in Plato's Timaeus*,见 The Monist 50 (1966))。Lee 解释了切尔尼斯区分现象流变(即这(this))与(用火和水之类的词表示的)反复出现且自身同一的特征(即像这样的东西(suchlike))的含义:它显示了"四项"不同内容:

> (a)形式(Form)本身;(b)我们在类似现象中所感知到的反复出现且不变的特性……;(c)这种反复出现之特性的个别显现(在容器中的实际呈现);(d)容器本身。(页 367)

Richard D. Mohr 在其《柏拉图的宇宙论》(*The Platonic Cosmology*,Leiden,1985)中也支持切尔尼斯和 Lee。从本质上说,他的观点是对 Lee 四重分类法的翻版,虽然没有直接提 Lee 所说的四项内容,他讨论了现象的"两方面":"一方面,它们处于流变之中;另一方面,它们是理念的影像"(页 88)。

由切尔尼斯的阐释所引发的四重分类难以令人满意,因为,正好就在关于火、水等的整个论说之前的一段话(48e)就强调了三种类型之间的区分,这一区分在其他若干段落中反复出现(例如 50c—d;51e—52a),这些段落紧跟着当前讨论的这段话。Mary Louise Gill 特别指出这个问题,并提出恢复传统的阐释和翻译,虽然按她的看法,这两种解释的拥护者之间的争论最终是否能够至少在哲学层面上得到解决仍然是未知的(《柏拉图〈蒂迈欧〉中的物质与流变》(Matter and Flux in Plato's Timaeus,见 Phronesis 32,1987:页 36)。

第三章 方 圆

段话中有一个关键点是清楚的,即火和其他三者对论说的逃避,在传统的解释中,这种逃避仍然允许一种论说在转化循环之中对它们进行不确定的记录,而另一种解释则认为,这种逃避如此绝对,以至于我们轻易地用来指称所谓火、水等东西的名称,最后命名了某些完全不同东西,而非它们本该指称的现象之流。不管根据哪种解释,论说都难以抓住并掌握这些犯错的逃亡者。

但是,有一种解释致使这段话中蒂迈欧的论说更加危险,致使它正好在描述最安全的方式时中断自身。因为,在这段话中有两种、两个层面的论说在起作用。第一个层面是讨论火和其他三者的论说。就这一层面而言,按照传统的解释,对于火(本身),我们可以用这或像这样的东西之类的词。按照切尔尼斯的解释,在这一层面上,我们可以将火一词既应用于可见的现象(或以其他方式感觉到的现象)——人们在说"这"的时候,至多能够指出这个现象——也可以应用于反复出现的自身同一的性质。蒂迈欧自己没有介入这第一个层面的论说,而只是参与讨论第一层面论说的哪一种形式最安全。如果按传统方式解释这段话,那么蒂迈欧的论说谈论的是:我们无法适当地用这,而只能用像这样的东西来表述火所表示的东西。如果按切尔尼斯的方式来解释这段话,蒂迈欧的论说就是说:单词火指称像这样的东西,但不能被用来表示这([the]this)。按切尔尼斯的解释,为了使蒂迈欧的(第二层面的)论说成为可能,单词这(或其他词,如现象的流变,如果重新表述问题的话)必定能够指称单词火无法恰当表示的东西。换一种说法——如果采用切尔尼斯的解释,在第一个层面上——问题的实质就是,说出一个词(火),并将其(错误地)应用于事实上只能被看到(在转化循环中活动)而不能被言说的东西——至多只能被无声地指出的东西。于是,在第二个层面的论说中,蒂迈欧说,说出的词,即单词火,不能指称蒂迈欧的论说必须努力尝试要说出的东西(例如,称之为这),尽管它是不可言说的。蒂迈欧的论说要言说的东西,这不可言说的某种东西,只能通过在蒂迈欧的论说中言说某物,才能得以言说。蒂迈欧的论说所言说之物恰恰中断了言说它的可能性。或者更确切地说,如果问题只是关于谈论火和其他三者的最安全方式,而不是关于唯一可能的方式,那么,在揭示这最安全的方式时,蒂迈欧自己的论说不得不抛弃这种方式。这就是该论说确实要面临的危险。另一方面,如果我们在传统解释的框架内来理解的话,那么,蒂迈欧的论说并没有被其言说的东西所中断,而只是被迫使火退化为类火(firelike)之类的东西。在这种情况下,他的论说必须允许某种滑动,一种置换,这种滑动或置换并非没有危险,因为它本身并不简单地符合那种它要说的最安全方式。不过与另一种情况不同,它并未被中断。

  我考察这些关联,并非要支持关于这段话的两种解释中的哪一种,而是要说明该论说的双重性以及由此引入其中的复杂性。倘若不考虑这种解释,可以说,能够看到的活动于转化的循环圈中的火、气、水和土,逃离论说。由于总是不断变成别的东西,所以它们缺乏稳定性和自身同一性,结果逃避论说。事实上,这些逃亡者展现——更确切地说是模仿——自身同一性的唯一方式在于,它们彼此循环不已。

  现在可以明显看到,蒂迈欧为何在新论说即将开始时,放弃了对这个开端的言说。因为,就其内容是关于天穹产生之前的火、气、水和土而言,这个开端是无法言说的。蒂迈欧放弃言说这一开端,是因为它无法言说,因为火和其他三者缺乏可言说的稳定性,因为它们是脱离 λόγος 的逃亡者。因而,出于同样的考虑,蒂迈欧也拒绝称火、气、水和土为基本元素(στοιχεῖον)。直到柏拉图时代，基本元素也与这类东西无关，而是涉及音节，即论说的元素。此处所否定的恰恰是 λόγος 与火、气、水和土的这种一致性，它们不为 λόγος 所捕捉和同化，而是躲避、逃离 λόγος，在 λόγος 面前退隐。

现在，同样变得很明显的是，如蒂迈欧所言（49a）：λόγος 如何看来使揭示第三种类型的尝试成为必然。我们甚至可以说，由于背离了先前的二分，λόγος 成为试金石（touchstone）。当论说触及，或试图触及，火和其他三者时，它们就逃走了，这表明它们缺乏自身同一性和确定性。其实，在二分框架内，它们的逃逸不可思议。二分框架与 ποίησις 相关联，是范型与造得像范型的产品之间的二分。一张床，当它与其范型的绝对自身同一性相比时，也许是不完美的，但它不会完全游离于名称之外，无法被名称触及，也不会——随时——变成完全不同的受造之物。虽然它会和一块神庙之石一样，碎裂成沙粒，然后又被雨水溶解和冲刷，① 但是，寺庙还将典型地经历另一种完全不同的转化，这种转化与火、气、水和土的循环不相关，而是与 ποίησις 的模式相关：例如，它将被重建为基督教圣殿或者也许是一座弹药库。如果这弹药库不小心被引爆，爆炸将对其造成严重破坏，虽然还不至于认不出它仍是一座神庙，或者确切地说，是神庙的遗迹，而这遗迹现在就这样被保存下来。这种重构（以及解构——虽然有所不同）是在 ποίησις 及其二分框架内设定的。因而，我们需要注意人造物品——它们在范型与按范型的影像所造之物的二分框架内被制造且能够再造——与当前结结巴巴的论说所谈论的

---

① 这个例子尤其能揭示，在天穹诞生之前，火和其他［这类痕迹］的特性——这时，它们还不完全是它们本身，与庙石非常缓慢的变形大不相同。一旦蒂迈欧的论说达到这样的节点，即这些［痕迹］被塑造成火、气、水和土本身时，土就被置于转化循环之外了。

火、气、水和土之间的区别。

　　于是,我们不能将关于火和其他三者(之逃逸)的论说归结为像这样的一种可见事物之理论——按这种理论,我们可以宣称,所有这种只能被最低限度地命名的事物,(并非无关紧要地)包括蒂迈欧第一篇论说中的乾坤中的已经命名的所有那些事物,其实都在ποίησις的模式之内运作。事实上,在方圆说的起始处,蒂迈欧将说到,所有这类(第二类型)事物不仅与其范型相似,而且与其范型同名(见 52a)。只有火、气、水和土——当它们在天穹产生之前存在时,当它们还不完全是它们自身时——才是脱离λόγος的逃亡者。恰恰是它们的逃逸指向在二分(框架)之外庇护它们的第三种类型。我们甚至可以说,火和其他三者的这种逃逸勾勒出超越二分(框架)的路径,可以说,这些痕迹(traces)(蒂迈欧很快就这么称呼它们)标示出指向容器的段落,在此容器中,它们被收容、养育及庇护。

　　蒂迈欧做了某种对比,对比这些几乎无法言说的逃亡者与他之前称为容器和看护者的东西——此时他认为这些逃亡者都出现在其中(ἐν ᾧ)并在其中生成,又从其中(ἐκεῖθεν)再次消亡。从某种意义上说,较之在其中生成并从其中消亡的逃亡者,所谓的在其中和从其中(the *in which* and *from which*)更少抗拒λόγος。因为,蒂迈欧说,正是在指涉那个独一无二的东西(μόνον ἐκεῖνο)时,我们可以用这(τοῦτο)和那(τόδε)来指称(49e—50a)。我们要注意,论说仍然是双重的:在说明可以如此应用之前,同时也是为了说明可以如此应用,蒂迈欧避免应用这或那(应用于在其中和从其中的东西);他通过利用古希腊语指示代词的第三格来避免这种应用(而我现在却没有避免);不过,严格地说,他有必要回过头来转换指示词以确认ἐκεῖνο也可以由它指称。但是,蒂迈欧仅仅强调τοῦτο和τόδε只能用于在其中和从其中的东西,而不用于任何像

第三章 方 圆

这样的(suchlike)的逃亡者。①

那么,与火和其他三者不同,在其中和从其中的东西,就其可以用这和那来称呼而言,较少抗拒论说。然而,即使指出被如此称呼之物具有某种不同寻常的自身同一性,这些特定名称同样回避εἰκὼς λόγος,回避关于影像的论说。这些特定名称包括,例如这和那(这些称呼非常抽象,除了还不完全是它们本身的火、气、水和土之外,一切事物都是这和那),又如在其中和从其中(如果说在较低程度上有效的话)。事实上,蒂迈欧即将提出的其他影像,将通过一些例证表明自身是第三种类型的影像,它们也同样反映出第三种类型回避在影像中以及通过影像的呈现。

当蒂迈欧称之为χώρα时,第三种类型将得到十分直接的讨论。在那里,即在方圆说中,它将得到最切近的言说。随着论说朝向方圆说推进,一系列的提示都表明,该论说越来越具有合适性(appropriateness),表明了该论说的某种紧凑和敏锐。其中一个提示已经出现了:就在蒂迈欧刚刚将第三种类型说成是容器和看护者之后,他提出这样的指令:虽然(之前)所说是真实的,但我们需要以一种更明晰的(brighter)方式来谈论它(见49a)。现在,在讨论了火、气、水和土以及它们与第三种类型的最终区别之后,另一个这种提示出现了:"不过,我们一定热切地希望更加清晰地(σαφέστερον)再次谈论这个问题"(50a)。于是,随后的εἰκὼς λόγος提出了第三种类型的若干另外的影像。

---

① 如何翻译和阐释这最后一句话的最后一部分,要看我们是遵循传统的阐释,还是遵循切尔尼斯对这段话的前一部分的阐释。与我已解释的传统翻译不同,切尔尼斯这样翻译这句话的最后一部分:
……最安全的方式是,只用单词这或那指称它——切尔尼斯认为先行词是ἐν ᾧ,而无论哪种类型的东西,热的白的,以及一切具有相反性质的东西,都不能反过来指称它。(《〈蒂迈欧〉中被严重误读的一段话》,页347)
切尔尼斯坚持认为最后出现的那个它也是指容器(页357)。

蒂迈欧举出了黄金的影像，即人们把黄金塑造成所有可能的形象或形状（σχήματα），并让这些形状彼此随时变来变去。然后，他将论说与这一影像接上关系：如果有人指着其中一个形状问它是什么，最安全稳妥的（ἀσφαλέστατον）的回答是，那是黄金；至于黄金做的三角形或其他什么形状，我们应该避免称它们为存在物，因为当人们这样说的时候，这些形状就已经发生变化了。对于飞逝的逃亡者，如火和其他三者，我们应该只用诸如像这样的东西（τὸ τοιοῦτον）之类的名称来安全稳妥地称呼（50a—b）。①

因此，蒂迈欧所提供的是一种关于影像（images）的影像（image），至少是诸如能够被称为火和其他三者的飞逝的影像。他所提供的是处于一种人工转化循环中的影像的影像。它源于τέχνη领域，然而同时又有别于τέχνη；因为一个工匠不会制造所有样式的产品，而只会以一种方式塑造原材料，使之成为范型的一个影像。这有所不同的持续再造的循环——类似于火、气、水和土的循环，其实是在这一循环的影像中重塑τέχνη的进程——总是会被范型在τέχνη中发挥的力量所打破。

如同所有可能的形状都在黄金中塑造，火、气、水和土同样在第三种类型中形成并从其中消失。黄金是一个接纳所有飞逝的逃亡者的影像，是被蒂迈欧称为容器的影像。蒂迈欧称：这一接纳万有的本性总是有同一的称呼（50b）。这不是说，只有一个名称来称呼它，因为它已经被赋予了几个名称，而是说在接纳各种形状、影像或痕迹的过程中，它总是保持其自身同一。蒂迈欧说：

---

① 这里引入 τὸ τοιοῦτον 一词不仅将该论说与之前关于火、水等（痕迹）的论说联系起来，而且针对它，引起了翻译和阐释上的同样有争议的话题。切尔尼斯也为这段话提出了与传统解释完全不同的翻译，并为之辩护（《〈蒂迈欧〉中被严重误读的一段话》，页125）。

它从不丧失自身的能力($δύναμις$)(50b)。①

然而,它保持同一,并不是保持相同的形式,而是凭借不接纳任何形式。蒂迈欧解释说:

> 当它接纳万物时,它不在任何地方以任何方式接纳任何形式($μορφή$),不像它之中的那些事物一样。因为它本性上就被设定为万物的基质(matrix, $ἐκμαγεῖον$),由进入它的那些事物所改变和塑造,并通过这些事物而在不同时候显得($φαίνεται$)不同。(50b—c)

这样,蒂迈欧就给已经被称为第三种类型、容器和看护者等的东西增加了另一个名称、另一个影像:此时称之为基质($ἐκμαγεῖον$),就像一大片蜡或其他软性物质,在上面可以印出印记。② 这模塑或模制的影像,和黄金影像一样,当前自身正被改造、重塑为来自 $τέχνη$ 的另一种影像,即在基质上压印出一个印记。蒂迈欧预示下

---

① Ashbaugh 认为黄金的例子在此处阐明了她所说的 $χώρα$ 的稳定性。她指出这种说明之所以选择黄金影像的原因:

> 出现在对金属的讨论中(《蒂迈欧》59b—d)。那一部分将黄金描述为一种可熔的水,它非常紧凑,因为它是由精细且整齐的痕迹构成,这些痕迹赋予它闪亮的(stilbon)外观。黄金的支族是金刚石(adamant)(《蒂迈欧》59b),一种坚硬的物质,容易使我们想起稳定的东西,因为它可以经受许多变化。(Anne Freire Ashbaugh,《柏拉图的解释理论:对〈蒂迈欧〉中宇宙论阐释的研究》(Plato's Theory of Explanation: A Study of the Cosmological Account in the "Timaeus", Albany, 1988),页 121)

如果要确认这有关 $χώρα$ 的稳定性,我们需要相当的谨慎(无疑也需要某些限定);因为,虽然蒂迈欧确实说它不与自身能力相分离,但他很快也声称,例如,它是最难以把握的(《蒂迈欧》51a—b)。

② 《泰阿泰德》(Theaetetus)中有一段话也用到这个词,在其中,苏格拉底提出一个假设:在灵魂中有一块蜡($κήρινον ἐκμαγεῖον$),记忆之所以可能就是因为感知和思想印在上面(《泰阿泰德》,191c—d)。见 A. E. Taylor,《柏拉图〈蒂迈欧〉注》,前揭,页 321—322。

文,指出一个转换:"那些进进出出的东西是那些永久存在的事物的摹本(τῶν ὄντων ἀεὶ μιμήματα),其压模方式难以言表且令人惊奇,我们下面会讨论到这一点"(50c)。那么,这里所发生的是——或者仿佛发生的是——诸永恒存在者就像被用作基质的印章,因而,印章在基质上留下一个类似于印章本身的印记。

蒂迈欧强调,这第三种类型即这基质不体现为任何形式,事实上没有形式。因为,为了能够适合接纳各种形式,它本身必须全无形式,就如同要制造香膏,先要造出尽可能无味的膏体。我们可以说各种形式在基质中来来去去,它保有、接纳各种形式,然而它本身并不采取这些形式,不以这些形式为自身拥有的性质。换言之,形式处在它之中,但从不加诸它身上。

虽然它本身没有形式——因而,如蒂迈欧即将指出的,它本身也是不可见的——但我们不能得出结论说第三种类型就完全不会显现出来。正相反,它依靠进入它之中、它所接纳的事物来显现自身:"通过它们,它在不同时候呈现出不同的样子。"紧接着下一个提示(提出要"最正确地[ὀρϑότατα]"谈论),蒂迈欧再次谈到第三种类型的这种显现:"它的燃烧起来的部分(即被点燃的部分:πεπυρωμένος)呈现(即显示它自身,成为显明的:φαίνεσϑαι)为火"——对于其他三者也是如此(51b)。我们可以假定,当它如此呈现时——即不是呈现为自身,而是例如呈现为火——有某种指示功能会起作用,一种经由论说的指示作用,即如我们实际上所能适当做的,通过称第三种类型为这或那,我们可以指出经由例如燃烧的部分所显现出来的东西(虽然显现的不是它自身)。

就在首次提到第三种类型的显现之后,事实上正好在他对模塑和压印之τέχναι的讨论的中间,蒂迈欧突然作了一次转换,从ποίησις秩序转向了生殖和生育的秩序。他再一次计数了三种类型,但这次的计数顺序与此前不同:此时,他先从生成者开始,然后指称生成者在其中(in which, ἐν ᾧ)生成的东西,最后加上生成者从其中(from which, τὸ ὅθεν)得以复制并被生出(φύεται)的东西(50c—d)。提及这种生出(因而也涉及自然[φύσις],该词在对话的这个部分频繁出现)预示了朝向生殖和生育秩序的转换。这从其中(from which),刚刚已经被描绘成似乎是在一块蜡上面留下痕迹的印章,现在它被比作父亲,而在其中(in which)被比作母亲,在它们之间产生的自然(φύσις)被比作后代。① 奇怪的是,在第一篇论说中时不时被称作父亲的匠神,现在似乎完全缺席了。② 此时,父亲不再是注视范型的匠神,而就是范型本身。

从更广的视角来看,这里所达成的步骤是一个转换,即从由范型和影像的二分所支配的秩序(即生产的秩序)转向由三分所支配的秩序(即生殖和生育的秩序)。这两种秩序之间的张力,或者甚至是对立,贯穿了对话到当前为止的大部分内容,此处的论说在τέχνη的用语与ἔρως和φύσις的用语之间摇摆不定。苏格拉底的论说,即对《王制》的扼要重述,已经证实生育和爱欲与技术城邦

---

① Fink将χώρα描述成"黑夜中的宇宙空间—物质(space-matter)"和"混沌",他强调了它的母性:它是"伟大的母亲,'大地'"(Eugen Fink,《早期历史本体论的时空运动》(*Zur Ontologischen Frühgeschichte von Raum-Zeit-Bewegung*, The Hague, 1957),页187—188)。《王制》中也有类似说法,在其中,苏格拉底记述了一个讲给城邦公民听的故事,根据这个故事,万物都在大地下面形成和生长,然后才从中诞生,因而与土地保持密切关联:

工作彻底完成以后,大地母亲就把他们送上来。他们所处的土地(χώρα)就像一位母亲和养育者(τροφός),他们必须为这片土地进行谋划,并在任何人侵犯它时好好保卫它;他们还必须把其他公民都视为亲兄弟,都是大地所生。(《王制》,414d—e)

《法义》中还提出了另一种关联,这关联的一方面是母性或女性的生活方式,另一方面是强制、犯错和χώρα:

由于习惯于过隐遁的、私人的生活,女人们会使出各种办法拒绝被带到光天化日之下,她们会表现得比立法者强大得多。(《法义》,781c)

② 《蒂迈欧》53b确认了这一缺席。

所要求的秩序相龃龉。在这一背景下，显然，生殖秩序在蒂迈欧第二篇论说中的出现非常合适，在此处，它正好提出了在 νοῦς 的工作之外，而且在理智视界凭之支配 ποίησις 的监督之外的东西。另一方面，蒂迈欧已大胆地陈述了三重的生殖秩序，而这恰恰依赖诸如模塑和压印的 τέχνη 方式。甚至当他最终将这一秩序表述为父亲、母亲和后代的关系时，他也马上回到模塑和压印的技术影像，虽然并非没有同时插入另一种方式，即香膏的生产。似乎父亲、母亲和后代之三重性的比喻仅仅是短暂的差错，甚至是一个中断。该论说仍然徘徊在生产秩序与生殖和生育秩序之间，但现在更加显白。

蒂迈欧斩钉截铁地坚持这样的区分，即所有整个生成的母亲或容器不能称作土、气、火或水。他继续概括之前对这第三种类型的所有说法，并通向方圆说：

> 但是，如果我们说它是不可见的 εἶδος，是无形式的，接纳万有的，并以一种极其复杂的方式分有了可认知事物（μεταλαμβάνον δὲ ἀπορώτατά πῃ τοῦ νοητοῦ），而且是最难以捉摸的，那么我们所言并非虚妄。（51a—b）

它是如此难以捉摸，以至于即使是类型的网，类型之类型的网，也无法有效地捕捉到它，以至于蒂迈欧说，这仍然被称为第三种类型的东西是无形式的。它本身没有任何形式（形状、界定），而这些形式（就它们是各种影像而言）不能为它所接纳，不能在它上面压印，也不能使它受孕。既然它是接纳万有的——不但是一个母体，而且似乎是完全混杂的——它就能够自身没有任何形式，没有任何界定。它本身能够接纳所有那些被称为范型或可认知 εἴδη 的类型，或者被它们压印，或者受孕，但它自身不为那些类型中的任何一种所限定,不能拥有这些界定中的任何一种,不能以它们为自身的界定。① 这一彻底非界定的结果是深奥的,或深不可测的。倘若我们假定,某种事物要具有意义,它就应该就其可以被这样一种界定所界定而得到定义。我们进一步假定,一个词要具有意义,它就应该就其表达了这样一种具有界定性的界定、表示了某种事物的含义而得到定义。因此,我们就不得不说,这第三种类型没有意义,而且它即将获得的名称,即 χώρα,如果是一个名称的话,也没有意义。χώρα 和 χώρα 这个词都是无意义的。② 另一方面,如果可以证明,通过某种方式,通过 λόγος 的某种扭转,它们具有了某种类似意义的东西,那么这类似的意义就必定是一种意义之外的意义,正如(被当作 χώρα 并由 χώρα 所言说的)第三种类型是一种类型之外的类型。因此,难怪蒂迈欧放弃言说这一开端。难怪这论说变得 χαλεπόν [困难、危险]。

由于无形式,第三种类型也是不可见的。既然它不为任何可认知 εἶδος 所限定,那么它就没有外观,不能通过外观的映照为它提供可见的形象。另一方面,它的不可见性使它与可认知者联系起来,所以如蒂迈欧所言,"以一种极其复杂的方式分有了可认知事

---

① 德里达提到了自古以来试图界定 χώρα 含义的多种阐释,他说:
这些阐释总是通过对它进行限定而为它赋形,但是,它只有通过脱离所有限定,才能呈现和保证自身。(《空间》(Khöra),页 26—27)
② 至于他所说的"khöra [空间]的思想",德里达写道:"它不再从属于意义(sens)的视域,也不属于作为存在之意义的意义视域。"(《空间》(Khöra),页 22 以下)可以推测,此处,德里达是在暗指海德格尔,并认为 χώρα 思想超越了海德格尔的思考视域,至少是由存在意义问题所支配的思考视域。在海德格尔自己对 χώρα 的简短讨论中,他将 χώρα 与 τόπος 合在一起说,而且将柏拉图主义与从地方(place)的本质向(被界定为外延的)空间(space)的转化联系起来,他几乎没有本源地触及关于 χώρα 的柏拉图论说(见 Martin Heidegger,《形而上学导论》(*Einführung in die Metaphysik*, vol. 40 of Gesamtausgabe, Frankfurt a. M., 1983),页 70—71;亦见 Heidegger,《什么是思维?》(*Was Heisst Denken?* Tübingen, 1954),页 174。

物"。它分有可认知事物,并非如生成者那样是通过被它限定,而是通过其不可见性,正如可认知εἴδη也是不可见的。蒂迈欧对这一点的表述很简要,将第三种类型称为不可见的εἶδος。然而,它的不可见性必定有所不同。可认知形式的不可见性最终恰恰是另一种可见性的另一面,也就是说,它之于感官的不可见性正是它之于νοῦς的可见性的另一面,但是,第三种类型的不可见性是一种更始终如一的不可见性。然而,如果它绝对不可见,如果它不以任何方式表露自身,那么谈论它的论说就甚至不仅仅非常复杂,不仅仅是困难、棘手和危险的。它将会是完全盲目的,完全不受它自身之外任何东西的约束,而且方圆说也就不得不完全退入自身。这就是为什么最终的结果是,尽管它不可见,蒂迈欧仍然没有完全否认它有所显现,而是承认在其拥有某种痕迹(例如,火)的部分,它就呈现为这种痕迹,如火。虽然是呈现为火,它仍然是有所呈现的,即便从不呈现为其自身。

事实上,像此处(即51b)这样的文本间隔强调了这一显现,有两个提示框住了对这一显现的陈述。第一个提示就是蒂迈欧提出的要"十分确切地"谈论。第二个提示是他建议提出就其主题进行最彻底区别的论说。在这两个提示之间就是蒂迈欧对第三种类型之显现的陈述:"它的以火做成的部分呈现为火"——对于其他三者也是如此。当呈现为(例如)火时,第三种类型显示了自身,成为显明的,但从不显现为自身,它一直如此隐蔽地持守自身。即使有所呈现,它仍然极其难以捉摸。

蒂迈欧提示现在要给出具有最彻底区别性的论说,是为了标示出进入方圆说之起点的步骤。在这一起点,蒂迈欧再次提到二分。他并不是简单而无条件地断言永恒存在与生成者之间的区分,而是提出这一区分的问题,以确认他在第一篇论说开始处引入的这一区分恰是如何不确定,如何有疑问。而此时,他明确提出这样的问题,即:除了我们看见的东西,是否存在每个事物的可认知εἶδος,或者是否我们称为εἶδος的东西无非只是论说、只是λόγος而已?然而,即使到现在,他也不提供能够最终建立区分,并且似乎可以适当地锚定一切的确定答案。他反而选择提出一个不过是有条件的假定性的看法:如果νοῦς和真实意见(δόξα ἀληθής)是两类不同的东西,那么,可认知εἴδη与可感事物也是如此。于是,他接着详述了νοῦς和真实意见之间的区别,却对假设前提不置一词,让它保持假定性,即作为被设定(laid down)的东西,这被设定的东西其实关乎由λόγος所设定的东西,这个假设前提是一个关于假定本身的假定。如果要建立永恒存在者与生成者之间的区分本身,那么它将不会先于方圆说出现。

但是,在这起点,他只是按一定限度界定了第一和第二种类型,这一限度为方圆说中将大胆提出的根本的(radical)——或深不可测的——区别所需要。

第一类:

> 我们必须同意,第一种类型是自身同一的εἶδος,不生不灭,既不容纳任何外界事物于自身,自己也不会经过其他任何地方进入其他事物中,不可见不可感觉,除非为理智洞察力(理智:νόησις)所见(ἐπισκοπεῖν)。(51e—52a)

此处,蒂迈欧明确地将第一种类型的不可见性与它之于理智洞察力(νόησις)的可见性相配;它的不可见性是另一种可见性的另一方面,即另一种秩序——νοῦς秩序——的可见性的另一方面。蒂迈欧还强调了第一种类型的非接受性:这种自身同一的εἶδος既不接受它物于自身,自己也不进入其他任何事物中。它既不接受也不被接受。它的这种绝对非接受性符合它的自身同一性:它彻头彻尾是它自身,没有与其他事物的任何内在关联。它是纯粹自身同一的,纯粹是它自身。

第二类:

  第二种类型是与前者(即第一种类型)同名且相似的东西,是可感知且生成的(以……为父或被生出:γεννητόν),总是被裹挟(即翻滚折腾,如同在海上:πεφορημένον),在某个地方(τόπος)生成,又从那里消亡,可以通过感觉为意见(by opinion with sense)所把握。(52a)

蒂迈欧对这两种类型之关系的指示超越了之前所说的任何内容:第二种类型的事物即可感事物与可认知εἶδος有相同的名称,也有相同的外观。一件可感物是其相应εἶδος的复制品,是就λόγος和可见视野的双重意义上的复制品。似乎εἶδος已然漂移,变成了另一个,尽管蒂迈欧坚持认为εἶδος——可认知εἶδος——不会进入其他任何事物,如同不接受它物于自身一样。在这个起点,当蒂迈欧开始计数时——在此次计数中,第三种类型将最终被称为χώρα——他所提出的是存在的复制(doubling)问题。或者更确切地说,为了使出错(errancy)的声音在其中发出来,让我们称之为存在的两重性(duplicity)问题,在复制和漫游——如在错误状态中或进入错误状态——的双重意义上(in the double sense)的两重性问题。

三、方 圆 说

  它被称作第三种类型,尽管是在一种类型之外的类型的意义上(in the sense of a kind of kind beyond kind)。我们甚至可以称

第三章 方 圆　　　　　　　　　　　　159

它为存在的第三种类型,虽然这样做只会带来使该论说失去对严密的一切希望的风险:因为,除了第一种类型外,即使可以说第二种类型——经由存在的两重性——略微分有了存在,存在这个词沿用于第三种类型的可能性看来也只是微乎其微。因为第三种类型既不存在也不是一个存在者(a being),既不是可认知的存在者也不是可感知的存在者。如果真的可以称之为一种存在者,那么只有在超越存在的存在的意义上,也即在存在之外的存在(ἐπέκεινα τῆς οὐσίας)的意义上才可以成立。①

不过,蒂迈欧已提供了它的一系列影像。它被描绘成是接纳万有的,是整个生成的容器,整个生成的在其中(in which)和从其中(from which)的东西。此外,它不仅接受,而且收容、庇护、养育了转瞬即逝的新生痕迹:火、气、水和土的痕迹。它不仅像一个保姆那样养育、扶助它们,而且生出它们(以及所有从它们那里产生的东西):它是母亲。它也有从 τέχνη 得出的影像。按黄金影像的描述,它不断被重塑为所有可能的式样;不过,与这一影像相对,蒂迈欧指出第三种类型是不可见的,这就限制了这种影像的真实性。它也有基质(matrix)影像的描述;但这一影像也被限制了真实性,因为,与此影像相对,第三种类型据说

---

① 这种表述在《王制》(509b)中被苏格拉底用以谈论 τὸ ἀγαθόν [善好],但从未用于指涉 χώρα。但正如德里达所做的那样,我们完全有理由考虑这一表述沿用于 χώρα 的可能性(见 Jacques Derrida,《时态》("Tense"), in *The Path of Archaic Thinking: Unfolding the Work of John Sallis*, Kenneth Maly 编, Albany, 1995),页 73—74)。这里仅仅提一下《王制》第七卷中的那段谜一样的话就够了,在这段话中,苏格拉底讲到逃离洞穴的解放了的囚犯最终能够使自己的目光朝上看:

我认为他最后终于能观察太阳本身——并非水或其他介质(ἕδρα)中的影像(幻影: φαντάσματα),而是处于其自身的 χώρα 的太阳本身——并审视它到底是什么样的。(《王制》,516b)

我与德里达探讨过这段话,见《白日梦》("daydream"),载 *Revue Internationale de Philosophie* (1997)。

分有了可认知者，正好类似于在基质上压出其印记的东西。因而，技术性的影像被证明尤其明显受限。不过，若如蒂迈欧所言，第三种类型绝对无形式，完全没有确定形态，那么所有影像就都将受限——假定影像本身的特定性质就是呈现出它所反映之物的形式，但在实质上又与它所反映之物相区别。如果第三种类型没有任何界定，那么，我们必定疑惑，如何能有一个影像可以与它本身发生任何一种关联。无论如何，它都超出于某种正统含义上的意义范围之外（尽管就在此处的柏拉图文本中，我们可以确定这个——也许是每个——正统含义的起源，甚至可以确定含义本身的含义，但一种反向压力已经在起作用）。即使我们可以用来作专名的 χώρα 一词，在这个正统含义上也将被证明无意义，因而，它之作为一个词的特定身份——如果不是作为一个专名的话——将被扰乱。然而，如果既不在影像中，也不在它的专名中，那么究竟如何接近 χώρα 呢？关于 χώρα 的论说，即方圆说，又如何能够对真实提出某种哪怕是微乎其微的声称呢？这里似乎至少涉及两种作用：一方面是一个指示作用，即由单词这和那所实现的一种指示，另一方面是它的独特显现，例如通过它所容纳和养育的火来显现。即使是这样的显现，我们看来也只能抓住隐约的一瞥，也许我们只能在间隔中，探察到火的痕迹——在这间隔中，自身变换着的火，解体为一阵瞬间的光亮。还有其他方式么？也许只有在梦中了。

　　就方圆说来说，蒂迈欧的论说前所未有地接近了开端。在转入方圆说的过程中，它的复归诺言将其引入一个区域，在这个区域中，它能够按照指令，以最近的程度在开端处开始，尽管只是再一次开始，是第二个开端。在这一论说中，蒂迈欧大胆地用专名称呼迄今为止只是被计数的或者以其影像之名讨论的东西。然而，将它分离出来的区别有着如此大的破坏力，以致即使是专名概念最终也未达到目标,并且表明,它仅仅能够暗示此处所讨论的意义——或无意义。

χώρα一词是怎样的呢,如果它在《蒂迈欧》中确实起到一个词的作用? 其意义(在正统含义上)的断裂,使得我们需要讨论关于其翻译的大量复杂问题。如果按照康福德和 A. E. 泰勒的解释,①将χώρα译为空间(space),那么我们将不得不立即从该词中取消许多我们必定会从中听到的含义。因为,很明显,χώρα并不是后笛卡尔物理学中的均等空间。它甚至也不是如古希腊原子论所讨论的空洞空间,虚空;因为这种空间被称为τὸ κενόν[虚空],而且实际上在《蒂迈欧》下文中有所讨论(58b)。同样也不能像托马斯·泰勒那样将χώρα译为地方(place)——他实际上是把卡尔基迪乌斯对χώρα的翻译 locus[场所]翻译为 place;②因为那样的话,人们将混淆χώρα与τόπος[地域、场所]之间的区别,而且会冒险将柏拉图的方圆说等同于亚里士多德《物理学》中的空间学(topology)。

然而,问题不仅仅在于:这些翻译都不充分,而且需要太多限制,以致最终几乎等于什么也没说。从某种意义上说,它们根本不是翻译:因为就χώρα的意义已经断裂而言,不可能有对它的翻译——至少按照一种正统的翻译概念来说。这一概念最早在《克里蒂亚》中创立,因而恰恰在柏拉图的这一文脉中有其渊源。根据这一概念,提出χώρα的一种翻译就意味着这两个词——χώρα和

---

① Cornford,《柏拉图的宇宙论》,前揭,页 192。A. E. Taylor,《柏拉图〈蒂迈欧〉注》,前揭,页 343—344。
② Plato,《〈蒂迈欧〉与〈克里蒂亚或大西岛〉》(The Timaeus and the Critias or Atlanticus), Thomas Taylor 译,页 171(这个页码是再版中的页码)。《〈蒂迈欧〉,卡尔基迪乌斯译注与导言》(Timaeus, A Calcidio Translatus Commentarioque instructus, London, 1962, 页 50)。

χώρα的译词,有着相同的语义关联,即有相同的意义;于是,翻译就在于经由这共同的意义从一个词移向另一个词。由于χώρα没有意义,至少在这正统意义上没有意义,所以它本质上不可翻译。它是如此扰乱翻译,以致进行翻译也许还不如就用一个专名——在这个限度内它与专名相似。

另一方面,即使是在《蒂迈欧》中,χώρα也与基于其他文本的用法——在这些文本中没有出现这种断裂——存在着语义类同,同时当然也与它在古希腊语言本身中的关联存在语义类同。就此而言,一种侧面的翻译或者暗示仍然有效,尽管是在一种悬留的意义上,否则,在方圆说中出现的χώρα就无法翻译。因此,虽然我们不翻译方圆说中的χώρα,但我们得承认,在其他文本中(甚至在较小程度上,也在《蒂迈欧》的其他部分中)对它的翻译是合理的,例如翻译为地方(place)、地域、国土等。例如在《法义》中,在雅典人制定贸易规则的那段话中,似乎没有争议,该词表示类似地点的意思:雅典人说,这种商品交易应该在市场上指定的χώρα进行(《法义》915d)。在另外的对话中有两段话提到哲学的χώρα,也许我们仍可以译为地方(place),虽然是在一种无疑更特殊的意义上。一处是在《王制》中,谈论那些最好天性的败坏,它们如何背弃了哲学,而与此同时,那些卑劣的人如何乘机亲近她;结果,哲学本身被玷污了,它的χώρα变得空洞(κενός),虽然里面充满了动听的名称和矫饰(《王制》495c)。另一处是在《智术师》中,与潜逃进非存在之黑暗的智术师相对比,哲学家致力于存在,但由于这χώρα的光明而难以看见存在(《智术师》254a)。因而,在此处,这地方(place)不仅是哲学家的,而且同样也是存在(being)之光辉所在之处,甚至(根据异乡人进一步的提议)是一个神圣的地方。

在《法义》中有许多明显的密切关联,因为在其中,χώρα前所未有地频繁出现,而且事实上总是具有明确的前哲学含义,或者至少确定地保持了《蒂迈欧》在该词中制造断裂之前的含义。有时候,χώρα 也用于表示地形或地带,而且被描绘成——例如——是崎岖不平的(τραχεῖα)(《法义》695a),或者是各式各样的(παντοῖα)(《法义》833b);还有谈论与地形性质(κατὰ φύσις τῆς χώρα)相适应的骑马比赛(《法义》834c),以及正好在对话开头,克利尼亚(Clinias)所说的,克里特的地形不是水平的,不是平原(πεδιάς)(《法义》625c—d)。按照事实上的翻译,我们也可以说:克里特不是一个平原国家。在一些段落中,χώρα 表示被耕作培植(θεραπεύειν)——如同母亲照料子女——的农场土地(《法义》740a;比较 745d)。不过,该词更经常出现的在此一般意义上的显著用法是表示与πόλις[城邦]相区别的含义,即区别于城邦的乡下(country)。例如,《法义》中提到城邦周围的乡下(《法义》704c),提到从乡下进入城邦的道路(《法义》763c);在若干段落中,χώρα 和 πόλις 作为两种相区别的区域,即乡下和城邦,被同时提及(《法义》759b、817a、823e、945d、950d)。而《法义》中 χώρα 更频繁出现的含义是表示国土(country),即在全部领土和完整政治单位意义上的国土。有时候,表示这种含义的 χώρα 明确地将 πόλις 视为处于 χώρα 之中,即城邦要尽可能地设置在国土的中心(《法义》745b),而且,城邦和全部国土都要分成十二个区(《法义》745c;比较 745e、758e、760b—e、761a、763a、969c)。该词还相当频繁地以这一含义出现在一种更宽泛的模式中,如在某段落中,法律高调地宣告:如果奴隶或外国人在盗窃圣物时被抓住,那么要在他们的双手和前额烙上印记加以诅咒,要处以鞭笞,要把他们赤身裸体地扔到国境以外去(ἐκτὸς τῶν ὅρων τῆς χώρα)(《法义》854c—d;比较 855a、866c、867e、881b、936a、938c)。同样的情况也出现在在讲述当外国人因公务从其他国家(ἐξ ἄλλης χώρα)过来时应如何接待(ὑποδέχεσθαι)的段落中(《法义》953b;比较930d、953c—d)。还有一段话也是如此,这段话讲的是,有些人由于发疯实施了违法的暴力行为,目的是要推翻政治制度(πολιτεία),有些人犯了杀人罪、双手沾染了鲜血;这些人要被遣送到其他国家和地方(εἰς ἄλλην χώραν καὶ τόπον)流放一年(《法义》864e)。这段话尤其值得注意,因为它将χώρα和τόπος连用,这种连用以最令人困惑的形式出现在方圆说的中心。不过,在此处,我们看不出它有什么问题,许多以这种广义的国土(country)含义出现的χώρα也没有问题(《法义》662b、705c、706b、707d、708b、737d、752d、830e、847c、871d、874b、920e、949c;亦见《王制》388a、《政治家》259a)。然而,即使在这一宽泛含义中,该词在一些例子中也非常确定地表明:城邦和乡下彼此对立,共同被纳入该词含义之中:例如有一段话讲述斯巴达人如何在该国(ἐκ τῆς χώρας)禁止过度饮酒,因而不论是在城市(ἄστυ)还是在乡下(ἀγρός),都看不到酒宴(συμπόσια)(《法义》637a)。

在《蒂迈欧》诸论说中,尤其在方圆说中,χώρα一词所起到的作用,并非与将χώρα译为地方、地域和国土所表达的前理解不相关联。其实,许多在上述例子中提出的关联和描绘的影像,对方圆说及与之密切相关的论说都有所启示,尽管这当然只能伴随着各种替换和转化,更不用说《蒂迈欧》中这些关联和影像出现于其中的高度难解的语境了。χώρα不仅被认为表示πόλις所在地之类的意思,而且也与城邦的某种边界或局限相关,并因此转而与不同于城邦的东西相关。虽然在方圆说中根本没有提到城邦,虽然即使其他与方圆说关系非常密切的论说似乎也对政治问题相当疏远,但我们有必要牢记更大的背景明显具有政治性,有必要牢记,蒂迈欧所作的整个广泛的系列论说被置于克里蒂亚两次关于雅典起源的论说之间,而且正是为了引入克里蒂亚对远古雅典的

第三章 方 圆

第二次详细说明——在《蒂迈欧》中这只是一个计划。克里蒂亚的提议实际上指出,蒂迈欧的论说是为了提供原材料,即由其论说所造的人,或者至少是许多很不一般的人(27a—b),而克里蒂亚接着再通过论说将这些人塑造为城邦人,远古时代的雅典人。上述《法义》例子所描绘的那些影像,那些关于地域、母亲以及接待的影像非常明显地模仿了蒂迈欧第二篇论说的内容。不过,其中最独特、意义最深远的模仿是在异乡人关于 χώρα 的论说中,χώρα 被当作存在的领域,是存在发出光芒的地方,它的光芒似乎只有哲学家才能看得见。

即便就 χώρα 在方圆说中发挥的作用而言,毫无疑问,它也与对应的动词 χωρέω 有关,尤其是它的两种含义。首先,它表示为另一个腾出空间,即让位或退避。例如,荷马颂诗(Homeric Hymns)中有一首这么写:"大地从下面让出路(γαῖα δ'ἔνερθε χώρησεν)。"① 相应的暗示有关退避,而在退避中又接纳、吸引某物进入它自身。χωρέω 也表示向前,表示在运动或变迁中,如在《克拉底鲁》(Cratylus)中被归于赫拉克里特的那句格言:

> 赫拉克利特说,一切皆动(πάντα χωρεῖ),无物常住;他将事物比做一道川流,并说你不可能两次走下同一条河。(《克拉底鲁》402a)

言说 χώρα 并非完全不同于言说流变(flux)。

下文是对 χώρα 的言说,即方圆说,或者更确切地说,是一种翻译:

---

① 《献给德墨忒尔》("To Demeter"),页 429—430。

再者,第三种类型是 χώρα,它是永久(ἀεί)而不朽的,它为一切生成者提供住所(ἕδρα),要领会它,需要通过非感觉(nonsensation),通过一种不纯的推理(λογισμῷ τινι νόθῳ),这种推理很难说是可信的;看它时,我们在作梦,并确信任何存在的东西都必然(ἀναγκαῖον)处于某个地方(τόπος)并占据一定 χώρα;既不在地上,也不在天空中的东西根本就不存在。对于所有这些东西,对于与之相类的东西,对于涉及它们具有的清醒且真实潜在的性质(wakeful and truly underlying nature)的东西,我们都无法摆脱梦境,无法清醒过来辨识[这些]并说出真相:因为影像据以形成的东西本身其实并不属于影像,而总像是其他事物的影子(φάντασμα)那样出现——所以,对它而言,在其他事物中生成是合适的,它至少以某种方式维持其存在,否则就什么都不是了;然而,准确真实的 λόγος 有助于[揭示]以符合存在的方式(τῷ δὲ ὄντως ὄντι)存在的东西:两件东西既然不同,就不可能存在于对方之中,从而不能同时既成为一[即同]又成为二。(52a—b)

即使不译出 χώρα,我们的翻译也无法复原古希腊文本的语义结构,这当然是不言而喻的。它至多只是免得我们大量回溯柏拉图文本的论说和概念形式——通常是该文本首创的论说和概念形式。

χώρα 被说成永久(ἀεί)不朽,也就是不会腐朽、败坏和消亡(φθορά)。这对应于它与生成者的严格区分:正是在其中,生成者生成,正是从其中,朽坏者朽坏、消失。它是所有生成和毁灭的前提,因而它本身不会生成和毁灭。因此,蒂迈欧对它的言说采用了他对可认知 εἴδη 的言说,这种言说实际上是从其第一篇论说开端处最早提出区分时开始的。现在他以这种方式明确了另一种关系,即第三种类型如他所言以一种极其复杂的方式分有了可认知事物:两者都是永恒不朽、不会毁灭的。

不过,此处蒂迈欧不是将其称为生成的在其中和从其中的东西,而是宣布 χώρα 为一切已生成之物提供(παρέχω)了一个住所(abode)。这个词是对 ἕδρα 的翻译,在更普遍的含义上,它表示席位、座位,尤其指诸神的座位或住所,因而也表示祭坛或神殿。虽然,在《蒂迈欧》的下文中,该词用于表示器官(如肝)的位置(67b;亦见 62a),但在当前文脉中,看来可以判定,此处与神殿的语义关联看来是明确的:与神殿一样,χώρα 表示一个住所,以某种方式接纳、保持某些更高的东西,尽管这些东西更加尊贵。①

蒂迈欧说,χώρα 要通过非感觉(nonsensation),通过一种不纯的理性推理加以领会(触及:ἅπτω),这种推理很难说是可信的。可信的(trustworthy)一词是对 πιστόν 的翻译;蒂迈欧之前讲到火、气、水和土时曾用过这个词,他说我们无法以可信的(trustworthy)方式将它们各自判定分明(49b),因为当我们正要说这种东西是什么时,它已经在转化循环中变成另外的东西了。χώρα 同样在躲避,如蒂迈欧所言,它极其难以捉摸。它对视觉的躲避更甚于飞逝的火之痕迹。它的不可见甚至比可认知 εἴδη 更始终如一。它根本不显现为自身,而只显现为——例如——它所容纳的火。如同 χώρα 所容纳的火之类的东西,它们只是它们自身的飞逝痕迹(ἴχνος,见 53b),而这种在这些痕迹中的显现以及显现为这些痕迹的方式不足以提供一个 χώρα 的影像,因而不足以为出自这种显现本身的 εἰκὼς λόγος 提供一个可信的基础。同样明确的是界定的缺乏:如果 χώρα 没有任何规定性,那么如何能言说它呢,既然假定任何对它的言说都是赋予它一种规定? 于是只能有一种不纯的(bas-

---

① 在《法义》(893c)中 χώρα 与 ἕδρα 也有关联。

tard, νόθος）论说，它的合法性也无从建立。在雅典人的惯用法中，νόθος是指城邦公民与外邦女子生的孩子。方圆说也是如此：这不纯的论说是作为父亲的城邦公民蒂迈欧与（具有飘忽不定的异己性、它者性和陌生性的）作为母体的χώρα的产物。但是，蒂迈欧为什么说这种领会是通过非感觉（μετ' ἀναισθησίας）来进行的呢？毫无疑问，此处回应着此前关于可认知形式的说法，即对它的领会无需感觉，即为νοῦς所领会。但是，短语"通过非感觉"也更明确地表达了这种论说与χώρα的独特显现之间的关系：在这种显现中一闪而过的只是飞逝的痕迹，这还不涉及感觉，因为这种感觉特性在第二篇论说的接近末尾处（61c—69a）才建构起来。

蒂迈欧说：看χώρα时，我们在做梦，并确信任何存在的东西都必然（ἀναγκαῖον）处于某个地方（τόπος）并占据一定χώρα。提到必然（ἀναγκαῖον），就在暗示我们，整个第二篇论说都与必然（ἀνάγκη）有关。大概正是在此处的方圆说中，蒂迈欧提出了确定或支撑必然本身的必然。正是出于必然——尽管为梦境所笼罩——所有的存在才都处于某个地方（τόπος），并占据一定χώρα。也许并非巧合的是，我们译为占据的词κατέχον具有双重含义：它也可以表示限定或抑制。① 那么，占据一定χώρα的存在也为χώρα所限定和抑制。如同黄金限制了在黄金中模铸的形状。

但是，这梦又是怎么回事呢？在梦中，χώρα显现为一个地方，一切存在物都必须身处其中。在这一梦境中，χώρα，或者更确切地说是χώρα的梦中影像，作为某个地方在我们面前徘徊，这个地方是如此包罗万象，以至于任何东西都不能离开它而存在。但是，梦中的东西是什么呢？在《王制》中，苏格拉底告诉格劳孔梦

---

① "克力同（Crito）甚至在我之前就起身走了出去，因为他抑制（κατέχειν）不住泪水"（《斐多》117d）。"战船上的队伍也跟着禁不住大笑起来（γέλωτα κατέχειν）"（《拉凯斯》（Laches）184a）。

境中的东西是什么;或者更确切地说,他要格劳孔确认他(即苏格拉底)所认为的梦境中的东西。苏格拉底问格劳孔:

> 如果有人相信有许多美的事物,但他既不相信有美本身,又不能追随他人的引导去认识美本身,那么你认为他的一生是在做梦还是清醒的呢?请你想想看,一个人无论是睡还是醒,只要他不把摹本当成摹本,而是当成了所摹仿的事物本身,那不就等于是在梦中吗?(《王制》476c)

格劳孔同意说这样的人是在做梦。苏格拉底接着又把梦中人与相信有美本身,同时能够区分美本身和类似于美本身的具体事物的人相对比。格劳孔同意说后者非常清醒。如此看来,梦中的东西就是一种影像,在这梦中,影像没能被发现为仅仅是影像,而是径直被视作原型。而与梦中人相对比,有一种人能够辨别出影像和它的原型,他清醒地知道这区别,即使是在看影像时,也能够分离出影像的原型。

在 $χώρα$ 之梦中,正是这种区分没有得到严格辨识。在梦中,就所有的存在物而言,我们都确信一对双重的必然:它们处于某个地方($τόπος$),并占据一定 $χώρα$。倘若我们认为这些必然都是同样一种必然,那么我们就在梦中简单地听从、接受了一个"地方"的影像,其中填充了存在着的万物。在梦中,关键的是,$χώρα$ 的这个影像与 $χώρα$ 本身混在一起,也就是说,就像梦中总是发生的那样,我们无法将影像辨别为影像,没能从中分离出原型,即 $χώρα$ 本身。反之,$χώρα$ 被简单地与一切事物所在的地方($τόπος$)混在一起。此处,$τόπος$ 不仅表示某种模糊、不确定意义上的地方,更确切地说,它表示某种类似于区域(region)的东西,在某种意义上,它与内在地归属于这片区域的火、气、水和土不可分离;例如,在上部的区域,被界定为火和以太的区域。下文在谈到火、气、水和土时,蒂迈欧将明确地说:"由于容器的运动,大部分同类痕迹都聚集在它们各自的区域(τόπος)中"(57c)。① 这样,χώρα 与其影像的混淆就是 χώρα 与一片充满着可感事物之区域的混淆。在梦中,我们倾向于抹杀 χώρα 与可感事物的区别,甚至当一种众区域(regions)之区域——在其中,所有事物都有他们的位置——的影像在我们面前徘徊时,χώρα 的这一影像与 χώρα 本身的区分仍然没有得到辨识。② 不过,在梦中,还有一种同样明确的混淆,即可认知事物与可感事物的混淆:梦中幻象是一种关于区域的幻象,在其中所有存在物都得到安置,而从梦中清醒过来的人会看出——如蒂迈欧接着说的——可认知的 εἴδη 是分离开来的,它们不会变换地点,转变成别的东西。③ 从梦中清醒意味着区分这三种在梦境中被混淆的类型,意味着根据它们的独特性计数这三种类型:1,2,3。

  蒂迈欧谈论了这种觉醒,讲述了如果我们清醒的话可以说出的真相,包括讲述准确真实的 λόγος,它有助于揭示第一种类型,有助于揭示以符合存在的方式存在的事物:"两件东西既然不同,就不可能存在于对方之中,从而不能同时既成为一[即同]又成为

---

① 后来,蒂迈欧还提到这些痕迹的位移是"上下来回运动,并趋向自己的区域(τόποι)"(《蒂迈欧》58b—c,比较 63d)。在《克里蒂亚》中,当克里蒂亚说:"很久很久以前,诸神用抽签的方式接管了整个地球上的不同区域(τόποι)"(《克里蒂亚》109b)时,τόπος 显然有区域的意思。甚至在亚里士多德那里也可以找到这种用法:见《动物历史》(*Progression of Animals*) 706b。
② 在《法义》(760c)中,我们发现短语 τοὺς τῆς χώρας τόπους,这里需要区分 χώρα 和 τόπος。
③ "柏拉图说,这些话类似于梦中人说的话:在梦中,存在与存在的影像相混淆。因为,在他看来,被造的个体事物,即我们错认为真实存在的东西,只能存在于一个确定地方;而真实的存在,即理念,不存在于任何地方,不存在于任何时间中。对于它们的存在,我们所能说的只是:它们存在"(Martin,《柏拉图的〈蒂迈欧〉研究》,前揭,2:176 n. LXI)。

第三章 方 圆

二。"换言之:不论自身同一的可认知εἶδος是怎样独特的一,它都不可能进入它者而又同时保持自身同一,它不能既是自身又是它者,从而是二。可认知εἶδος不接受外物,每一个都只是自身,只是一,与自身同在的一,自身同一。这一绝对的自身同一性使得可认知εἶδος不可能属于影像,尽管可认知εἶδος印出影像(即成为影像之父,为影像赋形),从而使影像有了它的名字和"模样"。这就是为什么影像是一种幻影,它需要借助某种手段,虽然与存在(being)相分离,但能依附于存在,从而不致于什么都不是。幻影往来于其中的χώρα正是那个他者,它保全了影像——无论这影像模仿着χώρα之中哪一种存在的痕迹——从而使其虽然远离存在(事实上与存在完全分开)也不致于什么都不是。影像能够复制εἶδος,不需要后者从属于它,不需要一变成既是一也是二,从而不再是一,只因为影像是由χώρα所生,因为χώρα养育了影像,将之作为一种准存在加以庇护,并通过赋予它这种准存在而使之得以诞生。由于养育且庇护了影像,所以χώρα绝不只是一面镜子——永恒的存在将反映在镜中,而乾坤也能以如下方式制造出来,如同一个聪明且神奇之人,通过携带着镜子遍照四方,便能制造出所有的事物(《王制》596c—d)。我们宁可称之为幽灵之布景,它使幻影显现,并因而自我隐藏,它赋予了飞逝的幻影以任何一种它们所喜爱的存在之痕迹。

因此,正是χώρα使得存在能够在影像中得以复制,实现了存在的双重性。①

不过,这取代或限定二分框架的步骤——也就是引入第三种类型——同时也建构了二分框架的可能性,使存在在影像中得以

---

① 《泰阿泰德》(180e)以否定形式表述了存在的两重性与χώρα之间的关系:麦里梭(Melissus)和巴门尼德(Parmenides)"坚持认为万物都是在自身之内保持静止的个体,在其中并无可移动的χώρα"。亦见《巴门尼德》149a。

复制。现在就显然可见，第一篇论说何以不得不将二分框架悬置起来：因为这种二分本身就值得置疑，只要缺乏第三种类型的作用，二分就是不可能的。我们总是不得不从二数到三。然而一旦引入第三种类型，这二分就会受到限制，它的独有主权就被打乱和取代了；而且在超越存在之存在的意义上，我们不再能够说只存在(il y a)可认知和可感的存在者。

如果，我们认为形而上学正是在二分框架的支配下构成的，那么方圆说可以说既建立又替换了形而上学，两者同时产生。形而上学的创立使其自身面临深渊，面临深不可测的 χώρα，χώρα 同时既是起源也是深渊。我们可以在必要的保留意义上说，形而上学的开端将会已经是形而上学的终结。

我们梦见 χώρα。然后，像蒂迈欧那样，以一种不纯的论说——第三类型的论说——言说 χώρα。不知何故，我们适合于以这种论说来言说第三种类型的存在，这种论说是与外来的、滥交的却又永远贞洁的母亲交媾的产物。

我们梦见 χώρα。尽管在梦中我们没能正确地分辨出这三种类型的存在，尽管我们混淆了这三种类型的存在，χώρα 仍然在这梦中显露出来。这梦不仅混淆了同时也透露了我们所梦的东西，正如一种影像，尽管没有与其原型区别开来，仍然使原型显现出自身。我们能够清醒地面对这个梦，即便我们被笼罩在这梦的影响中，困于自身，无法从中醒来。我们能够保持清醒，而且能够作出正确的区分，如蒂迈欧的行动所示范的，即说出我们在清醒时可以说出的真相。在清醒时，梦中所透露的 χώρα 的情况，能够通过展开我们在梦中没有分辨出的区分而逐步显明。正是就此而言，我们需要注意蒂迈欧第三篇论说开头附近就肝所说的话。他说，肝是 χώρα 在人类身体内的复制。对于这一复制品，虽然从不是对于 χώρα 本身，他用了镜子影像：肝被造得平滑光亮，因而"肝像镜子一样,源自 νοῦς 的思想力量压印在上面,并反射出可见的影像"(71b)。正是在肝脏周围的那部分灵魂"节制地度过夜晚,在睡眠中得到预示(μαντεία),① 因为它并不分有 λόγος 或睿哲(φρόνησις)"(71d)。于是,在灵魂和肉体的较低部分,有一个提供预示的器官,作为神的礼物,弥补人的愚昧。只有当人类在理智能力受到睡眠的束缚时,或者在由于疾病或神灵感应而心智狂乱的时候,人类才能接受预示。蒂迈欧说:

[预示]只属于如下这样的人,他处于健全的心智状态(ἔμφρων),回忆并思索无论是在梦中还是醒着的时候,通过占卜和神灵感应的本性所说的事情。(71e)

当从 χώρα 之梦中醒来时,我们大胆地使用关于 χώρα 的不纯论说。或者大胆地谈论梦境,谈论苏醒,谈论 χώρα。正如在方圆说中那样。

---

① [译按]或译神谕。

第四章　方圆的痕迹

一、从痕迹到本原物体

当接近方圆说时，蒂迈欧将这三种类型计数了三次。第一次出现在第二篇论说开始附近（48e）：鉴于前两种类型已经区分出来，现在必须揭示第三种类型。按照在方圆说的起点和开端处建立的计数框架，第一种类型是自身同一的可认知 εἶδος，第二种类型是生成的可感物，第三种类型则是 χώρα。第一次计数可以这样来表示：

1，2——现在的 3

这一计数显示了第一篇论说的［二分］构架以及由此开始的转向。

第二次计数正好在关于飞逝的火、气、水和土的讨论之后，飞逝的火、气、水和土在它们的循环圈内彼此转换形态（transformations）（不过严格来说，它们还根本不具备成形的形态［formations］）。这一计数出现在对第三种类型的讨论中，第三种类型被当作这些易变事物的容器，也恰恰在此处，蒂迈欧正在呈现各种不同影像，意在描绘此容器的承载特性（50c—d）：我们要思考这

三种类型,即生成者、生成者的承载体、生成者所模仿和所由出的东西。按照同样的计数框架,这第二次计数可以这样表示:

$$2,3,1$$

这一计数显示了朝向前乾坤(precosmic)可感物、朝向飞逝之痕迹的转变。

第三次计数紧接着第二次(50d):此处适合做这样的比喻,容器(recipient)是母亲,生成者所由出(from which)的东西是父亲,生成者则好比两者结合所生的孩子。[这第三次计数可以]表示为:

$$3,1,2$$

这一计数显示了对 $χώρα$ 的关注,$χώρα$ 从此处开始发挥作用,其效力一直保持到方圆说结束。这次对 $χώρα$ 的关注正好出现在 $χώρα$ 被称为母亲之时,这并非完全巧合。

此后,又有一次对这三种类型的计数,它出现在从方圆说的起点转向方圆说本身之处。更准确地说,这是第一次——假定正确的——计数的翻版,在此处 $χώρα$ 最终被以专名指称(52a—b):首先是自身同一的 $εἶδος$,其次是生成的可感物,此外,第三种是 $χώρα$。这一计数的框架是:

$$1,2,3$$

不过,就在方圆说之后,还有最后一次计数(52d):存在、$χώρα$ 和生成者——也即:

$$1,3,2$$

这次计数框架性地显示了方圆说所揭示的内容,并在某些方面表明:为了产生一种被生成的影像(也即在存在之外,对存在进行的复制),需要有可认知的 $εἶδος$ 和 $χώρα$。

在进行这最后的对三种类型的计数时,蒂迈欧陈述了他所认同——他亲口赞成——的解说:它表明"存在($ὄν$)和 $χώρα$ 以及生成物，这三分形式的三者在天穹产生之前就存在(εἶναι)"（52d）。此处的论说有一个明显的变化，违背了方圆说中所要求的最确切且最具彻底区别性的论说，背离了这段程度彻底的论说所提出的要求。有两点迹象显示了这一背离。首先是把这一解说称为ἐν κεφαλαίῳ[总而言之、就其首要者而言之]，因而暗示了这种转换，它不再关注：人们是将该短语仅仅当作作总结，还是将其理解为仍同此前一样，与头（the head）发生着关联。第二点暗示源于所使用的特定描述：每一种类型都被说成是存在(to be, εἶναι)，尽管其中只有一种被称以存在(ὄν)之名，并且，尽管方圆说早已宣称，生成者和χώρα都远不是存在，与存在有着霄壤之别。

另一方面，这一紧接着方圆说的简短论说（52d—53c）的确冒险做出了某种扩展，在某种意义上超越了方圆说。这一论说不再仅仅针对第三种类型，不再仅仅试图以一种合适方式来言说χώρα。而是也——事实上同样地——针对第二种类型。时间也仍在天穹产生之前，更准确地说，在这时，构成第二种类型的本原物体（火、气、水和土）还不是它们自身。此时尚且缺乏尺度和秩序，乾坤尚未诞生，此时（实为先于时间的产生之时），如蒂迈欧所言，神尚未登场，而火和另外三种东西"只有它们自身的一点痕迹(ἴχνος)而已"（53b）。因此，这一论说针对的是χώρα和诸痕迹。它将这两者构想在一起，描述了痕迹如何存在于χώρα之中。

在这一论说中，蒂迈欧再次提到χώρα的显现。通过回溯一个前方圆说的名称（虽然是最显著的名称之一），蒂迈欧说到生成的看护者如何"看起来具有多种形式"（52d—e）。先前所言已经表明，这种显现包含了对各种痕迹的某种分配：例如，燃烧的部分看起来就像火。不过，现在，蒂迈欧讲述的是这一分配得以产生所

第四章　方圆的痕迹　　　　　　　177

依靠的运动。它是一种复杂的运动,既包括 χώρα 的运动,也包括 χώρα 之中痕迹的运动。

我们可以认为该论说以最古老的深度回应了苏格拉底的愿望,即想要听到一篇描绘存在者——无论是人为的(artificial)还是处于静止状态——运动起来的论说的愿望。苏格拉底所说的这种存在者是他刚刚描述的城邦,城邦的公民则将由蒂迈欧的论说来提供。苏格拉底想要的,是使贯穿《蒂迈欧》、并延伸到《克里蒂亚》的整个系列论说运动起来的东西。

我们将 χώρα 说成是某种自我运动的东西——尽管它当然不是某种物件(thing)——这并非没有矛盾。因为 χώρα 不仅完全无形而且也不可见,甚至总是不可见,而我们毫不费力便可判断为运动着的物体,则是可见的,它们占据着某个地方,并移动到其他地点,或者至少在同一地点改变自身的位置或状态。但是,χώρα 如何能够处于某地并在此地之中或朝此地之外移动?至多,我们只能差强人意地说: χώρα,如同在 χώρα 之梦中,①是一种区域的区域,某些其他东西可以在其中移动。不过,在这一点上,我们有必要记住,τόποι 不仅预先假定了运动,而且正是由运动所规定的:在上的区域是火按其本性所趋向的区域。蒂迈欧在此处所描述的正是痕迹运动对区域的规定——尽管所谓 χώρα 处于自我运动的说法仍有矛盾,实属梦中之言。

χώρα 的运动源于 χώρα 内(诸痕迹之)力量的差异和不均衡。因为自身不均衡,看护者不均匀地晃动,并为各种力量所摇荡(如同地震[σείεσθαι]一般)。不过,反过来,看护者也摇荡着这些力;推动它们,使这些飞逝的痕迹飞散到不同的方向。蒂迈欧用扬谷

---

① 当蒂迈欧指出即使是在乾坤由这些痕迹构成之前,每种痕迹都占据着不同的 χώρα (53a)的时候,他注意到重新入梦,至少是 χώρα 与 τόπος 的某种再次结合。

器的影像来描绘这一复杂运动的结果。结果就是不相似者各自分开,相似者聚集在一起。这样,即使在乾坤生成之前,构成乾坤的火和其他三种东西,尽管还只是痕迹,就已经被各自分隔在不同的区域,同时也因此限定了这些不同区域。

这时,神回来了。从第二篇论说开始直到现在,这位神就一直没有露面。按蒂迈欧所言,他一回来(或者说一到达)就做的第一件事情,就是选定火和另三种的痕迹,通过εἴδη和数使之成形。这样,他就将痕迹塑造成本原物体,即塑造成火、气、水和土本身。① 由于这些物体与第一篇论说中神着手制造乾坤时所处理的物体——当时蒂迈欧视其为理所当然——完全相同,那么蒂迈欧即将提出的关于制造本原物体的解说将使论说在该节点上赶上自身的进度。蒂迈欧将把论说引回到这个节点——彼时正为此节点之故,蒂迈欧才不得不转而开始了第二段论说。此时,在他关于本原物体的论说中,蒂迈欧将终于能够在开端处开始了,尽管他在最开始时没能这样做——因为这原本就无法做到。或者,更确切地说,他将终于能够原原本本,从源头开始:由于无法提供一种可以组成谈论 χώρα 的最确切且最具彻底区别性之论说的 εἰκὼς λόγος,由于无法将 χώρα 付诸 εἰκὼς λόγος,蒂迈欧求助于一种不纯的(bastard)论说,在其中,χώρα 保持其异质性(alien),而且总是回避着论说,正如在某个梦中梦见的东西,而现在,人已从这梦中清醒过来。

蒂迈欧几乎带有歉意地提到,他的关于神如何将痕迹塑造成

---

① Margel 强调,这些被分配到各自适当位置的痕迹,构成了神所承担的这种有机乾坤的可能性:"这些痕迹……可以构成这个世界有机体的拟态可能性(mimetic possibility)。如果不可能存在这些痕迹,如果不可能在各种易变和分散的元素显现中有效地划定明确的(前后)界线,那么,造物神就无法在将这些元素彼此分隔开的固定周线中抓住这些元素。"(《匠神之墓》,前揭,页143)

第四章 方圆的痕迹

本原物体的解说要求一种不一般的论说,所幸诸位听者已有一些了解。若不是这篇论说不仅关乎土的度量,而且也关乎火、气和水的度量,那么我们就可以称之为几何学的论说了。不过,结果将是,土的特定度量使其与另三者有所不同。

蒂迈欧详细描述了神所完成的各种不同构造。他从两种三角形开始。一种是等腰直角三角形,它只有一种形态。另一种是不等边直角三角形,它[的形态]是无限的($ἄπειρον$);因此,必须在这无限的不等边直角三角形中挑选出一种。蒂迈欧说,如果我们想要采取一个合适的开端($εἰ\ μέλλομεν\ ἄρξεσθαι\ κατὰ\ τρόπον$),那么就该挑选出最美的($τὸ\ κάλλιστον$)的一种(54a)——最终,在对神制造乾坤的起点(即本原物体)加以描述之处,确实找到了这种合适的开端。为了避免这无限[的形态]污染并在实质上预先瓦解本原物体——除了其中一种外——的形状,并使这一未来的(would-be)开端折回更古老的地方,神选择了一种最美的不等边直角三角形,当它与其他同样的三角形结合在一起时就形成一个等边三角形。这样,从等腰直角三角形和半等边三角形开始,神由四个等腰直角三角形构造了正方形,由六个半等边三角形构造了一个更大的等边三角形。接着,这些平面形状被用作构造五种正立体中的四种:六个正方形构成立方体,六个等边三角形构成四面体或正三棱椎体①,八个等边三角形构成八面体,二十个等边三角形构成二十面体。② 蒂迈欧讲述了这四种立体接着如何被分配给火(四面体)、气(八面体)、水(二十面体)和土(立方体)的痕迹,从而形成本原物体,即火、气、水和土本身。

---

① [译按]参《蒂迈欧》篇原文及 Cornford《柏拉图的宇宙论》相关引文,此处为作者笔误,应由四个等边三角形构成正四面体。
② 见 Cornford,《柏拉图的宇宙论》,前揭,页 211—219;亦见 Health,《古希腊数学史》,前揭,1:296f.

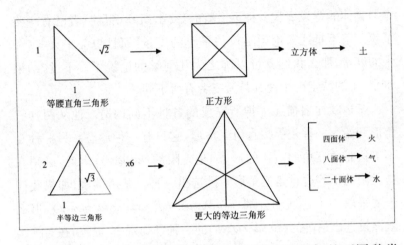

接着是关于本原物体的延伸讨论,讨论了它们的不同种类以及它们之间的相互转化,这些转化是通过分解为它们由之构成的三角形,并再次重组而实现的——这些三角形非常小,以至于我们根本看不到(56b—c)。这一讨论有三点需要强调。(1)蒂迈欧提到本原三角形有不同大小(57d),因而导致每种本原物体都有不同变体。以气为例,他明确提到由于三角形尺寸的不同而产生以太、雾气和其他不同形态的气(58d)。(2)他还提到这些本原物体本身可以混合成其他东西。例如:某种水,更确切地说是一种金属——因为金属是可熔的水——能够与合适比例的土混合产生青铜(59b—c)。(3)三种本原物体(火、气、水)可以彼此转化,因为它们都是由同一种本原三角形构成的。但是,由于土是由另一类不同的三角形构成的,所以不能变成其他三者中的任何一种,其他三者也不能变成土。蒂迈欧明确说:"土永远不会变成另一种形态"(56d)。在这一点上,他说,早先,各种本原物体看起来似乎都能相互转化,但现在他坚持说,这种表面现象是不准确的(54b—c)。蒂迈欧的这一坚决主张,提请我们注意如下二者的不同,一方面是这些几何结构的转换,另一方面是诸痕迹的循环,它们处在生成的循环圈中,转瞬即逝、随时改变,而且不可确定。实际上,蒂迈欧是通过强调土和其他三者之间的差异,而显示了本原物体与诸痕迹之间的差异,同时,这也为后面的一幕场景作了铺垫,在其中,不同于其他三者,土发挥了独特的作用。

二、外方圆说

既然蒂迈欧的论说在某种意义上赶上了它自身,那么问题就在于:该论说是否会回到该论说被中断、并被 χώρα 的痕迹引向了深渊之前的模式和结构。那么,一旦神将痕迹塑造成制作乾坤所用的本原物体,随后的论说部分又如何呢? 一旦这些痕迹被如此这般地吸收整合,一旦它们不再是痕迹,那么,是否还存在 χώρα 的任何痕迹? 无论随后的论说以什么方式描绘 χώρα, χώρα 是否会从对本原物体的解说走向该对话以之收尾的轻喜剧?①

有一种古老的抱怨,由《蒂迈欧》的一位最初的读者提出,他抱怨柏拉图在引入 χώρα 之后却没有在对话的其余部分运用它。亚里士多德就如此抱怨,例如,在《论生成与朽坏》(*On Generation and Corruption*)的一段话中,亚里士多德说:

《蒂迈欧》中所写的内容并没有充分的区别性(does not

---

① 在将对原初物体的讨论视为上文已述的特定含义上的开端时,我们就有理由将全部后续的内容当作某种意义上的单独论说。这一意义在第二篇论说最后一个主要部分的起始处有所提示,这个部分是讨论感觉性质的,紧接在对原初物体的讨论之后(《蒂迈欧》61c—69a)。这一提示就在蒂迈欧对下面这种情况的谈论中,即对感觉性质的讨论纠结于对灵魂可朽部分和肉体的讨论,反之亦是(《蒂迈欧》61c)。既然后者构成了第三篇论说的一般主题,那么,蒂迈欧实际上是在说:第二篇论说的最后一个主要部分与第三篇论说之间有一种相辅相成的关系。

distinguish sufficiently）。因为它没有清楚地说明，此承载万物之物（τὸ πανδεχές）是否与各基本元素相区分。在提出它是优先于所谓基本元素的底基（ὑποκείμενον）——就像黄金是黄金制品的底基——之后，他也没有对其进行任何运用。（329a）

不管怎样有所保留，我们都可以说诸如ὑποκείμενον这样的词语是恰当的，而且，无论我们怎样坚持说《蒂迈欧》确实（在这种本质上就是模糊难解之物所允许的程度上）清楚地指出了此容器与亚里士多德所说的基本元素之间的区别——亚里士多德自己抹去了一个决定性的区别——这种抱怨都可谓简明直接，直入主题，而且直到最近，也仍然在被一些《蒂迈欧》的疏解者提出。①

但是，如何看待这抱怨呢？当我们回到对话本身并且小心地阅读识别的时候，这抱怨还可以得到认可么？

事实上，《蒂迈欧》中有几处对意图的陈述和对进行中的解说的反思，似乎显示了与亚里士多德所言正好相反的意思。例如，在蒂迈欧第二篇论说的开始处，在他刚刚中断论说并采取了一个新开端的时候，他指出乾坤的生成呈现为一种混合体，由理智（νοῦς）和必然（ἀνάγκη）结合而成。随后的论说接着明确提出ἀνάγκη是最终被称为χώρα之物的一个名称。而且，如上文已提到的，如果更加谨慎和敏锐地翻译这段话，那么它所谈论的不仅仅是结合——似乎νοῦς和ἀνάγκη简单地黏合在一起——更准确地说，是一种并列站立（σύστασις），在这并列站立中也有敌对和冲突，就像两个士兵短兵相接。因此，这段话的确切含义是要表明：这个

---

① 例如，Edward N. Lee 的《论柏拉图〈蒂迈欧〉中影像的形而上学》(On the Metaphysics of the Image in Plato's *Timaeus*)，页 349。

第四章 方圆的痕迹　　183

必然性的时刻(moment)、或合唱的(choric)时刻并不会在神返回时被简单同化,而且这个时刻(moment)并不会从此在对话中消失。另一个例子正好出现在关于神如何将正立体形状分配给各种痕迹的解说之后。通过对这一解说进行反思,并提出它只是近似的论说,蒂迈欧指出,神其实正是按照前面描述过的方式来塑造本原物体的,至少——这是关键提示——是在 $ἀνάγκη$ 许可的限度内,在其让步、退避的限度内(56c)。在这外方圆说(epichorology)的论说中还有其他地方相当直接地提到 $χώρα$,例如蒂迈欧说容器的运动是为了使本原物体分别保持在它们各自的区域内(57c)。更不用说,即使在蒂迈欧的第三篇论说中也有 $χώρα$ 的各种不同名称和 $χώρα$ 这个称呼本身。

　　那么,毫无疑问,在神回归之后, $χώρα$ 在某种程度上仍然有效。最起码,它将规定这位匠神在其乾坤制造中所能达到的限度;将限制神圣或理智原因的制造工作。不过, $χώρα$ 不同于生成者,甚至也不同于制造本身,它不可能简单地成为一个被呈现的主题,例如某种伴随 $νοῦς$ 工作而呈现的东西。为什么这样?恰恰因为 $χώρα$ 不可呈现。它本身不会在场,而只以并非自身的其他事物形式出现。甚至在作为(对其进行界定的)论说主题的意义上,它也不可呈现,因为它回避任何界定,只允许不纯的论说。结果是方圆说无法被整合进接下来重新开始①并一直持续到对话结尾的近似的论说。

　　那么,从某种意义上说,柏拉图在对话的其余部分无法使用

---

① 紧接着方圆说,正好在蒂迈欧开始讨论图形——神用这些图形构造出强加给痕迹的形状——之后,蒂迈欧提到了一种将相似性与必然性结合在一起的论说(《蒂迈欧》53d);该论说的这一性质对应于它的主题,即将(为理智洞察提供的)形状强加给(属于必然领域的)痕迹。当论说离开对必然性的讨论时,蒂迈欧开始单纯谈论近似的论说(《蒂迈欧》55d、56a、57d)或者正确的近似的论说(《蒂迈欧》56b)。

χώρα。不过，这并不意味着χώρα没有在神将进行的对各种造物的制造中起作用。它只是不像可以被再现的（represented）的表现（present）出的事物——也就是可以在近似的论说中以相似方式描绘的事物——那样发挥作用。那么，χώρα是如何起作用的呢？在一直持续到对话结尾的近似的论说中，它如何被言说？或者，从某种意义上说，它如何与这近似的论说相伴随？

在第二篇论说开端处，当蒂迈欧描述了一种此前不曾思考、直至当时才纳入考虑的原因时，他才引入了形容χώρα的作用方式的词汇。他称之为一种错误（errant）的原因，错误（errant，是对πλανωμένον的翻译）有漫游和犯错的双重含义。那么，χώρα是如何起作用的呢？以错误的方式起作用：阻挠、转移、误导理性（νοῦς）的工作，将不确定性安置在νοῦς本会给予确定性的东西中。在《蒂迈欧》的外方圆说的论说中，χώρα以追踪错误的方式得以言说，也就是，在神的制造当中标示诸痕迹的运转。通过指出痕迹在运转中的错误和不确定，论说标示了χώρα的各种痕迹。

在蒂迈欧第二篇论说的外方圆说部分中，有若干处标示了这种痕迹，以下列举其中四处。

第一处距离蒂迈欧解说本原物体如何制造的结尾部分不远，本原物体是通过将正立体的形状分配给火、气、水和土的痕迹而制造的。如前所述，蒂迈欧也严密地解释了这些形状本身如何由两种三角形（等腰直角三角形和半等边三角形）构成。这一解说的不同寻常之处标示了运转中的错误：就在完善的次序似乎已经建立起来的时候，蒂迈欧突然指出这两种类型的三角形具有各种不同的尺寸（57d）。这样就证明有无限多种不确定的组合。由于这无限性源于三角形尺寸的变化，它就与任何地域的或甚至是外延的性质相关，而这性质可能在此处代替着退隐的χώρα而发挥作用。

第二处此类痕迹以一个奇特的隔断形式显现,它显得背弃了错误的各种工作。从某种意义上说,它暗自将自己归入以 νοῦς 为导向的秩序:在正立体的结构中正好有一个隔断,因为,为这些正立体提供基础的两种类型三角形,只能构成五种正立体中的四种。从这两种本原的三角形不可能组成五边形,而第五种正立体,即每个面都是正五边形的十二面体,是由这五边形构成的。①蒂迈欧提请注意这一隔断,指出还有第五种形状,并且说,神用它来装点宇宙,② 但没有详细阐述。不过,这时还没有宇宙,因此如果神的确创建了这一立体,那它只有一直闲置,到很久之后才得到利用,事实上,直到时间本身(与天穹一起)产生时,才得到利用。然而,正立体构成中的这一隔断另有所指,指出了几何规则与痕迹的规则之间的不对应,前者中有五种正立体,后者只有四种痕迹。这一隔断构成了理智性事物与必然之间的一种内在不一致。

第三处这种痕迹出现时,蒂迈欧正在讨论四种本原物体,这时论说中突然出现一个隔断,一个不确定性因素,论说中出现了某种沉默。在谈论气时,他指出有各种不同种类的气,因为构成气的三角形有不同尺寸。他说,有以太和雾气以及"其他没有名字(的气)的 εἴδη,它们都是由本原三角形的不等性所导致的"

---

① Health,《古希腊数学史》,前揭,1:296。
② 由于在这五种规则立体中,十二面体的体积最大,因而最接近球体,所以它的分配有特定比例。如某些注释者所提出的,我们可以设想一个具有柔韧性的十二面体延展成一个球体;类似关系亦见《斐多》(110b)(见普罗克洛的《柏拉图〈蒂迈欧〉义疏》,前揭,3:141)。如 Cornford 说指出的,διαζωγραφῶν 一词含混不清:它可以表示"用不同颜色描绘",也可以表示(如 Cornford 的说法)"在上面制作一个动物形状的式样"(《柏拉图的宇宙论》,前揭,页 218—219)。A. E. Taylor 则认为是"将形状绣在上面",他指出这些形状或者说动物(ζῷα)表示众星座(《柏拉图〈蒂迈欧〉注》,前揭,页 377)。

(58d)。但是,既然如他刚刚所说,有许多种不明确且大小不同的三角形,那么此时他实际上是将一种不确定的增殖(proliferation)引入气的形相学(eidetics)。接着讨论水时,他提到几种水的名称,但又说,考虑到不同种类的水的各种混合,"以这种方式产生的大部分类型的水无以名之"(60a)。此处文本的结构非常值得注意。就在他给一些种类的水命名的段落和承认有许多其他无以名之的水的段落之间,蒂迈欧陡然转向论说本身,不是将其称为εἰκὼς λόγος[近似的论说],而是称为εἰκὼς μῦθος[近似的故事],并说这种故事叙述是精心设计的明智而愉快的游戏(παιδιά)。这就假定,由于不确定、不稳定、游移摇摆,一如他正在描述的那种事物,此处的论说正在变成一种游戏,一种有趣的故事,如果事实上不是发生了这种变化的话。他甚至说:让我们放任这个游戏,继续讲述这样的故事。问题是:论说将自身界定为消遣故事,但这种自我界定究竟涵盖多广? 只是延伸到关于本原物体的讨论的末尾么? 或者延伸到第二篇论说的末尾? 或者也可能延伸到整部对话的末尾?

无论如何,我们难以确定在对话的这一节点,εἰκὼς μῦθος这一名称的重现,是否表示在论说的后文中,将出现某种超越游戏性和故事性的东西。在这一点上似乎可以明确的是,λόγος和μῦθος之间的区别并非简单地对应于蒂迈欧对不同存在类型所作的任何基本区分。这里的问题并不是:λόγος适合言说可认知的εἴδη,而μῦθος适合言说χώρα。同样,μῦθος也并不明显优先适用于指称生成的可感影像;事实上,恰恰是在提及生成的可感影像时,蒂迈欧第一次解释说,他所提供的将是εἰκὼς λόγος (29b),尽管几乎是紧随其后,并在同一段关联语境中,他就又提起了εἰκὼς μῦθος。另一方面,我们可以试着考虑,是否与出现在《王制》中的以κατάβασις[下行]、洞穴和厄尔(Er)传说的面貌出现的μῦθος

第四章　方圆的痕迹　　　　　　　　　　187

一样,①这里是要大胆地用 μῦϑος 来言说不同于存在的深不可测的东西。不过,在《蒂迈欧》中,所有言说 χώρα 的尝试都被强调与 λόγος 而不是与 μῦϑος 相关。事实上,从克里蒂亚所提出并由苏格拉底重申的最初建议来看,我们预期他们会提供的是一种真实的 λόγος, 而非虚构的 μῦϑος（26c—e）。于是,问题只在于:当问题在于追踪 χώρα、并在神所造的乾坤之内标示出错误的运转时, μῦϑος 的回归、或回到 μῦϑος 是否不可避免,即便这个 μῦϑος 与《蒂迈欧》开篇只有略微相近的关联。

所标示的第四处痕迹出现于蒂迈欧对感观内容的讨论。因为在这段讨论中,出现了一些不仅没有名称而且没有 εἴδη 的东西,这类感性事物甚至不是可以认知的影像。蒂迈欧特别提到气味,并说它们"不可能有 εἴδη"（66d）。他称之为"半成品类型"（ἡμιγενές）。由于没有 εἴδη, 它们必定比先前讨论的例子更加始终如一地缺乏名称。

《蒂迈欧》的第三篇论说中也标示了 χώρα 的这种痕迹。这一漫游的、犯错的不确定性萦绕在神的作品中,也许甚至也萦绕在被造的诸神的作品中——神分派给他们制造其他生命体的任务——这些生命体的不朽部分除外。在蒂迈欧对制造人类灵魂的有朽部分的描述中,这种痕迹标示得再明白无误了。他说,可朽灵魂内同时有恐惧的（δεινός）和必然的（ἀναγκαῖα）强烈感情。接着,他讲述可朽灵魂如何产生:

> 他们将这些与非论说性（undiscursive）感觉以及极尽能事的欲望（ἔρως）混合起来,以必然性的方式造出了这种可朽灵魂。（69d）

---

① 见《存在与逻各斯:解读柏拉图对话》,前揭,第五章。

这样，由于其可朽部分的这种特定结构，ἀνάγκη和灵魂的错误（即错误本身）就在人类灵魂中运转起来。

在蒂迈欧关于人类身体的论说中，关于χώρα如何在身体自身内复制，并通过复制在身体中发挥作用，有许多提示。我们已经提到肝脏的例子如何明白无误地指出这样的复制：这个器官被造得结构紧致、平滑光亮、甘苦俱全；因此，如蒂迈欧所言，"源自νοῦς的思想力量在肝中运动，就像在镜子中运动一般，这镜子接受物象并反映出可见影像"(71b)。有一个关联也指向脾，在方圆说之前命名χώρα的几个词中有一个用于表示脾，这个词就是ἐκμαγεῖον[擦拭用的布]。脾的功能据说是保持肝的光亮和清洁，就像ἐκμαγεῖον放在镜子旁边作为预备一样。不过此时，该词虽然透露了一定关联，但没有表示基质（matrix）而是表示擦拭者或除尘器。① 而且，肚子的下部即腹部被明确地称作用来装酒食的容器（ὑποδοχή）；其作用是防止酒食过快地通过，即在酒食的流动中将其留住。蒂迈欧说，如果没有这一容器，我们就会因无餍的食欲而遭殃；而且，由于贪吃，我们就会无心追求哲学。于是就有了关于肚子——χώρα的替身（double）——如何使哲学成为可能的有趣故事。也许，我们还可以另加一种故事，关于哲学多么需要影像，而χώρα使影像成为可能。不过，那将是另外的故事了！

甚至在蒂迈欧关于疾病起源的讨论中也恰当地出现了χώρα一词，因为根据他对疾病的描绘，仿佛回到了那据说很普遍的不平衡和摇荡状态，那时神还没有来，χώρα中充满了火、气、水和土的痕迹。蒂迈欧这样描述这四者——不过现在是作为构成人类身体的本原物体——他说：

---

① 关于这一文脉中ἐκμαγεῖον的意思，见 A. E. Taylor，《柏拉图〈蒂迈欧〉注》，前揭，页515。

第四章 方圆的痕迹

　　如果违反自然，就会出现这些本原物体的过量或不足，或者造成在 χώρα 中的改变，即从适合它们的地方移到其他地方，于是该物体就会丧失其自身同一性，而疾病（νόσος）和无限制状态（ἄπειρον）就由此产生。（82a）

当蒂迈欧接下来谈论疾病的治疗，确切地说是谈论灵魂与身体之间对称的恢复时，他指出这是在模仿"宇宙的看护者"（88d）；也就是说，通过回顾先前看护者影像的作用，对 χώρα 加以模仿。要实现这个目的，就不能允许身体有片刻停顿，要通过造成体内的不断摇晃使身体保持运动状态，也就是复制 χώρα 的状态——充满于其中的各种痕迹都被播扬开来。

蒂迈欧的第三篇论说中有许多微带喜剧性的地方。例如描写有人为了治病，试图使自己像 χώρα 及其痕迹一样，这段描写尤其是对男人而言，因为 χώρα 具有母性。有些微带喜剧性之处的确与性有关，涉及两性的差异和联系。

例如关于指甲的小喜剧。蒂迈欧说：

　　因为那些制造我们人类的[神们]知道有一天，女人以及所有其他动物，会从男人那里产生，而许多动物在许多地方都需要使用指甲（ὄνυξ）；①于是，他们就在人刚刚出世时给人安上了指甲的雏形。（76d—e）

这个故事是说从男人生出了女人，并进而生出了动物！而男人有指甲是因为指甲是动物所需要的。或许也是女人所需要的。

　　不过，在这一点上，最值得注意的是第三篇论说结尾的方式，

---

① ὄνυξ 一词不仅表示指甲，也可以表示动物的爪和蹄。

同时也是整部《蒂迈欧》结尾的方式。如果刚好没有这一结尾,这篇论说似乎就达到了一种高潮,达到了上升的顶点。蒂迈欧只谈论了(寓居在头部的)灵魂的神圣部分,并谈到,我们要参照乾坤的和谐和旋转,以使我们天生就被搅乱的头脑能够像乾坤一样旋转。这一上升无异于返回蒂迈欧第一篇论说的范围;无论从风格还是从内容来看,它看起来都非常类似于在第一篇论说末尾发出的指令——就在为了转向 χώρα 而中断该论说之前。在这种上升中,与之前一样,主题是一种模拟以及模拟发生于其中的各种结构;它是一种参照范型的模仿,目的是为了制造与这范型相像的东西——此处指的则是人的神圣部分。最值得注意的是,正是在此处,突然出现了一出喜剧——一出性喜剧,它打断了上升。恰与之前一样,在第一篇论说中,上升被转向 χώρα 的必然所中止;又如,在关于理念的城邦的故事中,则是 ἔρως 之力中止了上升。

蒂迈欧如此说:

> 这种骨髓,我们称之为种子,由于充满活力且被授予一个出口,它在出口所处的部位注入外泄的充沛欲望,使该部位具有传种的爱欲。因此,男人的生殖器的本性是不安分和任性的,就像听不懂 λόγος 的生物,受着狂热欲望的驱使试图主宰一切。而由于同样一些原因,在女人身上,也有一个器官,我们称之为孕育处或子宫,它是一个内驻的生命体,有怀胎的欲望。如果超过发情期而长久没有结果,它就会烦恼,发生错乱,在体内四处游荡,阻塞呼吸道,阻碍呼吸,给身体带来极大的痛苦,进而引发各种病乱,直到两性的欲和爱(ἡ ἐπιθυμία καὶ ὁ ἔρως)将两性结合在一起。(91b—c)

因此,就在上升的这一时刻,或者说上升被中止的时刻,出现了一个喜剧转换,即从男性到女性,到未来的母亲——她的子宫会发生错乱,四处漫游($\pi\lambda\alpha\nu\omega\mu\acute{\varepsilon}\nu o\nu$)。蒂迈欧讲述了子宫的耕地如何获得孕育生命的种子,供给营养,然后使其诞生,得见日光。蒂迈欧似乎得出了一个结论:"女人和所有雌性生物就生成为这个样子"(90d)。但他没有具体说明女人是如何形成的,其他雌性生命是如何形成的,性别差异是如何出现的,而只是将其视作理所当然的事情,就如同从男性生殖器到女性生殖器的喜剧转换一样滑稽可笑。我们会猜想,性别差异是否会比蒂迈欧比作父亲和母亲的那些存在间的差异更好理解一些——一边是存在本身,即可认知$\varepsilon\check{\iota}\delta\eta$,另一边是存在之外的存在类型,它的最贴切的称呼就是$\chi\acute{\omega}\rho\alpha$。

接着出现了有关上行、上升和飞行的喜剧转化。因为,一待讲完女人的生育并得出滑稽的结论后,蒂迈欧就接着说:

> 现在,至于鸟类,它们由那些不害人但却智力低下的人(男性:$\dot{\alpha}\nu\acute{\eta}\rho$)转化而来,它们以羽毛代替这些人的头发。(91d)①

不足为怪的是,论说又突然被拖向地面,讲述那些前肢和头部都朝着土地的动物,它们是由那些不懂哲学和天文的人转化来的。往下,论说继续急速下降,讲到头部被拉长的动物、非常愚蠢以致需要许多条腿支撑的动物,最后讲到生活在深水里的动物。这篇对话就是以这种下降的动物寓言收尾。

所以,不仅是有趣的故事,而且还有这些喜剧故事,这些喜剧

---

① David Krell 在其具有争鸣性的论文《〈蒂迈欧〉中的女性部分》(Female Parts in *Timaeus*, Arion, n. s., 2/3, 1975: 418)提请特别注意这一段话。

性的事情,中止了那些眼光凝视天上或者将自己悬挂于云层中的人的高傲上升。它们释放出 ἔρως 的作用,把我们拉回到深渊。正是伴随着这样的喜剧性事情,《蒂迈欧》,这部最深不可测的对话,正好走到了终点。

三、政治结构

但是,城邦又如何呢？毕竟,正是为了一种政治论说,蒂迈欧才承担其内容广泛的乾坤论。更准确地说,蒂迈欧的乾坤论接在两个不完整的政治论说之后,即苏格拉底对前一天论说的简要复述和克里蒂亚对以后他将详细叙述的论说的概述。蒂迈欧的乾坤论将为克里蒂亚承诺的政治论说做好准备;它将实现从对一篇政治论说的承诺到该论说本身的转换。那么,这篇乾坤论的框架,以及设定这一框架的政治结构,是怎样的呢？在乾坤论与关于城邦的论说之间有什么关联呢？这乾坤论在其最古老部分是方圆说,而这城邦论说的政治学(politology)是从理念的城邦回到最初的雅典,由此苏格拉底的城邦在与另一种城邦抗衡的生机勃勃的运动中复活。χώρα 与城邦到底有何相关呢？

这也是苏格拉底与赫墨克拉底以及他们在《蒂迈欧》中的角色关系问题。他们都默默地听蒂迈欧的长篇论说,听蒂迈欧大胆地言说 χώρα,而后又追踪 χώρα。在这个意义上,他们都是敏于接受的,他们的行为模仿了某种类似 χώρα 即容器的东西。他们分别作为客人和主人,都参与了接待,这接待是构成该对话的事件或行动(ἔργον)。苏格拉底的沉默提供了蒂迈欧言论的必要对应,它所代表的正是必定构成言论裂隙的沉默——该言论大胆使用了关于 χώρα 的不纯(bastard)论说。不过,赫墨克拉底的沉默肯定不一样。赫墨克拉底的沉默肯定不以任何此类方式从属于关于

第四章　方圆的痕迹　　193

χώρα的论说——至少,除非赫墨克拉底能从该论说中听出某种完全不同之物的回声。因为,赫墨克拉底是一个战争人物、城邦人物,他发表的精彩言论是为了参与对付雅典对叙拉古的入侵——雅典企图通过征服,通过接管这个异邦的土地来进行扩张。赫墨克拉底是将以其军事智慧闻名的人,他以自己的足智多谋制定了确保军事胜利的策略,而且以其演说技巧乃至政治才能,说服他的同胞听从他的指挥。正是这样一个体现着战斗城邦的人物在倾听蒂迈欧的乾坤论。问题在于,在倾听这一乾坤论和所有为这一乾坤论作准备或接续这一乾坤论的论说的过程中,赫墨克拉底能否从中听出有关战斗中的城邦的回声。问题在于,通过方圆说,是否能有一种对这席政治论说的反思——正是出于这席政治论说,蒂迈欧的乾坤论才得以拟定。

　　在各种线索中,有一条最突出的线索出现在《蒂迈欧》结尾处下降的动物寓言中。蒂迈欧谈论了靠脚走路的野生动物,概述了它们的下降世系,即它们由不懂哲学的人转化而来,而(从另一种下降顺序来说)朝向土地:它们的前肢和头部都拖向土地,它们的四肢都立于地上,因为它们与土地有着密切的亲缘关系(kinship),它们与土地同属一类。而且,那些需要许多条腿的愚蠢动物就被更多地拽向土地,更不用说不需要腿的动物了,它们全身都匍匐在土地上爬行。

　　那么,涉及土地的论说真的提供了某种与《蒂迈欧》的政治结构问题相关的方式么?问题尤其是,为什么涉及土地的论说从属于政治论说?

　　最简要的答案就是:这是必然地——采用《蒂迈欧》中必然的含义。关于城邦的论说将在某一节点必然涉及土地问题;在某一节点上,城邦论说将不得不讲述建造——或即将建造——城邦的土地位置(place)问题,讲述城邦的政制(πολιτεία)如何既决定了城邦地点,又为这地点所决定。

这一朝着土地的转向在《王制》中很明显。驱动这一转向的必然是从《王制》第二卷中苏格拉底开始观看在 λόγος 中形成的城邦并希望同时看到正义和不正义在城邦中达成的时候开始发挥作用的,或者更确切地说是从苏格拉底向阿狄曼图(Adeimantus)建议说他们"要从头开始制造一个 λόγος 中的城邦"(《王制》369c)开始的。一开始,某种似乎与土地有关的内容就已经起作用了。苏格拉底解释了这城邦的形成:因为我们都不是自给自足的,而是有许多需求,为了满足这些需求,我们召集许多人,人们逐渐集中在一个居住地(οἴκησις);这个人们聚居(συνοικία)的地方我们称为城邦(πόλις)。因此,从苏格拉底关于城邦的论说一开始,从这一城邦本身的开端——苏格拉底看着它形成或者更确切地说是使它形成——开始,这城邦就不仅仅是人的集合,不仅仅是合作者(κοινωνοί)的共同体,而且与他们集中在一个共同的居住地有关。城邦正是他们居住在一起的地方。

在确定这个许多人聚集并聚居的地方时,需求是关键性的;苏格拉底甚至大胆提出,真正制造城邦的是我们的需求(χρεία),是我们对特定必需品的依赖。具体而言,我们对食物、住房和衣服的基本需求,决定了苏格拉底对最必要的城邦(ἡ ἀναγκαιοτάτη πόλις)——最具必要性的城邦——的界定,在这城邦中,只有那些因必要性强加给我们的需求会得到满足。根据必要性,这些需求必须得到满足。这个城邦必须首先有一个农夫,即 γεωργός,该词的字面义就是以犁地(γῆ)耕土为职业(ἔργον)的人;其次需要有一个 οἰκοδόμος,该词的字面义是在这个居住地(οἴκησις)上建造(δέμω)住所(οἰκία)的人,此居住地就是人们聚居的地方(συνοικία)。这样,最初聚集到这城邦中的两个公民按其特定职业与作为两种地方的城邦相关,一是作为在土地上建造房屋所需要的地方,一是作为人们通过耕作从土地获得生存[所需食物]的地方。在提到这两者之后,苏格拉底才说到提供遮蔽身体之需要的人。与前两种公民的确定性形成对比,这些照料身体之人的数量是不明确的:一个纺织匠和一个鞋匠及其他。这个最必要的城邦所需要的总人数因而也是不明确的:苏格拉底说它由四或五个人(ἄνδρες:与女人相对的男人——注意,到这时还没有提到女人、生育和小孩)组成。阿狄曼图的回答也相应地不明确:看来(φαίνεται)是如此(《王制》369c—e)。

苏格拉底继续建造[论说中的城邦]:既然人们的天性各不相同,那么最好每个人都从事合乎其天性的τέχνη。不过,紧接着的结论是城邦必须扩大:因为农夫造不出他自己要用的犁,如果它是好犁的话,农夫也造不出锄头和其他农业用具,而其他人也造不出他们各自τέχναι所需要的工具。因此,木匠、铁匠和其他工匠(δημιουργοί)以及牧羊人和其他供应牲畜和人们所需牲畜产品的牧人也必须加入这一城邦。这样一来,如果有了所有这些人,那么这个小小的居住地(πολίχνιον)就会如阿狄曼图所言,变成一个不算小的城邦(《王制》369e—370d)。

这时,陆地区域(terrestrial place)问题就变得比过去更明显了:苏格拉底称,要把城邦建在不需要进口货物的区域(或地方:τόπος)几乎是不可能的。这种需要反过来又造成了城邦的进一步扩大:它需要从事外贸的商人,需要更多的农夫和工匠生产贸易所需物品,需要所有那些从事海事工作的人员。除了这些,苏格拉底最后甚至还加上店主和工薪劳动者。

有了这似乎完整的城邦,苏格拉底转向对这种城邦中人们生活方式的描绘。他谈到人们会做面包、酿酒,躺在简易的乡村席垫上,跟儿女们欢宴畅饮,高唱颂神的赞美诗,他们不会生过多儿女,以免供养不起而陷入贫困或战争(《王制》370d—372c)。

这一段是值得注意的。苏格拉底在此处第一次提到小孩以及生育小孩,虽然显然还没有提到女人。甚至这里谈到生育小孩似乎也是补记。这些过田园生活的工匠不生养太多小孩的条件和事实被添加上去,似乎这只是最简单不过的事情,似乎能够按照他们的收入和财产(οὐσία)使ἔρως毫不费力地得到调节。不过,苏格拉底确实第一次提到在这方面过度的后果:陷入贫困或战争。城邦的进一步发展将完全取决于这一析取关系,这一点很快就会很明白:即如果有人过度花费其财产(财物、资产,所拥有的东西:οὐσία),那么为了不陷入贫困,也就是为了增加财产,他就不得不去打仗。

　　不过,非常值得注意的是,被这田园生活场景所激恼的格劳孔此时介入对话的方式,他说出所需之物,而苏格拉底紧接着引出其结果。格劳孔打断了苏格拉底与阿狄曼图的对话,他问是否没有调味品或佳肴(ὄψον,表示肉食或下面包的佐料,因此包括酱油、香料、调味汁、丰富的菜肴等)。苏格拉底列举了过田园生活的工匠将享用的一些更精致的食品(如橄榄、奶酪、洋葱、无花果等)。不过,在格劳孔随后对这城邦的嘲弄中显而易见的是,即使是这么丰富的大地礼物也达不到格劳孔——这等于说,也包括那个时代的雅典人——的要求。因为,格劳孔将苏格拉底和阿狄曼图在λόγος中建造的城邦称为猪的城邦。为了回应苏格拉底的请求,他开始细述一些该城邦缺少的东西(椅子、桌子和甜食),但苏格拉底马上总结说:我们现在考虑的已经不仅仅是城邦本身的起源,而且是一个奢华城邦的形成,在这样的城邦中,人们过着舒适的生活,享用各种各样的佳肴和精致物品(《王制》372c—e)。

　　第一个结果是可预见的:为了满足所有这些额外的需要,有必要再次扩大城邦。现在,有必要加上猎人、画家、音乐家、诗人、厨师、医生和制造女人用的装饰品的人:于是,这里终于涉及与女人装饰有关的(περὶ τὸν γυναικεῖον κόσμον)东西,或我们也可以解释为与女性世界有关的东西。如果更间接地说,此处终于提到城邦中的女人,不过只是通过引入女性装饰品之类的东西,在装饰单纯的田园式城邦的阶段涉及女人。

但是,这里还有一个与土地有关的结果,是一次重申,虽然与之前有所不同。苏格拉底提到,这奢华的城邦不仅需要额外的工匠,还需要额外的国土或领土。因此,他接着说,我们将不得不从邻邦那里抢一些地;而我们的邻邦也需要抢我们的国土,如果邻邦也超出了生活必需品的界限的话。这里翻译为国土或领土的词就是χώρα(《王制》373d)。

这种抢夺邻邦国土的需要产生于非必要需求的膨胀,它要求发动战争。相应地,用一支统一的军队来扩大城邦也成为必要。此时,苏格拉底第一次提到保卫者(φύλακες),他很快就在保卫者内部区分出纯粹的辅助者或战士与统治者。事实上,很快就将证明,保卫者必须具有双重品质:这些人类的看家狗必须既勇敢又爱好智慧(θυμοειδής和φιλόσοφος)。这双重品质开启了《王制》的全部下文。因此,我们可以说,在实质上,所有相关的事情,当然包括《王制》的更深入进展,都始于土地问题,始于陆地区域问题,始于要求额外国土并因而向邻邦发动战争的需要。从某种意义上说,从这时开始,该论说才成为真正政治性的论说,区别于过田园生活的工匠的故事,那些工匠似乎既不需要统治者,也不需要法律和其他管理城邦的方法。无论如何,对保卫者的引进——为了抢夺邻邦的国土,这是必要的——以及尤其他们的双重品质,导向哲学与政治的明确分离与矛盾结合,哲学与政治的这种明确分离和矛盾结合贯穿《王制》的中间数卷,并导致哲学城邦在《王制》第九卷结尾最终被宣布为是"存在于天上的范型","不存在于地球上的任何地方"(《王制》592b)。因此,尽管土地问题在λόγος中的城邦建立的最初阶段就发挥作用，但《王制》的进展——包含将广为传布的有关地生人的故事——制造了一种倒置（reversal），即最终证明所缺乏的恰恰是这"存在于地球之上"，并有一个陆地上的地点。这城邦被证明只是"存在于天上的范型"，只是城邦的理念，而不是一个能够严格说来完全存在于地球上某个地方的城邦。这城邦如同苏格拉底在《蒂迈欧》中复述这一论说时所要求的那样，仍是一个必须被推动起来、被赋予生命的城邦，是一个必须被描述为向其他城邦开战的城邦。这个城邦的目的在于从其他城邦那里抢夺一些国土，在于即便处于过度的状态下，实际上也永远不会换回田园式的简朴，在于将自身固定在某个地方，存在于地球上的某处。

《蒂迈欧》中克里蒂亚的论说展现了发动战争的城邦的轮廓，将其展现为古雅典对大西岛的战争。该城邦的确实特别之处（尤其是与苏格拉底的城邦的区别）在于它是，或曾经是，在某处，在一个独特的陆地区域上。人们已经注意到，各种迹象都显示：这正好存在于它该在的地方是这个城邦与众不同之处，例如，克里蒂亚明确说，女神在创建这个城邦时小心谨慎地选择了一个肥沃之地（πότος），这里有温和的气候，能够产生最聪明的人，他们像雅典娜本人那样热爱战争和智慧。

因此，克里蒂亚的论说，即使只是一个轮廓，也有助于建立城邦与陆地区域，与土地的关联。另一方面，蒂迈欧的论说建立了earth［地球、土、土地］与χώρα之间的特定语义关联。蒂迈欧在其第一篇论说中说地球是"我们的养育者（nurturer，τροφός）"（40b）。然后，在第三篇论说中，他谈到了毫无争议、就是χώρα的东西，并且既先称之为看护者（τιϑήνη），随后又用指称地球的同一个名字——养育者（τροφός）来称呼它（88d）。从这种名称的一致性——养育者的确是χώρα最显著的名称之一，它甚至加强了此一

第四章 方圆的痕迹

致性——我们还不能得出结论说，在某种意义上，χώρα 与地球相同；因为蒂迈欧坚持强调，χώρα 与 χώρα 所接收、容纳、养育的火、气、水、土之间存在区别。虽然如此，earth 与 χώρα 之间仍存在某种语义关联。当 χώρα 越远离方圆说而重新获得诸如国土、地区、地形、地方这样的含义时（在方圆说及其前后论说中，出于必然，这些含义受到了削减），这关联的作用就越显著。

这一关联，连同城邦对陆地区域的参照（referral），引出了一个类比。这一类比将 χώρα 与土地联系于各自的对立面，它们显得既需要 χώρα 和土地，同时又为 χώρα 和土地所限定。此类比可以这样表示：

χώρα：可认知者/可感者；土地：城邦的范型/影像（实际的城邦）

但是，如果《蒂迈欧》真的提出了这一类比所依据的语义关联，那么正是《克里蒂亚》证实和确认了城邦对土地之参照（referral）的确定性。因为，明显作为《蒂迈欧》续篇的这一对话片段，原来几乎仅仅是讨论土地的。正是在此处，在即将描述有生命城邦的地方，一种柏拉图式地质学开始发挥作用。

仍有几点提示需要指出。

克里蒂亚一开始就提议首先描述最初的雅典人，然后描述他们的敌人；他将谈论每个城邦的力量（δύναμις）和政制（πολιτεία）。但事实上，克里蒂亚是从诸神开始的："很久很久以前，"他说，"诸神用抽签的方式接管了整个地球上的不同区域（τόποι）"（《克里蒂亚》109b）。因此，该论说的第一步就涉及地球及其区域，陆地区域。他接着说："于是，他们通过抽签接收了各自的领地，并在领地上安顿了他们的居落（countries，χώραι）。"他接着具体说道：

> 赫淮斯托斯和雅典娜得到我们这块土地（χώρα）作为他

们共同掌管的那一份，这块土地与美德和睿哲（ἀρετὴ καὶ φρόνησις）天然相配相适。在这里，他们培育了属于这块土地本身（αὐτόχθονας）的优良种族，并将πολιτεία秩序传授给他们的心智（νοῦς）。（109b—d）

这里尤其值得注意的是πολιτεία的创立如何与人类作为地球的生灵被安置在地球上这一点联系在一起。

克里蒂亚继续描述赫淮斯托斯和雅典娜在其上建造城邦的这片地域。他说，这片地域的土地是最优良的。为了证明这一点，他提到：甚至是现在留存下来的雅典土壤在产量上也比得上其他地方的土壤，虽然由于这块土地突向大海，其土壤从九千年前形成时就被不断地冲刷，如今只剩下这土地的身体或尸体（σῶμα τῆς χώρας）。但起初，这里有适于耕作的高岗和平原，覆盖着肥沃的土壤。山上有着高耸的树木，而不是像现在这样只有光秃秃的斜坡。宙斯送来的丰富雨水都被厚厚的土层所吸收，而不是直接流入大海。克里蒂亚说，因此，农夫们（γεωργοί）喜爱这片优良的地域和大量的水。即使当克里蒂亚转向思考城市（ἄστυ：与周围乡村相区别的城邦）时，他所强调的仍是雅典卫城最初土地的肥沃（《克里蒂亚》110e—112b）。

这个侧重点在克里蒂亚转向描述最初向雅典人开战的城邦（即大西岛）时也没有改变。克里蒂亚再一次从诸神对地球的分配开始说起，他说波塞冬得到大西岛这块领地，把他与一位凡间女子所生的孩子安置在这个城邦，它坐落在一片最美丽而且有最肥沃土地的平原上。在这片平原附近的高山上住着一个叫厄维诺（Evenor）的人，他是从土地中生出来的。这个地生的厄维诺和他的妻子有一个女儿叫克利托（Cleito），后来厄维诺和他的妻子死去，而波塞冬爱上了克利托，他们的儿子们成为这个城邦的统治者。波塞冬为这个地方安置了水陆交替的环绕圈,把他的后代安排在内岛上,又从地下引出两条水泉,使土里长出大量各种各样的食物。波塞冬让他的五对孪生子管理这块土地(χώρα)的各个区域(τόποι)。即使是在此处,克里蒂亚还隐蔽地提到第三对孪生子中的那个弟弟,他的名字Ἀυτόχϑονα的意思就是土地本身。甚至在他开始描绘大西岛人建的宫殿——这个宫殿的建造一直得到波塞冬的帮助——时,他也没有忘记提到奉祀波塞冬的树林,这片树林包括各种品种的树,长得异常美丽和高大,如他所言,这是"由于土地的优良(ὑπὸ ἀρετῆς τῆς γῆς)"(《克里蒂亚》117b)。

如果我们注意到城邦的"存在于地球之上"以及土地与χώρα的语义关联,如果我们大胆地推导出建立在这些关联基础上的类比的含意,那么我们就会开始思考《蒂迈欧》的政治结构。我们会开始思考,在陆地上安置城邦的问题何以需要一种方圆说,我们还会思考,一个如赫墨克拉底这样的人,何以能够从这方圆说中听出某种明确的政治回声。问题在于,我们需要坚持如下想法,即χώρα能够激活并限定可认知者的可感影像,正如土地(the earth)能够激活并限定那个"只是搁置于天上的范型"城邦的陆地影像。

第五章 重 写 本

一、伪 作

有没有什么东西曾逃脱χώρα的追踪呢？它的错误（errancy）是否总是不断地产生非确定性作用——这种作用可以说自下而上、不可阻挡地搅乱了一切本可以自上而下地以完整的形态确立（established）的事物？有没有什么东西曾免于这几乎不可见的——因而也是极其危险的——裂隙，它似乎四处追踪，而其本身仍然是绝对且永远不可见的？恰恰因为它总是在暗中秘密起作用，所以似乎没有任何措施可以防止它突然侵袭任何事物。

即使是可认知者能远离χώρα的作用吗？能否一劳永逸地保证，可以将χώρα的这种作用排除于可认知者之外，甚至超越柏拉图的文本所竖立的防护（而做出这种保证）？或者，尽管这道阴影还几乎无法辨别，但这阴影难道不是已经投射到这种自上而下的确立（establishment）之上了吗？它的阴影难道不是已经恰恰进入了这种确立（establishment）吗？因为每个可认知εἶδος的绝对整体性都是由对接受的绝对否定——否定来自任一方的接受——构成的：可认知εἶδος既不接受任何其他存在,也不为任何其他存在所接受。然而,否定是否可能在每个方面都是绝对的,从而使得它所隔离出的东西完全免于被否定之物的制约? 或者,在否定的同时,难道不是也有所肯定? 也就是说,在隔离某物的同时,岂不是已经将之纳入了一定的关系之中? 这种对接受的否定难道是个绝然独立的封闭整体吗? 或者说,拒绝被纳入某种"疆界",难道本身就不是在设立疆界吗? 我们可以称之为另一种类型的疆界——倘若所有的类型并不从属于同一个封闭整体的话,不过,这绝对的否定对"所有类型的封闭整体"也有所质疑。不是正由于这样一种异在的疆域,由所有类型构成的共同体(κοινωνία)问题才能被提出来么(见《智术师》251a—252e)？是否完全没有可能怀疑,在《王制》第七卷中,当谈到逃脱的囚犯最终能够朝上看到"处在其本位(χώρα)的太阳本身"(《王制》516b)时,苏格拉底是在暗指这样一种可认知事物的疆域呢?①

然而,如果某种防护倾向于限制——也许甚至是必须限制——χώρα的纵向追踪,那么,对它的横向扩展,却罕有限制,也不能阻止它甚至将所谓的"无意义的空言(nonsense)"的扰乱作用设置到哲学本身的谱系当中。例如,在对文本的接受和重写中,有一种既从属于该谱系又以一种固有方式不时中断该谱系的作用,错误(errancy)的这种工作从不缺乏。因而,出于这一缘故,而且并不仅仅因为它是一个有关接受的问题,这个对《蒂迈欧》(特别是对方圆说部分)的后柏拉图主义式接受和重写的问题,并不简单地置身于方圆说本身所讨论的问题之外。

我们并不清楚是谁编造了这个故事,我们甚至也不能完全肯定地说,这个故事是编造出来的——例如是像阿里斯多塞诺斯

---

① ［译按］见第三章注 24。

(Aristoxenus)这样试图诋毁柏拉图的人所编造的。① 无论如何，这个故事有着若干不同版本，而且全都与柏拉图作为《蒂迈欧》篇的作者身份有关。扬布里柯(Iamblicus)也许最慎重。在其《毕达哥拉斯的一生》(*Life of Pythagoras*)一书中，他讨论了毕达哥拉斯学派保持其著述神秘性的谨慎保密方式，扬布里柯这个过程中讲述了这个故事。他注意到，毕达哥拉斯学派的著述很长时间都没有公开，只是到了菲洛劳斯(Philolaus)时，才违背了这种保密方式：

> 菲洛劳斯首先出版了这三本著名的书，在柏拉图的请求下，叙拉古的迪昂(Dion of Syracuse)据说花了一百米那买下了它们。②

第欧根尼·拉尔修也写到了这次购买，他提到"克鲁顿的菲洛劳斯(Philolaus of Croton)，一个毕达哥拉斯派学者"，"就是从他那里，柏拉图在一封信中吩咐迪昂买下毕达哥拉斯学派的书"。不过，第欧根尼·拉尔修的故事版本接着说明，实际情况不仅是阅读毕达哥拉斯学派的书，而且是重写至少其中的一本，这本书似乎原来是菲洛劳斯写的。在第欧根尼·拉尔修的故事版本中：

> 赫尔米波司(Hermippus)说，据一个作家说，哲学家柏拉图去了西西里，到戴奥尼索斯(Dionysius)的宫廷去，从菲洛

---

① 见 G. S. Kirk 和 J. E. Raven,《前苏格拉底哲学家》(*The Presocratic Philosophers*, Cambridge, 1962),页 308。

② Diels-Kranz,《前苏格拉底希腊哲学断片辑》(*Die Fragmente der Vorsokratiker*, Weidmann, 1968),页 14、17。

劳斯的亲戚那儿以四十个亚历山大米那买了这本书,并从中抄出了(μεταγεγραφέναι)《蒂迈欧》。

第欧根尼·拉尔修还补充了另一种说法:

> 其他人说,柏拉图获得这些书,是通过从戴奥尼索斯那儿得到保证,从监狱里释放一个曾是菲洛劳斯弟子的年轻人。①

总之,他得到了这本书,不管是通过其他人还是他自己买或者以保证菲洛劳斯学生的自由为交换,关键是第欧根尼·拉尔修似乎非常关注柏拉图用这本书作为写作《蒂迈欧》的基础。有一种非常阴险的传言说柏拉图实属剽窃,《蒂迈欧》乃是伪作。

可能正是这种针对《蒂迈欧》的传言,或至少是怀疑,有效地促成了一本题名为《论乾坤与灵魂的本性》($Περὶ\ φύσιος\ κόσμω\ καὶ\ ψυχᾶς$)的书得到接受。这本著作的署名是罗克里的蒂迈欧(Locri of Timaeus),大多数新柏拉图派的疏解者,包括普罗克洛,认为该书是真实的。② 该书号称是蒂迈欧论说的底本,柏拉图所写的《蒂迈欧》仅仅是添加了一些细节和开场白。罗克里的蒂迈欧的这本书的出现似乎已经实现了某些不明的(obscure)想要恢复《蒂迈欧》原作——为《蒂迈欧》恢复一个原作——的渴望。似乎方圆说对自身谨慎言说的东西可以延伸到整篇对话,而且可以认为这一不纯的(bastard)论说是一个十分著名的雅典公民与不明的外来原始资料相接触后造成的产物。

---

① Diels-Kranz,《前苏格拉底希腊哲学断片辑》,前揭,44. A1.
② 见 Proclus,《柏拉图〈蒂迈欧〉义疏》,前揭,1:1.

但是，这本署名罗克里的蒂迈欧的著作是伪作。毫无疑问，恰恰因为它是伪作，所以它的作者——其身份无法考证——将罗克里的蒂迈欧这个名字署于该书的开头，因而，读者最先看到的是"罗克里的蒂迈欧如是说"。① 该书的创作是要让它看起来像公元前5世纪作者的作品。但书中使用的多里斯（Doric）方言——是在南意大利的罗克里使用的方言——不连贯一致，而且十分冒失的是，书中有大量确凿的后柏拉图主义的成分。这本书在公元2世纪前没有被证明为是伪作，人们普遍认为它成书于公元前1世纪或公元1世纪。它与中期柏拉图主义思想有明显的密切关系，也许实际上是作于亚历山大里亚。②

虽然它曾被当作柏拉图《蒂迈欧》的底本，但事实上，它只是源自该柏拉图文本的一个依稀的摹本，是对该对话的模糊重写。它从《蒂迈欧》而来，除了将柏拉图的话语教条化、简化和单调化外别无它物。在《蒂迈欧》本身和这一伪作之间，在从原作到这个错误摹本的转换之中，似乎除了损失什么都没有。

首先丢失的是对话的形式，以及这种形式所提供的全部可能性，例如[在《蒂迈欧》中]留下未决的问题，使它们仍处于某种悬置状态；即使在对话的一部分采用独白形式时，这些以及其他可能性都得到巧妙地传递。因此，对比柏拉图的蒂迈欧论说的文体资源与伪作单调乏味的陈述，反差是巨大的。

那些在蒂迈欧论说之前的苏格拉底和克里蒂亚的论说也丢失了。在伪作中没有任何这些论说的痕迹，因而也完全没有将苏

---

① 罗克里的蒂迈欧（Timaios of Locri），《论乾坤与灵魂的本性》（*On the Nature of the World and the Soul*），Thomas H. Tobin 提供原文、翻译及注释（Chico, Calif. 1985），页 32—33（边际页码：93a）。此后，罗克里的蒂迈欧在边际页码前（又多次）提到这部著作本身。

② 见 Thomas H. Tobin 在上述著作中的导言，页 1—28。

格拉底的情节整合进该论说的文脉。丢失的还有《蒂迈欧》的开场,因而在这部分场景和谈话中,通过言辞和行动所代表的内容也丢失了,这些内容框定、强调了苏格拉底和克里蒂亚的论说。所有涉及《王制》的内容都不见了;事实上,伪作排除了《蒂迈欧》的整个政治结构。关于雅典的部分也不见了,这与伪作通篇贯彻的对神话成分的抑制相一致。总之,对于构成《蒂迈欧》整体不可或缺的戏剧性全部丢失了,这种戏剧性在于上演了一出接待的场景,并通过对接待场景的设置,来展现全篇论说在方圆说及其前后文中将要提出的内容。在《蒂迈欧》论说中施诸自身的所有谨慎和限制也都丢失了。伪作直白地表述了关于乾坤和灵魂的内容,甚至排除了最细微的关于有必要怀疑该论说是否真正触及——就它本身采取论说的方式而言,是否能够真正触及——事物本身的暗示。伪作并非没有重述对应于三种类型之划分的区分:它声称有三种把握或揭示($\gamma\nu\omega\varrho i\zeta\varepsilon\sigma\vartheta\alpha\iota$)事物的途径,每种途径分别对应于三种类型中的一种:因而这三种途径分别是,通过$\nu o\tilde{\upsilon}\varsigma$认识,通过感知和意见以及通过不纯的(bastard)推断。该伪作的一点贡献就是对不纯推断的必要性的解释,这解释只是用于一劳永逸地表明该伪作如何彻底地隔离了第三种类型的问题。因为该伪作解释说,要了解第三种类型必须通过不纯的推断来理解,"因为它[即第三种类型]只能通过类比来理解,而永远不能被直接地理解"(TL94b)。① 但是,也许非常值得注意的是,这三种途径提出来之后,该文本就再也没有回顾它们,从未参照它们来衡量自身标准,从未引证它们来表达关于自身的限制——简而言之,从未有一刻停止它的教条口吻。

如果比较一下蒂迈欧第一篇论说结尾的那段话和伪作中的

---

① [译按] TL 即署名罗克里的蒂迈欧的伪作。

相应段落,那么伪作的极端简化和单调化也许会非常显著地展现出来。这段话讨论的是视觉的最大好处:在柏拉图的《蒂迈欧》中,蒂迈欧描述了视觉如何通过让我们目睹天穹中理智的旋转,使得我们有可能在自身之内模仿那些天上的旋转,在我们自己的灵魂内模仿我们所见到的天上星空中的秩序(47a—c)。但伪作中的对应段落只是简单写道:"至于感知的类型,神使我们的视力集中,以便我们沉思天穹和获取知识。"可见之天穹反映于灵魂的模仿就完全丢失了。关于音乐的部分也是如此:有关听觉的好处,唯一敢说的只是"他制造了听觉,以便领会言语和旋律"和"生来耳聋的人将来也不能说话"(TL100c)。

如果伪作仅仅只是使《蒂迈欧》的论说——或者,更确切地说,对蒂迈欧论说的介绍——变得教条化、简化和单调化,那么,这些缺失已经够多了。但事实上,它还有一个更严重的缺失。如果它不是像这样完全隐瞒和排除它所曲解的内容的话,人们可能会认为这仅仅是一个曲解的问题。被排斥性地曲解的内容恰恰就是方圆说及其前后的大部分论说。这一曲解的核心是对 $\chi\omega\rho\alpha$ 本身的曲解,将其曲解为物质($\H{\upsilon}\lambda\eta$)。该伪作没有一点点关于谨慎或限制的提示,就将物质等同于《蒂迈欧》所提出的 $\chi\omega\rho\alpha$ 的各种影像:"然而,物质是基质和母亲($\dot{\varepsilon}\kappa\mu\alpha\gamma\varepsilon\tilde{\iota}o\nu\ \kappa\alpha\grave{\iota}\ \mu\alpha\tau\acute{\varepsilon}\rho\alpha$)"以及"看护者($\tau\iota\vartheta\acute{\alpha}\nu\alpha\nu$)"。在以最笨拙的方式再次确认了作者之后,该伪作为此曲解担保:"他说,这物质是永恒的,但并非不可运动,它本身无模式无形状,但接受一切模式。"然后,似乎为了确定这一曲解,它说:"物质被称作 $\tau\acute{o}\pi o\varsigma$ 和 $\chi\omega\rho\alpha$。"(TL94a—b)①

这一曲解与另一个曲解相伴,即对《蒂迈欧》的特定形式的歪曲,伪作对各个部分进行了这样的转换:将其简单地切分为两个

---

① 该书接着最终将 $\H{\upsilon}\lambda\eta$(物质)等同于 $\dot{\upsilon}\pi o\kappa\varepsilon\acute{\iota}\mu\varepsilon\nu o\nu$(底基)(Timaios of Locri, 97e)。

部分,第一部分关于乾坤,第二部分关于人类和其他世间生物,这些转换中最具决定性的是蒂迈欧第二篇论说开头的内容,(即导向并包含了方圆说的内容,)被移到该伪作的开头,而该部分余下的内容则与对 νοῦς 作品的说明合并。蒂迈欧第一篇论说和第二篇论说之间的区别,由中断和新开端所标示的不连贯性,都被这一歪曲的文本形式抹去了。这一抹平差异的做法与其说是驱逐方圆说,不如说是要求这驱逐已成事实,要求遗忘这一部分。正是这一缺失为这种乏味和武断的宣告扫清了道路。在假装声明作者身份之后,该伪作就以这种宣告开始:"万物都有两个原因:νοῦς……和 ἀνάγκη……"(TL93a)。

二、约　　简

不过,最早将 χώρα 误认为 ὕλη[物质]的并不是这一伪作。实际上,这种误识在中期柏拉图主义那里是很普遍的。例如,在《论〈蒂迈欧〉中灵魂的生成》中,普鲁塔克坚持认为,有形体的存在者(ἡ σώματος οὐσία)无非就是柏拉图所说接纳万有的自然,就是居所(ἕδρα)和所有生成者的看护者(τιθήνη)(5,1014c—d)。这样,普鲁塔克就将物质(ὑλικόν)与 χώρα 联系起来(6,1014e)。最后,普鲁塔克在重申了蒂迈欧第二篇论说中所计数的三种类型后,接着说道:"这是他称为 χώρα 的物质(ὕλη),有时他也称之为居所(ἕδρα)和容器(ὑποδοχή)"(24,1024c)。

到普罗提诺时,这种误识已经是想当然了,以致他的一篇论物质的文章这样开头:

被称做物质(ὕλη)的东西据说是某种底基(ὑποκείμενον)和形式的容器(ὑποδοχή εἰδῶν);这一解释对于所有理解此类性质

之概念的人是很普遍的。(II. 4. 1)

从普罗提诺论物质的一些文章可以测度这种误识已经使新柏拉图主义偏离方圆说有多远。尽管这些论文具有哲学和诗的影响力，尽管——也许甚至是因为——仍可以从中听到曾经有关 χώρα 的事情的模糊启示，我们却意识到如下的论说属于一个与《蒂迈欧》多么不同的世界：

> 那么，物质是无形的……它是一种幽灵般的容积影像……；它本身不可见，回避任何观看的尝试，只有当人们不看它的时候，它才出现，而即使近距离地注视也看不见……因此，无论它宣告什么，都是谎言……；它的显白存在就是不存在，是一种捉摸不定的游戏（παίγνιον）；因而，在它里面形成的东西似乎只是玩物，只是某个幻影（εἴδωλα）中的幻影，有点像镜中之物，真实存在于某个地方，但被反射到另一个地方；它似乎被填充着，可什么也留不住；它完全是看似如此的（seeming）。(III. 6. 7)①

并非不重要的是，当普罗提诺述说这普遍流行的解释时，他不仅将物质看作容器，而且也看作底基，而他用的词（ὑποδοχή εἰδῶν）正

---

① 在这一将 χώρα 曲解为物质（matter）的背景中，至少可以说令人奇怪的是，在"Une Mère de Glace"的标题下，Irigaray 引用普罗提诺讨论 ὕλη 的段落，就好像所引段落是关于 χώρα 的。在这一文脉中，她几乎没有引用柏拉图，她对柏拉图的引用转自普罗提诺，同时预先假定 χώρα 与 ὕλη 是一样的。例如，她写道："（我们读到的）物质（matter）是'一切生成者的容器和看护者'"（Luce Irigaray，《另一个女人的反射镜》（Speculum of the Other Woman，Gillian C. Gill 译，Ithaca，1985），页 173）。但是，这显然不是我们在《蒂迈欧》中读到的内容，也不见于柏拉图的任何其他文本，柏拉图只是偶尔用到 ὕλη，而且只是用来表示建筑材料，如木头。

是亚里士多德界定物质（[译按]或译质料）的词。① 我们甚至可以说，对容器——因而也即对 χώρα——的这种理解是由物质（ὕλη）和底基（ὑποκείμενον）这两个术语来界定的，也即它是如底基（ὑποκείμενον）一样的物质（ὕλη）。于是，如果要在渊源上讨论这一同化，我们就必须转向亚里士多德。

事实上，这同化本身在亚里士多德的文本中已经生效。例如，我们发现，在上文所引《论生成与朽坏》的那段话中，亚里士多德抱怨柏拉图界定了容器之后没有运用它。亚里士多德所说的柏拉图的界定与不断被重塑的黄金影像相关，亚里士多德优先考虑这一影像，这无疑是因为这一影像最能说明容器是万物的底基。因为，据亚里士多德的说法，柏拉图是这样说明容器的："一种先于所谓元素的底基（ὑποκείμενον），正如黄金是黄金制品的底基。"虽然，在文脉中，亚里士多德也提到 χώρα 的另一个影像，即看护者（τιθήνη），但他放弃使用有关该影像的内容，而是直接将容器认作"原初的物质"（329a）。

然而，同时既最关键又最难解的段落出现在《物理学》（Physics）的第四卷：

> 这是柏拉图在《蒂迈欧》中说物质与 χώρα 相同的原因所在；因为容器和 χώρα 是一回事。虽然他在《蒂迈欧》中与在所谓未成文的教导中谈论容器的方式不同，但是他宣称，地方（τόπος）和 χώρα 是一样的。（209b）

这段话与《蒂迈欧》文本的不对应实在令人印象深刻。这段

---

① "因为，我说物质（ὕλη）是每一事物的本原底基（τὸ πρῶτον ὑποκείμενον），它作为与生俱来的东西，但不是作为一个属性，从其中，一些别的事物产生出来"（亚里士多德《物理学》（Physics）192a）。

话有三个指认：将容器（μεταληπτικόν）指认为χώρα，将物质（ὕλη）指认为χώρα，将地方（τόπος）指认为χώρα。只有第一种指认有《蒂迈欧》的文本基础，而且只有当我们不考虑μεταληπτικόν与柏拉图所用的词（δεχόμενον和ὑποδοχή）之间的任何区别时才成立。

对于将物质（ὕλη）与χώρα所做的等同，《蒂迈欧》中并没有文本的依据。柏拉图从来没有在亚里士多德的意义上使用ὕλη这个词，我们猜想，这种意义只是在亚里士多德的作品中并通过该作品才被建立和界定。柏拉图偶尔用到这个词，但都是在一般的日常意义上用的，即指如木头、泥土或石头这样的建筑材料。① 按照亚里士多德自己在《论生成与朽坏》中的策略，我们可以认为不断被重塑的黄金的影像为这一指认提供了支持。但是，对该影像的参照只有在这样的情况下才有决定意义，即我们给予该影像以相对于其他大多数影像的优先性，而不考虑如看护者这样的影像——看护者影像代表了χώρα与可感物之间的关系，这种关系根本不能约简为物质与由物质构成的事物之间的关系。也许更关键的是，所有这些都是χώρα的影像，都是在一篇εἰκὼς λόγος中所表述的影像，εἰκὼς λόγος不同于不纯的论说，我们可以在后者中大胆地称之（这些影像）为χώρα。一旦我们开始承认χώρα影像的多样性，而且承认关于这些影像的论说与讨论χώρα的不纯论说之间的区分（也即εἰκὼς λόγος与方圆说之间的区分），我们就会明白，以《蒂迈欧》文本为基础，χώρα不可能等同

---

① "但是，亚里士多德论物质（ὕλη）的用语，柏拉图一次也没有在那种意义上用过。对柏拉图来说，ὕλη只表示更一般的含义，如指木头、土或具体类型的材料"（George S. Claghorn，《亚里士多德对柏拉图的〈蒂迈欧〉的批评》[Aristotle's Criticism of Plato's "Timaeus"]，The Hague，1954，页6）。亦见Cornford，《柏拉图的宇宙论》，前揭，页181。注意柏拉图在《蒂迈欧》(69a)对ὕλη的用法是表示木匠手中准备捆扎的一些木料。

于物质(ὕλη)。尽管有不断被重塑的黄金的影像,χώρα也不能被约简为构成事物的东西,具体而言,也不能约简为构成最简单物之基础的本原底基——与《蒂迈欧》相反,亚里士多德将其(即最简单物)称为元素。鉴于χώρα与物质(ὕλη)之间区别的关键性乃至明显性,我们不得不怀疑将它们视为同一是为了把蒂迈欧论说的某个环节调入亚里士多德的思想经营(the economy of Aristotle's thought),如果不这样,它可能就被简单错过了,或者会破坏该经营。但这一移调的结果是对χώρα的约简,是对方圆说及其前后论说的约简性重写。即使亚里士多德未能将χώρα整合进一个理念的(eidetic)经营,整合进《蒂迈欧》中的χώρα深不可测地抵制的那种意义经营(an economy of meaning),但他将χώρα约简为物质(ὕλη)的确有助于使χώρα处于理念[经营]的边界上,并在该限度上将其吸收进理念的经营。

至于将地方(τόπος)指认为χώρα,我们只需从方圆说来说明它如何不能成立;不过,在这一点上值得注意的是,虽然方圆说保持了地方(τόπος)与χώρα之间的区别,但也表明了这种将两者视为同一的看法,虽然不合理,却是如何引发的。因为,方圆说讲述了我们如何梦见χώρα,以及在梦中我们如何将地方(τόπος)和χώρα混在一起,而当我们醒来时,就有必要区分两者。这就好像亚里士多德的物理学依然沉浸在梦境中,将χώρα约简为τόπος,将χώρα梦作某个地方,在其物理学和形而上学经营中有其位置。①

---

① 在对亚里士多德的阐释中,海德格尔坚持认为,形而上学(即已被称作形而上学的学问)的所谓普遍性与物理学的明显区域性之间的区别瓦解了,这种瓦解其实到了这样一种程度,即"形而上学是完全本质意义上的'物理学'——即关于自然(φύσις)的知识(ἐπιστήμη φυσική)"。在这一基础上,海德格尔断定,亚里士多德的物理学在西方哲学也即形而上学中,起了一种根本的作用:"亚里士多德的'物理学'是西方哲学中的一本隐匿的基本书(Grundbuch),因而从未被彻底想清楚。"另一方面,亚里士多德物理学所实现的对χώρα的约简,为质疑亚里士多德　　(转下页)

三、调　适

它其实与 χώρα 关系甚远，而且也受到限制——如果说将某物系于形象之上是对该形象的限制的话。然而，在一个文本中——如果没有这个文本，也就无法设想整个的德国唯心主义运动了——康德说：

> 现在，很明显，必定有第三种东西（ein Drittes），它一方面与范畴相似，另一方面与现象也相似，而且使前者运用于后者成为可能。①

如果，以并非与康德完全相异的方式，我们认为范畴表示形式或存在，因为这些都是由理解力或理智所思考的，那么显然它们在现代（后笛卡尔）哲学语境中对应于《蒂迈欧》中所说的第一种类型。同样很明显的是，既然现象对应于第二种类型，这一关于第三种类型之必要性的声明就对应于蒂迈欧在第二篇论说起始处和——严格地说——方圆说的起点所在段落所作的声明。第三种类型必定与第一种类型相似，即以一种极其复杂的方式分有了可认知事物。如康德所言："这一中介表象必定是纯粹的（没有任何经验因素），然而，一方面，它必须是理性的"，由于与现象同质，

（接上页注①）思想属于"古希腊哲学完结（Vollendung）的时代"的观点提供了一个基础，或者至少重新开启了关于这一完结之含义的问题。见 Martin Heidegger,《从 φύσις（自然）的性质和定义看亚里士多德〈物理学〉B, 1》[*Vom Wesen und Begriff der φύσις: Aristoteles, Physik B, 1*]，载 Wegmarken, vol. 9 of Gesamtausgabe (Frankfurt a. M., 1976)，页 241—242。

① Kant,《纯粹理性批判》(Kritik der reinen Vernunft)，A138/B177.

"另一方面,它又是感性的"。① 它与现象同质,并在这个意义上,落在感性一边,这正是因为所有感性事物都在它之中出现,也即它接纳万物,而它本身并不受到任何它所接纳之物的限定。此外,正是第三种类型使范畴得以运用于现象,使知性得以运用于感性,它使被限为对象的可感现象至少以某种方式贴附于存在,使存在能够复制。因此,现象才有可能被范畴所限定,也就是说,先天综合知识的可能性得到了证明。

康德在其关于第三种类型之必要性的论文中最后称这第三种类型为:"这样一种表象就是先验图式(transcendental schema)。"②

正是这第三种类型,这先验图式,阻断了《纯粹理性批判》(Critique of Pure Reason)的二分结构,即先验要素论之分为先验感性论和先验逻辑的明显结构。这二分结构的依据是人类知识分为感性和理性两系。但是,如果必定有第三种类型,如果这第三种类型是不可化约的,那么在使二分结构(即范畴运用于现象)成为可能的同时,它将阻断这二分结构,动摇理性批判的这种特定结构。

康德说,先验图式论是"隐藏在人类灵魂深处的艺术,其真正的活动性质几乎不可能为我们所揭示,不向我们的目光开放"。③我们可以说,如同蒂迈欧对第三种类型的言说,它是极其难以捉摸的。

如此看来,尽管与蒂迈欧的论说关系甚远,尽管受到现代思想之苛求的限制,先验图式论仍然是对方圆说的一种重写。

然而,不是康德,而是谢林最明确地重写了《蒂迈欧》及其方

---

① Kant,《纯粹理性批判》,A138/B177.
② 同上.
③ 同上,A141/B180—181.

圆说。与康德不同,谢林的重写是从《蒂迈欧》文本中来又回到《蒂迈欧》文本。新近出版的谢林的柏拉图研究,[1]证明了这一向柏拉图文本的回归,并有助于说明这一文本对谢林思想所起的独特关键作用。这些早期的主要针对《蒂迈欧》的研究,使我们有可能详究谢林著作中的一些简要提示,尤其可以在这些著作中标示出涉及重写《蒂迈欧》的部分。我们依据其早期柏拉图研究所勾勒的轮廓来填充这重写本,这样可以将纯粹的概略提示转换为建立在文本基础上的具体性,这种文本具体性取材于谢林以现代哲学的文本方式对《蒂迈欧》所作的重写。他将该对话重写为这样一个文本:它虽然从属于现代哲学,但却从根本上,也许是第一次,使现代哲学变得极为可疑。以此方式,我们可以采用某种标准来衡量《蒂迈欧》对谢林思想的关键作用。

这重写到底出现在何处呢? 出现在谢林著作的什么地方呢? 出现在所谓德国唯心主义运动的哪个节点上呢?

若干提示一开始(甚至在"开始"之前)就有了,例如,在新近出版的始于 1792 年 8 月——也就是谢林第一部著作出版的前两年——的笔记中就有了。当时,谢林还是图宾根的一个学生,这本笔记的标题是"来自荷马、柏拉图等人的各种思想中的古代乾坤观念 (*Vorstellungsarten der alten Welt über Verschiedene Gegenstände gesammelt aus Homer, Plato u. a.*)"。[2] 就在这本笔记的一开始,谢林就用希腊文引用了《蒂迈欧》中第二篇论说末

---

[1] 很值得注意的是 F. W. J. Schelling 的《"蒂迈欧"(1794)》("*Timaeus*", 1794), Hartmut Buchner 编(Stuttgart-Bad Cannstatt, 1994)。更多参考资料见于该书紧接在页码之前的文本。谢林早期柏拉图研究的其他材料见于 Michael Franz 的《谢林图宾根时期的柏拉图研究》(*Schellings Tübinger Platon-Studien*, Göttingen, 1996)的两份附录。Franz 注意到这些文本只是初步转录,并未构成一种历史考证版。

[2] Michael Franz,《谢林图宾根时期的柏拉图研究》,前揭,附录 1(页 252—271)。

尾(68e—69a)的一段话。这段话是这样的:"因此,我们可以区分两种原因:必然的原因(τὸ ἀναγκαῖον)和神圣的原因(τὸ θεῖον)。我们要在我们的本性(φύσις)容许的范围内,在一切事物中寻求神圣的原因,以求获得幸福的生活。"这段话是对第二篇论说开首那段话的重申,而谢林在两年之后的另一本笔记中引用了那段话:

> 因为这个乾坤在起源上是被造成为一个复合体,它是必然(ἀνάγκη)和理性(νοῦς)相结合(σύστασις)的产物。(48a)

但是,重写的要点是什么呢?为什么,如何,并且在何处进行这番重写呢?

这个为什么(why)的问题几乎立即就使自身变得更加复杂困难,事实上,在某种意义上,也许我们只能说它深不可测。因为,重写的要点是要将根据隔离,将所有问为什么的问题所针对的东西隔离。对根据的隔离必然使得对根据的追问——尤其是追问"对根据加以隔离的根据何在"的问题——更加难以解决。

但重写是如何(how)展开的呢?谢林以什么样的笔法在现代哲学文本之内重写这古代文本呢?他的眼光是怎样瞥见被封锁在那密不透风的文本之中的空白之处?他是如何在这片空白之处运用他的笔法,或者更确切地说,是如何妙笔生花,以最轻巧的笔触重写了《蒂迈欧》相关论说所言说的东西,以及没有言说的东西。

那么,这重写在哪里(where)展开呢?在谢林著作中的什么地方呢?

也许几乎无处不在。因为谢林在现代哲学文本中所重写的是关于自然、关于自然的退避能力,和关于隐蔽之自然的论文。众所周知,正是自然问题促使谢林打破了费希特的《知识学》

(*Wissenschaftslehre*)。费希特的《知识学》将自然约简为由我所设定的单纯的非我,也就是说,约简为一种由先验想象力提出的纯粹客体。在这一约简中,只有最微小的残留物仍然作为一种不尽根数(surd)(即无限的抵触,the *Anstoss*),有助于为谢林标示《知识学》的局限性和不完整性。因此,这里所需要的是一种能弥补先验哲学之不足的自然哲学(或者,从日益令人信服的意义上说,是取代先验哲学),从而补偿先验哲学中自然的缺席。

谢林在其 1809 年的著作《对人类自由本质的哲学研究》(*Philosophical Investigations of the Essence of Human Freedom*)中对先验哲学进行了更全面更彻底的批判:"所有自笛卡尔以来的现代欧洲哲学都有一个共同的缺陷,即没有自然,缺乏一种鲜活的根据(*dass die Natur für sie nicht vorhanden ist, und dass es ihr am lebendigen Grunde fehlt*)。"[①] 在该书中,谢林大胆地恢复了这样一种鲜活的根据,将隐蔽的自然与自我设定的主体区别开来。而事实上,在整个现代哲学中,两者都被等同起来。正是在这一对根据的区别性的复原过程中,谢林开始坦率地——也许是极其坦率地——重写《蒂迈欧》。

不过,这重写不是出现在该研究的最高点,而毋宁说是在最深处,即最根本的部分。在这最深处,谢林引出差别的最根本原则,即将鲜活的根据与它为之提供存在(existence)根据的存在者(the being)分离开。这差别在双重意义上是根本性的:它是所有其他在该研究中逐步展开的主要界定(例如善与恶的区分)的基础,同时它实现了对基础的特定设定,即将它与它为之提供存在

---

① Schelling,《对人类自由本质及其相关对象的哲学研究》(*Philosophische Untersuchungen über das Wesen der menschlichen Freiheit und die damit zusammenhängenden Gegenstände*,见 *Sämtliche Werke* [Stuttgart and Augsburg, 1860], 1/7: 356)。更多涉及该书的参考资料见于依据这一版本页码的文本。

根据的存在者分开。简而言之,它区别了根据与存在(existence)(Grund, Existenz)。甚至就上帝而言,这区分仍然有效,它阻止了任何将上帝之中的根本关联约简为将上帝设定为自因(causa sui)时所需要的实质同一(virtual identity)。尽管上帝存在的根据与上帝不可分,但是仍有必要区分就其存在而言的上帝与上帝存在的根据。在这一点上,谢林将上帝存在的根据称为"上帝中的自然(nature)"(《对人类自由本质的哲学研究》358),从而明白无误地表明,即使在神的领域中,问题的焦点也是自然的隐退。正是在这同一点上,谢林界定了自然本身,将自然界定为根据,界定为超越限制的隐蔽之物:"一般而言,自然就是一切超越了处于绝对同一性的绝对存在之的东西。"(《对人类自由本质的哲学研究》358)谢林也将隐避的自然称为 die anfängliche Natur[初始自然],从而将其与有序自然相区别,虽然只是相对的区别。这区别之所以只是相对的,是因为 die anfängliche Natur 同时也是无规则的(das Regellose),这无规则性先于规则、秩序和形式的建立,而即使是在有序自然中,它仍继续存在,并能够再次突围。隐蔽的自然是原初的(ursprünglich),这不仅是在它先于秩序和形式的意义上,(因而,创造在于将无规则者带入规则),而且也是在如下的意义:它仍然作为不可约简的根据,总是能够突破由创造带来的秩序。用谢林的话说就是:

  这(无规则的东西)是事物中实在性的不可把握的基础,那个哪怕你以最大的努力它都不被融会于理智之中,而只是永恒地留扎在根据中的不可约简的剩余物。(《对人类自由本质的哲学研究》359—360)

谢林也将这无规则的根据称为渴望(Sehnsucht)——"永恒的太

一感到要把自身生育出来的渴望"(《对人类自由本质的哲学研究》359)。他也将其简单地称为黑暗(Dunkel),与这一名称相伴随的是关于生育的论说,因为"所有生育都是从黑暗进入光明",他接着说:

> 人是在其母亲的子宫中成形的,从无理智的黑暗(从感觉,渴望,知识的光荣之母)中最早成长出明晰的思想。(《对人类自由本质的哲学研究》360)

正是在这个节点,谢林插入了一个关键的提示,将这整个进展回溯到《蒂迈欧》,并在实质上提出重写本。谢林说,这原初的渴望,它的运动就像"波涛汹涌的大海,形同柏拉图的物质(matter)"(《对人类自由本质的哲学研究》360)。在其运动中,这原初的渴望,也即理智所由生的黑暗,隐蔽的根据,die anfängliche Natur,类似于柏拉图所说的物质。

柏拉图的物质该如何理解呢?毫无疑问,谢林正在重复那种可以回溯到亚里士多德的等同;而另一方面,关键的问题是,谢林是否也重复了从亚里士多德开始就几乎没有停止过的约简。无论如何,早期柏拉图研究十分清楚地表明谢林是在指涉 χώρα。这关系是很明显的,如果我们回想,例如,紧接着方圆说的对 χώρα 运动的说明和对 χώρα 所容纳的火、气、水和土痕迹的说明:

> 但是,由于充满了既不相似也不均衡的力量,不能在任何部位达到均衡,而是到处不均衡地摇摆,既受这些[力量]的影响而晃动,又在晃动中反过来影响这些力量。(52d—e)

谢林正是将这种情形重写为无规则的根据,不可约简的剩余物,隐蔽的自然。谢林对生育和母亲的谈论进一步确证了,柏拉图的物质被等同于$\chi\omega\varrho\alpha$,而这种等同也使我们能正确理解谢林对生育和母亲的说法。

在谢林的早期柏拉图研究中,最著名的就是他对《蒂迈欧》的疏解。这个文本出现在一本标题为"柏拉图哲学精神概要(*Über den Geist der Platonischen Philosophie*)"的笔记中,并紧随在一系列标题同为"柏拉图哲学的形式(*Form der Platonischen Philosophie*)"的短文之后。这篇《蒂迈欧》论文是一个条理分明的独立文本。它分为两个部分,两部分长度大致相当。第一部分是对《蒂迈欧》28a—47c(也即蒂迈欧的第一篇论说)的阐释。第二部分针对《蒂迈欧》47c—53c,也就是从蒂迈欧第二篇论说的开头一直到紧接在方圆说之后的那一段。第二部分还包括对《斐里布》(*Philebus*),尤其是对$\mathring{\alpha}\pi\varepsilon\iota\varrho o\nu$[无限]和$\pi\acute{\varepsilon}\varrho\alpha\varsigma$[完善]之形式的讨论。虽然,这一文本本身没有标明日期,但我们可以推算为是1794年的1—2月到5—6月之间。因而,它出现在谢林的事业刚刚起步之时,具体而言,是在他的第一部主要著作《论一般哲学形式的可能性》(*Über die Möglichkeit einer Form der Philosophie überhaupt*)即将出版时。我们注意到,这篇《蒂迈欧》论文很明显没有谢林第一部出版的著作中的费希特术语。① 这就颠转了一种通常的看法,即谢林对自然问题的思考,甚至是对隐蔽之自然的思考,是在他采用了《知识学》(并且也对费希特进行批判)之后——实际上是在这之前。

这篇论文的第一部分有三个要点,虽然仅举这三点根本没有穷尽其内容。

(1) 几乎在一开始,谢林就通过引用《蒂迈欧》中的一段话

---

① 见 Hartmut Buchner 在《"蒂迈欧"》(前揭)3—21 中的编辑评论。

(即27d—28a)确定了一个"主要原则(Hauptsatz)",在这段话中,蒂迈欧区分了 τὸ ὄν 和 τὸ γιγνόμενον,即存在与变化生成(即生成者)之间的区分,前者并非生成的,基于 λόγος 为 νόησις 所理解,后者从不存在,基于 αἴσθησις 为 δόξα 所理解。谢林评论道:

  因此,在这里,柏拉图自己将 ὄν 解释为某种纯粹理解力的对象(das Gegenstand des reinen Verstandes)。(T23,[译按] T 指这篇《蒂迈欧》论文)

相应地,谢林将 τὸ γιγνόμενον 界定为:"经验的东西,其出现是经由经验"。因此,我们发现,从一开始,谢林就是用康德的概念来阐释柏拉图文本:他将存在(being),由此也将可认知 εἴδη,当作纯粹理解力的概念,或者说当作——他进一步说——纯粹理性概念。

  (2)谢林引用并简短地讨论了《蒂迈欧》30c—d。在这段话中,蒂迈欧将乾坤描述成一个生命体(ζῷον),并且讨论了造物主制造乾坤所模仿的范型。然后,他将这一范型确认为 νοητὸν ζῷον,即可以由 νόησις 来理解的生命体。谢林接着指出应强调的要点:

  理解全部柏拉图哲学的关键在于,要注意到他处处将主体引入(überträgt 一词在此处也可以表示转移、调换、翻译)客体。柏拉图从这一点引出了基本原则(不过,这个原则在他之前很久就出现了),即可见世界只是不可见世界的影像。(T31)

仔细看这段话及其文脉,我们就会明白,这里所说的将主体引入客体根本不是主体化的问题,似乎主体将某种东西施加在事先存在的客体上,或者只是透过自己的主观之镜来看客体。相反地,这里所讨论的——以及将谢林与柏拉图的原则联系起来的——是客体化。这段话讲的是,我们的经验接受能力所主观地获得的东西,是由客观之物构成的,这些东西不再仅仅只是与我们的感觉相关。在柏拉图看来,这种客体化的发生是通过可见物对不可见物的参照(referral);正是在可见物(主体)被当作一种影像,一种纯粹的影像,即不可见物(客体)的 Nachbild(后象)时,它才出现。不过,谢林显然是用康德的术语来表述这一参照:即使是按照主/客的对立来描述这一参照也已经是一种康德模式。这一点变得更加清楚,当谢林接着写道:

> 当向我们显现的全部自然不仅是我们经验接受能力的产物,而恰是我们的再现能力(Vorstellungsvermögen)的作品时,在这个意义上,这个被再现的世界从属于一个更高的力量,而不是纯粹的感觉,同时自然则作为一种更高类型的世界,表达这个世界的纯粹法则。(T31)

考虑到可见物是不可见物的影像的原则,谢林补充说:

> 但是,如果它(即此原则)没有在我们之内的哲学根据,那么,没有一种哲学能够达成这一原则。(T31)

换言之,他发现,这种从可见到不可见的参照已经在主体之内,在感性与理性的关系中起作用。事实上,不仅是起作用,而且是扎根于主体之中,扎根于主体的感受能力与再现能力的关系之中。仅仅因为这原则是在我们之中的,哲学才可能揭示它。

(3) 当谢林说柏拉图"因而必定在如下范围内设定理念,它们直接或间接地依赖理解力的纯粹形式"(T32)时,他再一次确认了其阐释的康德特征。那么,这是否意味着柏拉图的理念只是人类理解力的纯粹概念? 我们不得不疑惑,这样一种认同如何与《蒂迈欧》相调和,更不用说是源于《蒂迈欧》。实际上,谢林的阐释并没有导致这种认同。相反地,谢林首先视理念为神圣理解力中的概念:

> 总体而言,在对柏拉图理念论的全部研究中,我们必须牢记,柏拉图在讨论理念时,总是将理念当作一种神圣理解力的理念,只有通过人类与一切存在之本源的理性交流,理念才能在人类理解力中成为可能。(nur durch intellektuelle Gemeinschaft des Menschen mit dem Ursprunge aller Wesen)(T37)

与《蒂迈欧》本身相一致的含意立即就清楚了:按《蒂迈欧》中蒂迈欧所作的解释,正是神注视着理念范型,是神按照理念范型来塑造乾坤。另一方面,对谢林来说,这一转换并不要求认为理念存在于更高的世界中。将理念回溯到理解力(即使是神圣理解力)是关键的,正是这一回溯的关键作用,使谢林可以阻止所有在如果靠单纯设定理念之存在的情况下,将会出现的情况。谢林很清楚,倘若削减了感觉,将会出现怎样的不可避免的困难:

> 一旦存在的概念被运用到超感觉的东西上,无论是对于理念而言,还是对于存在于其理念之外的物体而言,它都失去了所有物质上的意义(Bedeutung),而只保留了逻辑上的意义……用于指称神的理念的存在概念,对于人类理性来说

是一个深渊(ein Abgrund für die menschliche Vernunft)。(T44)

这篇《蒂迈欧》论文的第二部分同样有三个要点需要强调。这些要点并不详尽,特别是,并没有触及谢林对《斐里布》的延伸讨论。这一讨论是明显离题的,它似乎旨在揭示一种柏拉图的语言,按这种语言表述康德的范畴,或者更确切地说,按照这种语言,这些范畴已经在柏拉图文本中得到深刻地表述。

(1)谢林一开始就作了一个过渡,这也是柏拉图文本所作并自己标明的过渡,即过渡到蒂迈欧的第二篇论说:"现在,柏拉图接着说到必然……在世界的形成过程中起作用的必然"(T50)。谢林确认了在这过程中起作用的主要原则,他引用了——和往常一样用古希腊文——蒂迈欧的第二篇论说实质上以之开头的那段话:

因为这个乾坤在起源上是被造成为一个复合体,它是 $ἀνάγκη$(按谢林的翻译是 Notwendigkeit)与 $νοῦς$ 相结合的产物。(见 48a,引用于 T50)

在认可了第一篇论说所完成的对 $νοῦς$ 之作用的研究后,(这研究在《蒂迈欧》论文第一部分中的解说中重复过),谢林提到,柏拉图文本以及他自己的解说必定转向 $ἀνάγκη$。

(2)谢林注意到,一切都取决于引入与范型和影像并列的第三种类型,谢林指出,范型和影像预设了第三种类型。谢林引用了蒂迈欧的一段话,在这段话中,蒂迈欧称第三种类型为"一切生成者的容器($ὑποδοχή$),如同看护者"(见 49a,引用于 T53)。但谢林自己特别地称它——事实上,是在这一特定文脉中——为不朽之物,此物(Substanz)永远(beharrlich)是所有现象变化的基础,如同《蒂迈欧》中提到的黄金,是在它之内模塑的形式变化的基础,而它本身与所有这些形式都不同。但既然容器本身接纳一切形式,既然它是"所有不同形式的底基"(T54),那它就没有任何确定的形式;它只有通过模仿可认知的原型(originals),才能接受确定的形式。用谢林的话说就是:

> 因此,这物质本身是所有不同形式的底基,(其存在是永远且必然[$\delta\iota'\alpha\nu\alpha\gamma\varkappa\eta\varsigma$]不可改变的,)①它的出现是通过对原初的、纯粹的可认知形式的模仿。(T54)

然而,由于这底基本身无形式,所以它必定也不可见:

> 就它是世界创造带来的一切形式的最终经验性底基而言,(它)不可能是可见的,因为除了这些形式(理解力纯粹形式的模仿物、影像)之外,没有别的东西对我们是可见的。(T56—58)

在此文脉中,谢林从《蒂迈欧》的这一部分中恰当地引用了最关键的一段话:

> 但是,如果我们说它是不可见的 $\varepsilon\tilde{\iota}\delta o\varsigma$,是无形式的,接纳万有的,以一种极其复杂的方式分有了可认知形式,而且是最难以捉摸的,那么我们所言并非虚妄。(51a—b)

---

① 在谢林对古希腊文本的引用中,所有重音符号都缺失了。

(3) 谢林不仅称此容器为不朽之物或底基,而且还称之为物质(Materie)①,在1809年,当他将原初的渴望比作它时,他称之为"柏拉图的物质",这就确认了"柏拉图的物质"就是指蒂迈欧所说的容器χώρα。我们无法在可见世界中见到这种物质本身;从这个意义上说,它根本不是一种物质性的物体。或者说,这"接纳一切有形体的自然(φύσις)"(50b)是先于一切生成者的东西,是使可见世界的发生成为可能的前发生的自然,一种"天穹产生之前"(48b)的原物(proto-matter)。②在这一点上,谢林与柏拉图对话中的蒂迈欧一样,坚持这接纳万物的东西与在其中显现的元素之间的区分(虽然是用不同术语);这一区分否认乾坤是简单地由气、土、火和水构成的。不过,这区分并不是绝对的分离,甚至不是完全清晰的:《蒂迈欧》明白地说,这不可见的容器——用谢林的术语说是接纳万物的东西——从不显现为它自身,它只能通过它所容纳的元素的显现来显现(尽管不是显现为自身),例如,显现为火。谢林的说法则是:对于我们,它"只以一种不是它的形式的形式"(T58)显现。

克林斯(Krings)对谢林《蒂迈欧》论文的附评提供了若干重要提示,这些提示有关谢林对《蒂迈欧》的阐释,尤其是对方圆说及其前后论说的阐释,是如何贯彻于谢林在十八世纪九十年代后期所写的一系列自然哲学论著中。③ 这些提示中最引人注目的一条是提请关注一部著作,从这部著作的标题就可看出谢林对《蒂迈欧》的回溯。虽然,事实上,《论世界灵魂》(*Von der Weltseele*,

---

① 这一看法亦见于黑格尔:"因而,原理是,它没有形式,但却是一切形式的接受器,我们称之为'物质'、'被动的物质'"(《讲演录》(*Vorlesungen*, Hamburg, 1996,8:46)。
② 见谢林《蒂迈欧》论文的附评: Hermann Krings,《起源与物质——〈蒂迈欧〉手抄本对谢林自然哲学的意义》(Genesis und Materie — Zur Bedeutung der 'Timaeus'-Handschrift für Schellings Naturphilosophie),尤其是页131—135。
③ Hermann Krings,《起源与物质——〈蒂迈欧〉手抄本对谢林自然哲学的意义》,前揭,页127、143—145。

1798)主要是讨论当时对自然的研究,只有很少地方提及柏拉图《蒂迈欧》的世界灵魂(或其他主题),但有几段话在这方面非常值得注意。例如,在绪论中,谢林讨论了一种原初的自然原则(Naturprinzip)概念,它先于有机物和无机物之间的区分;这自然原则可以称为世界灵魂,就其作为一切自然现象之基础的活动性和生产性而言,它事实上先于一切自然现象。谢林写道:

> 它不是任何限定的或个别的东西。正由于此,……语言无法恰当地表示它;而最远古的哲学(die älteste Philosophie)(在它完成其循环之后,我们的哲学逐渐又回到这最远古的哲学)只是通过诗的表现形式将其传承给我们。①

克林斯坚持认为,谢林此处所说的"最远古的哲学"正是柏拉图的哲学;尽管这一判断也许不是那么确凿无疑,但有许多理由表明,这里所说的诗的表现形式就是《蒂迈欧》中的 εἰκὼς λόγος,而这既无限定性又非个别的自然就是容器。接近该书结尾的另一段话有助于支持这意见。这段话的语言其实就是《蒂迈欧》第二篇论说——即谢林《蒂迈欧》论文第二部分所针对的那个特定部分——的语言:

> 由于这个原因,这一原则,虽然接受一切形式,但它本身是本原地无形式的(ἄμορφον),而且从不呈现(darstellbar)为确定的东西。②

然而,随着谢林[在 1801 年的著作《对我的哲学体系之阐述》

---

① Schelling,《论世界灵魂》(*Von der Weltseele*),1/2: 347。
② 同上,前揭,页 621.

(*Darstellung meines Systems der Philosophie*)中提出]的同一性哲学的开始,他对《蒂迈欧》的看法发生了明显的转变。克林指出,这一转变就是,谢林的思想开始如此明确地与《蒂迈欧》保持距离①,以至于排除了任何重写《蒂迈欧》的念头。因而,在《一种自然哲学的观念》(*Ideen zu einer Philosophie der Natur*)的导言中,谢林的陈述是确定的。在提到精神与物质(matter)的对立时,谢林写道:

> 古代最伟大的思想者不敢超越这一对立。柏拉图仍然将物质(matter)放在与神相对立的位置上。②

但是,同一性哲学的真正含义就包括对这一对立的超越:"自然成为可见的精神,精神成为不可见的自然。"这样,同一性哲学就建立了"在我们之内的精神与在我们之外的自然的绝对同一"。③

问题在于,这个超越对立的努力,能否简单地终结于绝对的同一,或者说,这个努力是否在绝对同一之中和绝对同一的范围之外,重新地开启了对立,因而提出一种"超越了绝对同一性的绝对存在"的自然(《对人类自由本质的哲学研究》358),而这种隐蔽的自然既在上帝之内,又是上帝存在的根据。在1809年关于自由的著作之前,我们在《哲学与宗教》(*Philosophie und Religion*,1804)中,确实发现了令人惊讶的批判口吻:谢林将《蒂迈欧》中的概念与"诸如《斐多》和《王制》等更加真实的柏拉图著作中的崇高

---

① Hermann Krings,《起源与物质——〈蒂迈欧〉手抄本对谢林自然哲学的意义》,前揭,页145—148。
② Schelling,《一种自然哲学的观念》(*Ideen zu einer Philosophie der Natur*),见 Sämtliche Werke, 1/2: 20。
③ 同上,前揭,页56。

人类精神"相对照。① 事实上,他已经认真地怀疑柏拉图是否真的是《蒂迈欧》的作者。②

但是,在 1809 年论自由的著作中,这一批判的语气缄默了,先前的怀疑被一种保留意见所代替,而且他希望笼罩着柏拉图学说的这一部分的黑暗能够尽快被驱除。③ 谢林确认他正谈及的这学说:它是"柏拉图对物质(matter)的阐释,按照这一阐释,这物质是一种最初反抗神的存在物(Wesen),因而,它本质上就是恶的"。然后,与这种善恶的纯粹二重性相对,谢林提到:

> 另一种意义,在这种意义上,我们能够谈论非理性的原则,既要把它说成是违抗理解力或者统一和秩序,又因此不把它假定为恶的原则。(《对人类自由本质的哲学研究》374)

他提到的"先前的思考",证实这里所说的是根据与存在之间的区分,事实上,谢林接着回想它(指该区分)与神的关系:

> 但是,上帝自身,为了能够存在,需要一个根据;只是,这根据不在他之外,而是在他之内。而且,他在其自身之内有

---

① Schelling,《哲学与宗教》(*Philosophie und Religion*),见 Sämtliche Werke, 1/6:36。
② Krings 指出,《蒂迈欧》的真实性问题并没有引起当时哲学界的争议。他断言,谢林对柏拉图作者身份的怀疑,是基于哲学考虑,而不是基于文献学背景,具体而言,是基于他对《蒂迈欧》中的这种二元论是否出自柏拉图教导的怀疑(Hermann Krings,《起源与物质——〈蒂迈欧〉手抄本对谢林自然哲学的意义》,前揭,页 149)。
③ 谢林指出,只要柏拉图学说的这一部分没有弄清,那么一种"肯定的判断"诚然就是不可能的。他接着在脚注中说:他希望"正直的伯克(Böchk)"尽快提出必要的阐释(《对人类自由本质的哲学研究》页 374)。克林提到 1866 年全集本中伯克加的一个注释:在这个注释中,伯克说,对于《蒂迈欧》的真实性,谢林"收回他的怀疑"(Hermann Krings,《起源与物质——〈蒂迈欧〉手抄本对谢林自然哲学的意义》,前揭,页 150)。

一种自然本性,这种自然本性虽然属于他自身,但与他仍有区别。(《对人类自由本质的哲学研究》375)

谢林甚至提出对柏拉图的另一种阐释的可能性:

> 以这种方式,我们也可以将柏拉图的话解释为:**恶来自古老的自然**(from the old nature)。因为所有的恶都试图回到混沌状态,也即回到这样一种状态,在那里,原始的中心(das anfängliche Centrum)还未曾从属于光明;因而那里构成了尚无理智的渴求骚动的漩涡。(《对人类自由本质的哲学研究》374)

这种解释不是使蒂迈欧对 νοῦς 与 ἀνάγκη 的区分与善恶的纯粹二元性相一致,而是使前者合于上帝自身与在上帝之内却又有别于上帝的自然之间的区分。它也使这全部的讨论与先前的讨论相一致,即将原初的渴望(其运动就像"波涛汹涌的大海")比作"柏拉图的物质"(《对人类自由本质的哲学研究》360)。

这样,谢林的论自由著作超越了对《蒂迈欧》的简单二元阐释,实际上重写了蒂迈欧对 νοῦς 与 ἀνάγκη 的区分,将其重写为存在与根据之间的根本区分。① 不过,在谢林指定为"整个研究的最高点"(《对人类自由本质的哲学研究》406)的地方,出现了一个甚至

---

① 接下来的段落以更间接的方式证实了这一重写:"至于可能世界的多样性,无限多的可能性看来确是由一种本身无规则(ein an sich Regelloses)的东西(Stoff)(如我们所解释的根据的原始运动)所提供,它尚未成型但能接受各种形式。"(《对人类自由本质的哲学研究》398)这段话应该在这样的背景中来理解,即谢林在《蒂迈欧》论文中将容器视为物质(matter),虽然他在这段话中用的是 Stoff,而不是 Materie。同时也要注意,《蒂迈欧》(31a—b)中明确提出了世界的多种可能性问题。

"超越"这一区分的问题。但是,如果有一种甚至超越存在与根据的区分的努力,如果这种努力甚至超越了绝对同一性与自然(这自然身处绝对同一性的绝对存在之外)的区分,那么,一切都将有赖于这一努力的含义和目的。问题在于,这个步骤是否只是简单地将这对立消解为先前的统一体,或者是对这一对立的更严格的思考。

谢林很清楚,如果不把这一对立设想为超越于纯粹二元论之上,结果会如何:

> 但是,这一(二元论的)体系,如果它事实上被看作是关于两个绝对分离和相互独立的原则之学说的话,那么它就只是一个理性自我分裂和绝望的体系。(《对人类自由本质的哲学研究》354)

正是这种可能的后果使得谢林要超越根据与存在的纯粹二元性,使得思考指向先于此对立的东西:

> 一定有一种先于一切根据和一切存在物——因而也就先于任何二元性——的存在(Wesen);我们除了把它称作原始根据(Urgrund)或者相反地称作无根者(Ungrund)外,还能称之为什么呢?(《对人类自由本质的哲学研究》407)

不过,谢林坚持认为,这一无根者不是对立双方的同一性,不是绝对同一性,而毋宁说是绝对无差别(die absolute Indifferenz)。有一段话,虽然不足以传达这一文脉的复杂含义,但足以表明其发展方向:

> 无根者不是取消了差别,像曾经以为的那样,毋宁说它确立和证实了这种差别。(《对人类自由本质的哲学研究》407)

因此,这一超越根据与存在之对立的步骤就不是将这一对立消解为先前的统一体。于是,这一指向绝对无差别的超越的努力,并不消解《蒂迈欧》所开创的——被谢林重写为存在与根据之对立的——νοῦς与ἀνάγκη之间的对立。确切地说,这种努力是一个思考该对立的新方案,它以阻止该对立对这种思考的破坏性反作用的方式来思考该对立,这种反作用会造成理性的自我分裂和绝望。

有几个与谢林《蒂迈欧》论文相关的要点引人注目,有些是因为它们的直接出现,有些则是因为它们的缺失。这里可以举出四点。

首先,谢林的一个不寻常做法是避免对柏拉图的εἴδη作单纯的实体阐释,这种阐释会认为它们存在于一个所谓的更高世界中。尽管今天我们可能抵制对康德概念的吸收,但重要的——也许也是富有启发性的——是注意到,正是εἴδη(如理念)对(作为可能性构成条件的)理解力的参照使得谢林能够避免实体阐释。

第二,谢林对于在《蒂迈欧》的方圆说及其前后论说中出现的激进维度——或者更准确地说是,前乾坤、前发生的维度——的认可。在谢林对它的重写中,这一维度确实如此激进,以致对理性构成自我分裂和绝望的威胁,并因而要求理性采取一种也许是完全前所未有的新方案。

而第三点引人注目的是,在对第三种类型的评论中,谢林反复将其重写为物体(substance)、底基,以及尤其是物质。另一方面,他极少提及方圆说中提出的那个名称——方圆说这一称呼就是以该名称为基础的。可以确定,谢林确实引用了《蒂迈欧》中的一段话,在这段话中,蒂迈欧计数了三种类型,并将第三种类型称为χώρα。但是,谢林的唯一一处相关评论,实际上是为了防止这个名称可能对重写造成的破坏作用。这一评论其实提及其他相关的词,如 τόπος [地域] 和 ἕδρα [神坛、居所],而只是间接地提到χώρα:

> 这些解释都太确定,以致我们无法理解它们所包含的内容,如空间(Raum),据我所知,大多数阐释都是如此。(T74)

因此,谢林甚至没有问,在思考第三种类型时,人们如何将两种原本迥然不同的含义联系在一起。这两种含义,一种是物体、底基和物质等词所表达的,另一种是各种与空间有关的名称所表达的。他更没有废除例如卡尔基迪乌斯——沿着将χώρα译回柏拉图的希腊文中的方向——将χώρα译为场所(locus)的做法。

最后,格外惹人注意的是,这位宣称艺术是哲学之工具的思想家,这位认为哲学源于诗且最终将回归诗的思想家,即使在这很早期的著述中,也如此之少地关注《蒂迈欧》的艺术性和诗意。他没有考虑这个文本的戏剧性和对话性,也没有考虑论说施诸自身的反思,如将自身特征限定为 εἰκὼς λόγος。事实上,谢林的评论完全跳过了《蒂迈欧》的开场,即苏格拉底所作的关于城邦的论说,以及克里蒂亚所讲的关于远古雅典的故事,因而忽略了框定蒂迈欧乾坤论的整个政治性论说。我们只是想知道,谢林对这篇对话的阐释,以及后来对它的重写,如何可能被改造,如果他认真关注了仅仅数年后由施莱尔马赫(Schleiermacher)提出的观点:在柏拉图对话中

> 无论在哪里,形式和内容都是不可分的。而且,每一个

命题,只有在柏拉图指定给它的位置、关联和界定中,才能得到正确的理解。①

谢林的重写,这一有力调适,在前所未有的程度上,使得被称为 $χώρα$ 的东西再次实现与其隐退相适合的显现。它大胆地在现代思想当中,实际上正是在其中心,重构了某种类似于方圆说的内容,而且也许只有在没有使其论说适合于 $χώρα$ 的退避的意义上,也即在没有坦率宣称自身不纯的(bastardly)论说的意义上,它才严重失效。但是,怎样超越它呢?无论什么可以超越这一重写,我们都难以想象有一种可以实现此超越的方式可以不通过一个关于最初方圆说的梦,这梦不是在方圆说中所说的梦,而是对方圆说的梦,它由一个其论说能真正适合 $χώρα$ 的人来讲述,这个人能够在一个自然的开端开始讲述。也许这样的人就是《蒂迈欧》开头所暗示的那个人?他是否就是在开始处苏格拉底以不计数的方式所计数的第四个双重缺席的人——其角色已经尽可能地由蒂迈欧和其他人填补?

---

① Friedrich Schleiermacher,《导言》,见 Das Platonbild: Zehn Beiträge zum Platonverständnis, Konrad Gaiser 编(Hildesheim, 1969),页 10。

图书在版编目(CIP)数据

方圆说：论柏拉图《蒂迈欧》中的开端 /（美）萨利斯（Sallis, J.）著；孔许友译.
——上海：华东师范大学出版社, 2013.7
（经典与解释.柏拉图注疏集）
ISBN 978-7-5675-0277-2

I. ①方… II. ①萨…②孔… III. ①柏拉图（前427~前347）－哲学思想－研究 IV. ①B502.232

中国版本图书馆 CIP 数据核字（2013）第 023481 号

华东师范大学出版社六点分社
企划人　倪为国

CHOROLOGY, ON THE BEGINNING IN PLATO'S TIMAEUS
by John Sallis.
Copyright © 1999 by John Sallis.
Simplified Chinese character translation rights licensed from the English-language publisher, Indiana University Press
Simplified Chinese Translation Copyright © 2013 by East China Normal University Press Ltd.
ALL RIGHTS RESERVED.
上海市版权局著作权合同登记　图字：09－2007－553 号

方圆说：论柏拉图《蒂迈欧》中的开端

著　者	（美）萨利斯
译　者	孔许友
校　者	戴晓光
审读编辑	洪　煜
责任编辑	万　骏
封面设计	童赟赟
出版发行	华东师范大学出版社
社　址	上海市中山北路 3663 号　邮编　200062
网　址	www.ecnupress.com.cn
电　话	021－60821666　行政传真　021－62572105
客服电话	021－62865537
门市（邮购）电话	021－62869887
地　址	上海市中山北路 3663 号华东师范大学校内先锋路口
网　店	http://hdsdcbs.tmall.com
印刷者	上海市印刷十厂有限公司
开　本	890×1240　1/32
插　页	2
印　张	8
字　数	190 千字
版　次	2013 年 7 月第 1 版
印　次	2013 年 7 月第 1 次
书　号	ISBN 978-7-5675-0277-2/B·753
定　价	38.00 元
出版人	朱杰人

（如发现本版图书有印订质量问题，请寄回本社客服中心调换或电话 021-62865537 联系）